职业院校饭店服务与管理专业系列教材

客房服务新编教程

主　编　陈修岭

主　审　苗雅杰

中国物资出版社

图书在版编目（CIP）数据

客房服务新编教程/陈修岭主编. —北京：中国物资出版社，2009.7（2013.8 重印）
（职业院校饭店服务与管理专业系列教材）
ISBN 978 - 7 - 5047 - 3135 - 7

Ⅰ.客… Ⅱ.陈… Ⅲ.饭店—商业服务—高等学校：技术学校—教材 Ⅳ.F719.2

中国版本图书馆 CIP 数据核字（2009）第 092735 号

策划编辑 寇俊玲
责任编辑 张利敏
责任印制 何崇杭
责任校对 孙会香 杨小静

中国物资出版社出版发行

网址：http://www.cfpress.com.cn

社址：北京市西城区月坛北街 25 号

电话：(010) 68589540 邮政编码：100834

全国新华书店经销

中国农业出版社印刷厂印刷

开本：787mm×1092mm 1/16 印张：19.25 字数：493 千字
2009 年 7 月第 1 版 2013 年 8 月第 3 次印刷
书号：ISBN 978 - 7 - 5047 - 3135 - 7/F·1229
印数：5001—7000 册

定价：33.00 元

（图书出现印装质量问题，本社负责调换）

出版说明

　　职业教育与普通教育的不同在于，普通教育强调较强的系统理论基础，培养的是学术型、工程型人才；而职业教育强调较强的实践技术和专门技能，培养的是技术型、技能型人才。因此，职业教育既有高等教育在教育领域的某些共性，更有职业教育的个性，即特色。这种特色首先表现为独特的办学理念和办学思路：以就业为导向、与社会经济发展紧密结合，以社会需要为出发点和落脚点，以行业企业为主导的校企合作、产学研结合等。

　　实现职业教育的目标、体现职业教育的价值离不开优秀的教材！

　　事实却是，市场上的教材不是本科教材的简单删减，就是培训教材的粗略扩充，导致职业教育教材中的部分内容是已被淘汰的知识，新知识、新技术、新内容、新工艺、新材料不能及时反映到教材中来，教材与紧密联系生产一线的职业教育专业设置不符，给学生就业带来弊端。

　　为了解决上述问题，我们策划并组织编写了这套"职业院校饭店服务与管理专业系列教材"，期望能够满足广大老师和学生的需求。本套教材从策划伊始到问世，都伴随着策划人详尽的调研和编写老师严谨的耕耘。这些使得本套教材具有以下特点：

　　1. 通俗易读，深浅有度。理论知识广而不深，基本技能贯穿教材的始终。图文并茂，以例释理的方法得到广泛的应用，十分符合职业院校学生的学习特点。

　　2. 注重"双学型"特点的体现。职业教育对"双师"和"双证"的要求，必然呼唤教材具备"双学"的特点：一方面，教材能够协助教师对学生进行在校的理论和实践教育；另一方面，还能够帮助学生取得相关职业技能证书，向劳动部门颁发的职能鉴定标准看齐，为就业做好准备。为了做到这点，本套教材与这些技能考试相结合，以考试的试题为课堂训练或者拓展模块，实现两者的有机结合。

　　3. "套餐式"教材，电子教案请专业人士制作。现代化的手段可以帮助丰富和发展传统的教材，PPT可以使学生的注意力更加集中，书本的附加内容可以使书本内容形象生动，适量的配套练习、详细的参考答案可以培养学生自学自测的能力……特别是，本套教材的这些"套餐式"严禁杜绝流于形式，那些不能用、不适用的课件做了还不如不做。

　　4. 模块式的编写思路。以大模块嵌套小模块的方式来编写。实践证明，这种模块式的教材更能吸引学生产生学习兴趣。

　　"职业院校饭店服务与管理专业系列教材"符合职业教育的教学理念和发展趋势，能够成为广大老师和学生教与学的优秀教材，同时也可以作为饭店管理人员、相关从业人员的自学读物。

前　　言

根据国家旅游局近年来对高等职业教育饭店管理专业的教学要求，以及饭店行业发展和学校理论教学实际，特编写此教材。现有高职高专教材内容多以理论研究为主，不能很好地引导学生将学到的知识运用到实践中去。本教程大量采用图片、表格、案例等，直观形象，大大增强了可读性与实用性。

客房是饭店的重要组成部分，是饭店赢利的主要途径。因此，做好客房的清洁、服务工作，对于提高饭店的服务质量和经济效益具有重要意义。本书可以作为高等职业教育饭店管理专业的教材，也可以作为饭店客房服务管理人员的培训和自学用书。

本教程最大的特点是实用性强。饭店客房服务的实践性非常强，各种细节问题的处理具有很强的科学性与灵活性。因此，本教程在编写过程中以实际工作流程为主线，特别注重实用性，以饭店客房部内的各分支部门的工作方法为标准，将饭店客房部门的实际工作情况和要求真实形象地呈现在学生面前，从而形成了本书不同于其他客房教材的最大特色。

本教程同时结合我国高等职业教育的特点和实际情况，借鉴国际连锁饭店的服务理念和工作流程，为学生进入饭店行业工作做好铺垫。本教程在编写过程中参阅了国内外同行的有关教材和资料，广泛听取了饭店企业专家的意见。能够与国内同行并肩前行实属荣幸，编者在此对饭店管理教育界的各位同人和前辈表示由衷的敬意！

山东省青年管理干部学院旅游系陈修岭为本教程的策划与主编，参加编写的人员有：陈修岭（第一章、第二章、第三章、第四章、第五章、第六章、第七章、第八章以及附录）、邵西梅（第九章、第十章），最后由陈修岭对本书进行统稿。对参与编写人员的辛勤工作在此表示感谢！

由于本教程编写时间紧、任务重，书中难免有疏漏和不足之处，敬请广大读者批评指正！

本教材还配有电子教学参考资料，包括电子教案、教学指南、练习题答案；能够为老师授课和学生学习提供诸多便利，请登录 http://www.cfpress.com.cn 进行下载。

编　者
2009 年 3 月

目　　录

第一章 客房部概述

学习目的

- 了解客房对饭店经营的意义
- 认识客房部的机构设置
- 掌握客房部主要岗位的工作职责
- 了解客房部人员素质要求
- 熟悉客房部与其他部门的业务关系

学习要点

- 客房部的工作范围
- 客房部主要机构形态
- 客房部主要岗位职责
- 客房部人员素质要求

关键词：地位 机构设置 素质要求 部门关系

第一节 客房部在饭店中的地位

一、客房部对饭店经营的重要意义

客房是饭店最基本的物质基础，是宾客留住饭店时的主要活动场所，其服务活动也是饭店服务活动的主体。现代饭店服务功能的增加，都是在满足宾客住宿需求这一最根本、最重要功能基础上的延伸。

（一）客房产品是饭店所经营的最主要产品之一

客房是饭店的主体，是饭店存在的基础。客房是供宾客休息、睡眠、工作、梳洗、会客等需要单独进行活动的场所。客人在饭店的大部分时间都是在客房中度过的，因此客房产品是饭店最重要的产品之一。没有客房服务管理，任何一家饭店或旅馆都无法生存下去。

（二）客房收入是饭店收入的重要手段之一

饭店通过为客人提供住宿、饮食、通信、娱乐、交通、洗衣以及购物等服务项目而取得经济收入。从世界范围来看，客房租金收入通常占饭店营业收入的一半以上。我国饭店业发展还比较落后，经营项目单一，缺少综合服务，再加上由于我国经济发展水平不高，人们的生产水平和消费能力有限，饭店难以依靠当地居民提高餐饮收入。在这种情况下，客房收入在营业总收入中所占比例更高，大都超过 60%，有的甚至超过 80%，如图 1-1 所示。这反映了客房部在整个饭店经营中的重要地位，可以体现在两个方面：一是客房营业收入占全饭店营业收入的比例高；二是客房的利润率高（饭店客房的平均利润率为 73.1%，如图 1-2 所示）。

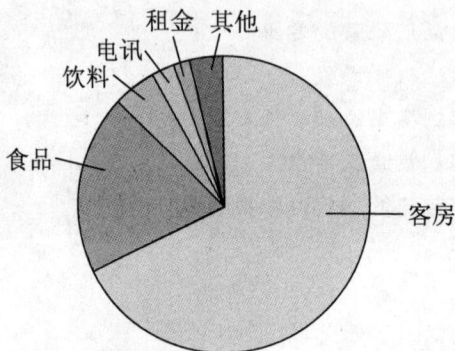

图 1-1　客房营业收入占全饭店营业收入的比例

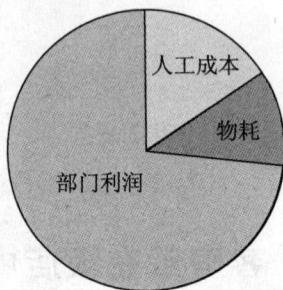

图 1-2　客房的利润率

（三）客房服务水平是饭店服务水准的重要表证

客房服务质量影响着饭店的声誉。客房是客人在饭店中逗留时间最长的地方，客人对客房更有"家"的感觉。因此，客房是否清洁，服务人员的服务态度是否热情、周到，服务项目是否周全丰富等，对客人有着直接影响，是客人衡量"价"与"值"是否相符的主要依据。所以客房服务质量是衡量整个饭店服务质量，维护饭店声誉的重要标志。

宾客衡量饭店的等级水平，主要依据饭店的设备和服务。设备无论从外观、数量或是使用来说，都主要体现在客房，因为旅客在客房待的时间较长，较易于感受设备的完善与否，因而客房水平常常被人作为衡量饭店等级水平的标准。客房水平包括两个方面：一是客房设备，包括房间、家具、墙壁和地面的装饰、客房布置及客房电器设备和卫生间设备等；二是服务水平，即服务员的工作态度，服务技巧和方法等。

（四）客房是带动饭店经济活动的枢纽

作为一种现代化食宿购物场所，只有在客房入住率高的情况下，饭店的一切设施才能发挥作用，饭店的一切组织机构才能运转，才能带动整个饭店的经营管理。客人住进客房，要到前台办手续；要到饮食部用餐、宴请；要到商务中心进行商务活动，还要健身、购物、娱乐，因而客房服务带动了饭店的各种综合服务。

二、客房部的业务范围

客房部又称房务部或管家部（Housekeeping），负责饭店有关客房事务，是饭店的一个重要管理部门，其业务范围有以下几种。

（一）客房卫生清洁整理

客房部的主要功能是为客人提供安全舒适的客房。在日常管理中应抓好客房卫生工作，因为卫生的好坏，直接影响到客房的使用质量与客人的满意程度。客房卫生工作主要包括：清理垃圾、整理床铺、擦拭家具、清洁卫生间、补充物品和地毯吸尘等，要求做到整洁、规范、舒适。宾客入住饭店期间大部分时间是在客房中度过的，尤其是商务客人，因此就要求客房服务员对客房进行细之又细的清洁。

（二）公共区域清洁保养及服务

饭店公共区域的清洁卫生及园林绿化布置等工作也是客房部的重要工作内容。饭店的公共区域是宾客到达饭店所看到和感到的第一印象，公共区域的清洁与服务显得尤为重要。这主要包括楼面卫生和公共区域（Public Area，PA）卫生，在平时的工作中应要求该区域员工做到常巡视、多擦拭、留意细节卫生。例如，大厅等公共区域烟缸，要保证在其有两三个烟头时就将其换掉。楼面地毯及其他设施要保证每天至少三遍以上的清理与擦拭，特殊情况还要做更多次，保证楼面一尘不染。

（三）客房对客服务

在保证房间卫生质量的情况下，对客服务是客房部又一项工作重点。这主要包括两个方面：一是常规服务，主要是擦鞋服务、会客服务、托婴服务、洗衣服务、夜床服务、叫醒服务、送餐服务等；二是个性化服务，入住宾馆的宾客多种多样，每个人的习惯、爱好等也不一样，这就要求客房部提供的服务也要有针对性。例如，对于团队客人，要做到了解客人的日程安排，掌握其出行规律，以便为其提供相应的服务；对于会议客人和商务散客，要求按照客人的需要及时为宾客打扫房间，保证客人的会客等其他特殊需求，使得客人有宾至如归的感觉，满意而来，高兴而归；再者，针对一些宾客的特殊情况，客房部可提供残疾人服务、擦鞋服务、租借物品服务以及生病宾客、醉酒宾客护理等，增强宾客满意度，来体现客房优质服务以满足宾客要求。

（四）客衣、布草及员工制服的洗涤

客房部一般下设洗衣房和布草房，来负责饭店的布草用品、员工制服及住店客人客衣的洗涤熨烫工作。一是客衣洗涤，客房部负责制定《客衣洗涤作业指导书》，客衣洗涤员负责按照《客衣洗涤作业指导书》要求收衣、检查、洗涤、熨烫、送衣到楼层。宾客对洗涤有特别要求的，应予以标示，确保客衣洗涤服务质量，满足宾客要求。二是布草洗涤，客房部编制《客房、餐饮布草件洗涤作业指导书》，布草洗涤工负责按作业指导书分类洗涤布草，确保洗涤质量达到规定标准。三是员工制服洗涤与管理，客房部编制《员工制服管理制度》，制服室收发员负责按管理制度收发制服，客衣洗涤员负责员工制服的洗涤并填写《员工制服洗涤登记表》。

（五）客房部设备的维护与保养

客房部在做好客房清洁与服务、公共场所清洁与服务等工作的过程中，还要担负客房部设施设备维护与保养的任务，使之保持良好的状态，在对客服务过程中发挥最大效用。这就要求客房部在日常工作中与工程部密切合作，制订详尽的设施设备维护与保养计划，并有效地贯彻执行。

（六）安全工作

保障顾客、饭店员工生命与财产安全也是客房部的重要工作之一，不可掉以轻心，如果安全工作做不好，那么客房清洁卫生与服务都将没有任何意义。客房的安全工作要从严、从细抓起，要求客房部每个员工都要做到，严格按照客房部所规定的安全操作制度、防火制度、钥匙卡管理制度、来客访问制度、开房门制度等来进行工作。例如，在平时工作中，见了陌生人员要细心询问、发现不良事件及时报告、房间钥匙要随身携带、为客开门要核对身份等。从多种渠道防止不安全的因素发生，保证宾客及宾馆人身、财产的安全，从而保证宾馆的正常运营，促进宾馆的效益提高。

第二节　客房部机构设置

一、客房部机构设置的基本要求

科学合理的组织机构是客房部搞好管理、组织接待业务的重要保证。饭店客房部的组织机构设置往往因饭店的具体情况不同而有所不同，没有统一的标准和固定的模式。客房部机构设置一般应遵循以下原则。

（一）因工设岗，因需定编

因工设岗是指根据饭店客房规模和提供的服务内容来确定工作岗位；因需定编是指以工作岗位所需要的实际人员数量来核定编制。严格控制客房部分支机构的数量，坚决取消富余的工作岗位，不因人设岗，精减人员编制，提高工作效率。例如大中型饭店客房部设置的分支部门很多，有客房服务中心、客房楼层、PA、洗衣房、布草房等，而小型饭店则设置较

少，仅有客房楼层、服务中心和 PA 几个主要部门。

（二）科学化、合理化、效率最大化

客房部组织机构的设置要求从实际出发，以低成本的投入达到最好的工作效率与经济效益，做到科学化、合理化、效率最大化。组织机构设置的科学性是保证部门整体协调和高效运作的关键。

（三）组织机构扁平化

与传统组织机构相比，扁平化具有显著的优越性，主要体现在三个方面。一是有利于决策和管理效率的提高。扁平机构的组织，高层领导和管理人员指导与沟通相对紧密，工作视野比较宽广、直观，使管理决策快速准确。二是有利于调动员工的积极性。组织层次减少，一般管理人员的业务权限和责任必然放大，可以调动下属的工作积极性、主动性和创造性，增强使命感和责任感。三是有利于节约管理开支费用。扁平机构的组织，人员精减，可以大幅减少办公费及管理费。在饭店中推行扁平机构形态需要一个长期的过程，也需要一些客观条件的改善，如饭店人员素质的提高，但仍然是饭店组织机构建设发展的方向。

（四）因岗招聘，人尽其才

人尽其才，才尽其用，人事相宜，最大限度地发挥人力资源的作用，这是人力资源配置的原则和宗旨。饭店的工作内容与性质决定了饭店的服务人员不需要学历层次有多么高，学识有多么渊博，只要懂业务，会实践，肯吃苦，脑子活就能够很好地完成饭店的绝大多数的基础工作，因此饭店是就业门槛比较低的行业。

二、客房部主要机构形态

饭店在设置客房部组织机构时，应考虑饭店的性质、档次、规模、客源情况与服务模式等各种因素。依据饭店的规模，我国目前饭店常见的客房部机构形态主要有两种，分别见于大中型饭店客房部（如图 1-3 所示）和小型饭店客房部（如图 1-4 所示）。

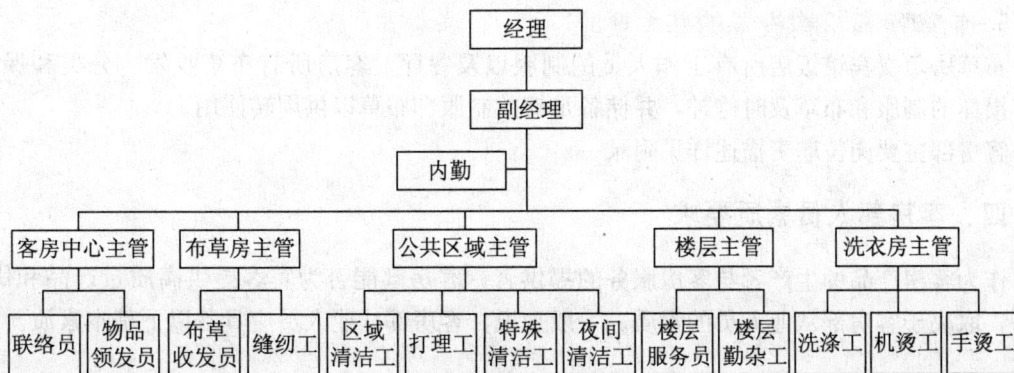

图 1-3 大中型饭店客房部组织机构图

```
                            ┌──────────┐
                            │   经理    │
                            └────┬─────┘
          ┌──────────────────────┼──────────────────────┐
     ┌────┴─────┐          ┌─────┴──────┐          ┌─────┴─────┐
     │  楼层主管  │          │  公共区域主管 │          │  布草房主管  │
     └────┬─────┘          └─────┬──────┘          └─────┬─────┘
    ┌─────┼─────┐        ┌───────┼──────┐            ┌───┴────┐
┌───┴──┐┌──┴──┐┌──┴──┐┌──┴───┐  ┌──┴──┐        ┌──┴───┐┌──┴──┐
│楼层服务员││客房清洁员││楼层勤杂工││流动清洁工│  │打理工│        │布草收发员││缝纫工│
└──────┘└─────┘└─────┘└──────┘  └─────┘        └──────┘└─────┘
```

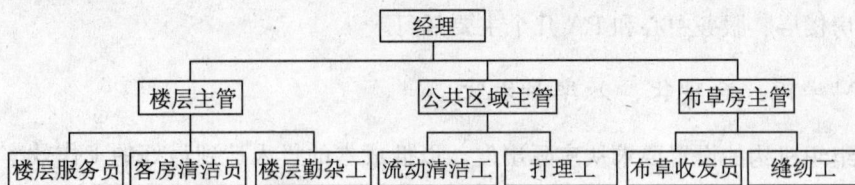

图1-4　小型饭店客房部组织机构图

三、客房部主要分支机构与岗位职责

现在各大饭店在机构设置上由于管理方式的不同而大相径庭，每一个部门与岗位的设置都起着不同的作用，而这些岗位都在潜移默化地为饭店作着不同的贡献。客房部一般设有以下分支部门。

1. 客房服务中心

客房服务中心既是客房的信息中心，又是对客服务中心，负责统一调度对客服务工作，正确显示客房状况，包括失物招领，发放客用品，管理楼层钥匙，并与其他部门进行联络协调等事宜。

2. 客房楼层

客房楼层由各种类型的客房组成，是客人休息的场所。每一层楼都设有供服务员使用的工作间。楼层人员负责全部客房和楼层走廊的清洁卫生，客房内用品的替换以及设备的简易维修和保养等，并为住客和来访客人提供必要的服务。

3. 公共区域

公共区域的人员负责饭店各部门办公室、餐厅（不包括厨房）、公共洗手间、衣帽间、大厅、电梯厅、各通道、楼梯、外围环境和门窗等的清洁卫生工作。

4. 洗衣房

洗衣房负责收洗客衣、洗涤员工制服和洗涤各部门对客服务时所使用的布草。洗衣房的归属在不同饭店有着不同的管理模式，大部分宾馆饭店都归客房部管理，但有的大型饭店洗衣房为一独立部门，而且还对外营业。有的小型饭店不设洗衣房，洗衣业务则委托外面的洗衣公司负责。

5. 布草房

布草房负责宾馆饭店所有工作人员的制服以及餐厅、客房所有布草收发、分类和保管。对有损坏的制服和布草及时修补，并储备足够的制服和布草以供周转使用。

客房部主要岗位职责描述详见附录一。

四、客房部人员素质要求

作为客房产品的生产者与客房服务的提供者，客房部能否为宾客提供高质量产品和优质服务，取决于客房部从业人员的素质。一般来说，客房部从业人员应具备以下基本素质。

（一）思想素质

客房部从业人员应具有正确的政治立场，能够严格遵守外事纪律，能够积极维护国家声誉；为人热情友好，品行端庄、诚实、正直，公私分明；具有高尚的职业道德、良好的纪律素养；热爱本职工作，有强烈的事业心和责任感。

（二）业务素质

客房部从业人员尽管各有不同的分工，但一些基本的服务能力是必须具备的，如沟通能力、语言表达能力、观察能力、记忆能力、团队精神、专业知识、专业技能和个人习惯。

1. 优秀的沟通能力

每一个员工每天都会与同事、上级、下属特别是大量的顾客进行广泛的接触，并且会基于服务而与顾客产生多样的互动关系，妥善地处理好这些关系，将会使顾客产生被尊重、被看重、被优待的亲切感。顾客这一感受的获得将会对经营的持续兴旺和企业品牌的宣传、传播起到不可估量的重要作用。

人际交往所产生的魅力是非常强大的，它使顾客对服务人员乃至饭店产生非常深刻的印象，而优秀的沟通能力则是服务员在服务中实现这些目标的重要基础。

2. 表达自如的语言能力

语言是服务员与顾客建立良好关系、留下深刻印象的重要工具和途径。语言是思维的物质外壳，它体现服务员的精神涵养、气质底蕴、态度性格。顾客能够感受到的最重要的两个方面就是服务员的言和行。语言不仅是交际、表达的工具，除了语言实质性内容外，它本身还反映和传达企业文化、员工的精神状态等辅助信息。

3. 敏锐的观察能力

服务人员为顾客提供的服务有三种。第一种是顾客讲得非常明确的服务需求，只要有娴熟的服务技能，做好这一点一般来说是比较容易的。第二种是例行性的服务，即应当为顾客提供的、不需顾客提醒的服务。例如，顾客到餐厅坐下准备就餐时，服务员就应当迅速给顾客倒上茶、放好纸巾或毛巾；在前厅时，带着很多行李的顾客一进门，服务员就要上前帮忙。第三种则是顾客没有想到、没法想到或正在考虑的潜在服务需求。能够善于把顾客的这种潜在需求一眼看透，才是服务员最值得肯定的服务本领。这就需要服务员具有敏锐的观察能力，并把这种潜在的需求变为及时的实在服务。而这种服务的提供是所有服务中最有价值的部分。这里的第一种服务是被动性的，后两种服务则是主动性的，而潜在服务的提供更强调服务员的主动性。观察能力的实质就在于善于想顾客之所想，将自己设身于顾客的处境中，在客人开口言明之前将服务及时、妥帖地送到。

4. 深刻的记忆能力

（1）使顾客所需要的服务能够得到及时、准确的满足。顾客所需要的服务主要有两个方面，一方面是资讯的即时服务。在服务过程中，顾客常常会向服务员提出一些如饭店服务项目、星级档次、服务设施、特色菜肴、烟酒糖茶、点心的价格或城市交通、旅游等方面的问题，服务员此时就要靠自己平时从经验中得来的或有目的的积累成为顾客的"活字典""指南针"，使顾客能够即时了解自己所需要的各种信息，这既是一种服务指向、引导，本身也是一种能够博得顾客欣赏的服务。

另一方面是实体性的延时服务。服务员还会经常碰到顾客所需要的实体性的延时服务，即顾客会有一些托付服务员办理的事宜，或在餐饮时需要一些酒水茶点，在这些服务项目的提出到提供之间有一个或长或短的时间差，这时就需要员工能牢牢地记住顾客所需的服务，并在稍后的时间中予以准确地提供，而不需要顾客再去询问一遍。如果发生顾客所需的服务被迫延时或干脆因为被遗忘而得不到满足的情况，对餐馆、饭店的形象会产生不好的影响。

（2）使顾客能够从员工的细节记忆中感受到自己的重要性。一个人是在他人的看法和记忆中被定位的。如果一位顾客的姓名、职业、籍贯、性格、兴趣、爱好、忌讳、饮食习惯等被服务员记住，并能够被服务员在与顾客的交往中恰当地表现出来，毫无疑问，顾客将会感到格外地被尊重、被重视，从中感受到自己存在的意义与价值，这有助于顾客对整个服务场所产生相当好的印象。

（3）使顾客能够得到个性化、有针对性的周到服务。顾客是一个异常复杂的群体，他们的喜好、个性等特点是千差万别的，因此服务员向顾客所提供的服务也是因人而异的，这就需要对顾客的情况有一定程度的了解。这当然可以根据顾客的言谈举止、顾客身份登记情况获得一定程度的掌握。不过，顾客的性情、爱好一般来说也是比较稳定的，对于一位再次光临或第二次消费同一项目的顾客，服务员便可以根据自己的记忆能力迅速地把握顾客的特征，从而能够为顾客提供更个性化、更有针对性的服务。

（4）使服务员在提供服务时运用自如，不出差错。服务员的工作在已经形成了比较稳定、成熟的服务程序和服务规范后，只有严格地履行这些服务要求，服务工作才会做得完美得体。这就需要服务员牢记相对复杂的服务规范，在这个基础上才能谈得上在服务中娴熟自如地运用。例如，厨师就要熟练掌握不同种类菜肴的配料成分、比例、制作方法等，以便随时满足顾客的需要；商场服务员就应当对所销售商品的价格、产地、质量、品牌等有比较深入的了解，从而在顾客需要的时候能干脆利落、快捷圆满地完成相应的服务。

（5）使服务资源能够得到最大程度的挖掘利用。相对复杂的服务设施的分布、特色对于初来乍到的顾客来说是比较陌生的，但作为服务员却应当对其了如指掌，在顾客需要的时候，服务员就可以如数家珍地一一加以介绍，从而使服务资源能够尽快地为顾客所知。这同样需要服务员有较强的记忆能力。

5. 积极的团队精神

团队精神应该成为企业员工一个最基本的信念。每一个人都必须明白它的重要性。同时，也要形成一种机制来保障——个人的成功都是建立在其他人成功的基础上，只有帮助他人才能帮助自己成功。

团队精神的关键就是融合，一个人不管有多么聪明，不论多有才华，单个人的力量总是有限的。只有集大家的力量才能做成大事，企业要发展，个人要成功，也只有靠团队。企业将许许多多的人集合起来，然后进行整合，整合好的团队，赋予健康的企业文化，就能做到融合。这个融合是指企业的组成人员有着共同的宗旨、共同的使命、共同的理念，为着共同的目标，朝着共同的方向。虽然每个人的方法可能会有所不同，但没有人排斥创新，互相敬重，互相学习，以企业的最高利益至上，个人利益服从集体利益，个人思想服从集体思想，个人行为服从集体行为。正因为这样，企业的发展才能达到高潮，形成品牌，培植无形资产。同时，个人受到了团队的激励，也一定会进步。

6. 丰富的专业知识

要想成为一名合格的客房部从业人员，必须拥有三个方面的知识。一是饭店基础知识，如员工守则、服务意识、礼貌礼节、饭店安全与卫生、服务心理学、外语知识等。二是客房服务专业知识，如岗位职责、工作程序、设备的使用与保养、沟通技巧、推销技巧等。三是扩充性知识，如宗教知识、哲学、美学、艺术、习俗等。

7. 优良的专业技能

不管从事什么样的工作，都必须掌握一定的工作技能，这是从事工作的基本要求。比如你是一个营业员或业务员，你一定得知道一点推销知识，即便是简单的应酬，也需要一定的谈话技巧，更不用说那些专业性、技术性的工作了。可以想象，一个企业里某个员工对他所任职的工作毫无技能，不但不能为该企业作贡献，而且只能是拖企业的后腿。要得到技能，唯一的办法就是学习。向同事学，向上司学，向有经验的人学，养成读书和查资料的习惯。

8. 良好的个人习惯

首先，注重节约，杜绝浪费。勤俭节约也是一种传统美德。对于企业来说，节约的每一分财物都是纯利润。创业艰难，如果让铺张浪费的习气在企业中滋生，完全可以将一个企业拖垮。所以说，注重节约，杜绝浪费是一个敬业员工的基本素质。其次，讲究个人卫生。整洁卫生不仅仅是为了外表，更重要的是使工作具有条理性。做不到这一点，工作就无法进入程序状态，造成紊乱。从而影响企业的效益。比如，有些人在工作时，经常找不到自己所需的文件或者所用的工具，工作间凌乱不堪，这不仅影响形象，而且直接影响效益。很多企业在推行 5S 运动，其内容就是"整理、整顿、清洁、清扫、素养"，不难看出，整洁卫生是核心所在，它的目的就是使工作程序化、条理化、简单化。所以，养成良好的整洁卫生习惯，是每个员工必须遵从的。

（三）身体素质

1. 健康的体魄

由于客房部工作无论是客房清洁还是对客服务，都是体力消耗很多的工作，因此需要从业人员有一个健康的体魄。

2. 良好的个人卫生

良好的个人卫生，可以保证良好的健康及高效率的工作，而且可以防止在和住店客人及同事接触中传播疾病。

客房服务员

如何进行个人卫生管理

①应具有健康意识，懂得基本的健康知识，保持身体健康，神精饱满，睡眠充足，完成工作而不觉得过度劳累。如感不适，应及时向主管报告，如呼吸系统的任何不正常情况（感冒、咽喉炎、扁桃体炎、支气管疾病和肺部疾病），肠疾，如腹泻；还应报告皮肤发疹、生疖等疾病；报告受伤情况，包括被刀或其他利器划破或烧伤等。

②应养成良好的个人卫生习惯。不用指尖搔头、挖鼻孔、擦拭嘴巴；饭前、厕后要洗手；接

触食品或食品器具、器皿前要洗手；不可以在他人面前咳嗽、打喷嚏；经常洗脸、洗澡以确保身体的清洁。经常理发、洗头、剪指甲；不随地吐痰、抛果皮等废弃物；注意保持仪容整洁，不留胡须，剪短头发，戴帽后头发不可露出；不可佩戴饰物，经常保持服装干净整洁；穿清洁舒适的平底鞋。

③必须掌握正确的洗手方法，才能确保手部清洁。具体的做法是：首先以水润湿手部，擦上肥皂或洗洁剂（若使用肥皂，使用后必须用水冲洗肥皂，放回肥皂盒）；两手心相互摩擦；两手自手背至手指相互揉擦；作拉手姿势擦洗指尖；冲去肥皂，洗净手部，用拭手纸擦干（或烘干机烘干）。

④指甲为"藏污纳垢"之处，蓄留指甲易造成污物、病原菌污染所接触物品，故客房部员工不可蓄留指甲，以确保清洁卫生。指甲油会剥落、饰物会脱落，因此应禁止涂指甲油、戴饰物。

3. 端庄大方的仪容、仪表、仪态

客房部从业人员作为饭店的代表，一言一行都是饭店形象的体现，这就要求客房部员工不仅要有熟练的服务技术，有灵活处理问题的能力，有独当一面的本领，而且还要有端庄大方的仪容、仪表、仪态。端庄大方的仪表既是自尊自爱的表现，更是表达一种对客人的尊重，亦是客人的一种需要，没有人愿意与一个衣衫不整、邋里邋遢的人打交道。客房部对员工的容貌也有一定的要求，以朴素大方、淡雅自然为原则，杜绝浓妆艳抹、过分招摇。客房部不仅要求员工有良好的仪表仪容，还要求服务员有良好的仪态，即站有站样，坐有坐样，走有走样，给人精神饱满，热情洋溢之感。

客房服务员

客房部仪容仪表规定

仪表：

1. 工作时间应穿着规定的工作服。

2. 工作服要整洁、挺直、按规定扣好上衣扣、裤扣。

3. 工作服上衣兜、裤兜内禁止装杂物，以保持工作服的挺括。工作服如有破损应及时修补。

4. 服务员上班时一律穿着黑色工作鞋，工作鞋保持干净。穿着袜子，要求男深女浅，袜子要完好无破损，不准赤脚穿鞋。

5. 服务员上岗期间不准佩戴各种饰物，如项链、手链、耳环、戒指等。

6. 工作期间应按规定将工号牌佩戴在左胸位置。

7. 服务员着装后，应自我检查，并接受领班检查合格后方可上岗。

仪容：

1. 服务员应保持面容清洁、头发整洁、发型美观、大方。

2. 男士留发，后不盖领、侧不遮耳；女士留发，后不垂肩、前不遮眼。勤理发、勤修面、勤剪指甲、勤更衣、勤洗手、勤洗澡。

3. 男士不留小胡子、大鬓角；女士不留长指甲、不涂指甲油、不使用浓香水。

4. 女士上岗前要化淡妆，不可浓妆艳抹。

5. 保持口腔卫生，上岗前不吃异味食品，如葱、蒜、臭豆腐等。

6. 面带笑容、亲切和蔼、端庄稳重、不卑不亢。

仪态：

1. 坐姿。

A. 身体挺直、重心垂直向下，腰部挺起，双肩放松，双膝并拢，手自然放在膝上。双目平视、面带微笑。

B. 坐时不要把椅子坐满（服务员应坐椅子的三分之二），但不可坐在边沿。

C. 不可前俯后仰，摇腿跷脚，不可将腿跨在扶手或茶几上。

D. 在上司或客人面前不可双手抱在胸前，不可跷二郎腿，不可抖腿，也不要半躺半坐。

2. 立姿。

A. 挺胸、收腹、抬头，目光平视，面带微笑。

B. 双臂自然下垂或在体前交叉，左手上右手下，保持服务的最佳状态。

C. 女子站立时，双脚成"V"字形，双膝紧靠，脚后跟靠紧。男子站立双脚与肩同宽。

D. 站立时不可叉腰，弯腿或手扶柱子、服务台、墙等。

E. 站立时不可手叉在衣服口袋内，不能有伸懒腰、弄头发等小动作。

F. 站立时脚不能打拍子，不能三三两两聚在一起闲聊。

3. 走姿。

A. 昂首、挺胸、两臂自然下垂摆动，腿要直。女子走一字步，男子行走双脚跟平行。

B. 行走时不准摇头晃脑、吹口哨、吃零食，不得手插口袋。

C. 行走时不得奔跑，跳跃，不得在宾客中间穿行。

D. 客过站定，主动让路并点头示意问好。

E. 在走廊内行走，应靠右边，不得用手扶墙。

F. 三人以上要分散行走，不能三五成群同行。行走时不得勾肩搭背、边说边笑或打闹。

五、客房部与其他部门的业务关系

饭店是由多个部门组成的有机整体，客房部作为饭店中重要的组成部分，需要和其他各部门发生联系，相互配合，共同完成饭店经营任务。客房部和其他部门之间保持紧密的工作关系是至关重要的，不过有时也是非常复杂的。

（一）与前厅部的业务关系

客房部与前厅部是在饭店所有部门中联系最多，关系最密切的两个部门，二者是生产与销售的关系，客房部是饭店最主要产品——客房的生产者，而前厅部则是客房销售的最主要承担者。

1. 为前厅部提供保质保量的产品

只有客房部提供保质保量的客房产品，前厅部才能够更好地销售客房，如果没有高品质的客房产品，即使前厅部员工做得再好，工作再努力，也无法维持一个忠诚的顾客群。客人离店后，前厅负责及时通知客房部，客房部在最短的时间内将房子清洁出来，检查完毕并交回给前厅继续出租。前厅部在未得到客房部认可之前，不得将房子出租出去。

2. 相互通报、核对房态

为获得最佳服务水平和最高的出租率，客房部与前厅部之间的互通信息是至关重要的，前厅部根据计算机登记情况和客人入住、离店情况及时做出房态表或预先口头通知客房部，客房部根据前厅部提供的信息进行每日例行查房，做出房态误差报告送交前厅部，以期达到最高出租率。

3. 相互通报客情信息

前厅部应为客房部准备当日客人入住情况表，当日团队入住登记表和当日重要宾客表，尽可能全面地注明客人的姓名、年龄、国籍、身份、爱好、有无特殊要求，到达航班等信息，客房部可以根据这些信息充分准备、合理安排、保证接待质量并提供有针对性的服务。因此，建立良好的协作关系是提供最佳服务和获得最高出租率的保障。

4. 协助前厅部对客服务

在对客服务过程中，客房部需要对前厅部进行必要的协助，以更好地完成接待工作，行李服务、留言服务、邮件服务、叫醒服务等多种工作都需要两个部门员工的通力协作。如当前厅部总机自动叫醒客房无应答时，客房部楼层服务员可以到房间进行敲门叫醒，避免耽误住店客人的事宜。

5. 交叉培训

前厅部销售人员只有多学习客房知识，对自己销售的产品了如指掌，才能够更好地进行客房销售；客房部员工学习一些前厅的对客服务技巧，也有利于提高客房服务质量。因此，两个部门需要进行经常性的交流，相互学习，知识互补，以提高工作质量。另外，交叉培训学习，也有利于饭店跨部门的临时人员调配。

经典案例

4月6日晚9点，客房部张经理接到客房中心的电话，告知6楼有紧急事情，需要前去处理。当张经理以最快速度赶到6楼时，看到603、604、605 3个房间的客人进进出出，当地市旅游局局长和市接待处工作人员都在场。楼层领班简单地向张经理描述了事情经过：省电视台主持人李小姐一行今天预订了603、604、605 3间房，但当他们进房时，603和605标准间却变成了大床间（预订的是两个单人床的标准间），客人和接待处对此意见较大。

张经理马上安排当值服务员将603与605房间恢复成标准间，向有关人员道歉，并安排房间客人到2楼茶座稍事休息。完成后，张经理再次向各位领导和李小姐道歉。事后，张经理马上向饭店领导汇报此事，并表示第二天立即查明原因，以后不再出现类似情况。

经过第二天调查，造成这一错误的经过是这样的：4月6日早上，前厅部下了内部通知，通知客房部在4月7日中午12点前将603和605改造成大床间，客房中心将事情告诉楼层当值主管，当值主管考虑第二天客情较旺，人手不够，于是当天就将603和605改成了大床间，但改好后，没通知前厅。另外，总台于当日上午将李小姐一行当晚入住603和605通知了客房中心，中心服务员没及时将情况告知当值主管，致使主管过早将这两个房间改成大床间而造成这一失误。

这个事件是一个典型的客房部与前厅部之间、客房部内部信息传达不到位，工作安排不合理，造成严重失误的案例。其主要错误有两点：一是主管将标准间提前一天改为大床间后没通知总台，自己也不清楚这两间房当晚是否有人入住；二是中心服务员接到李小姐一行当晚入住这两间房的通知后，没有及时通知当值主管。从这个案例中，客房部得到的教训是很深刻的，客房部作为一个直接对客服务部门，工作应该考虑周到、安排周全，保证每位客人住店愉快，更应加强重要客人的接待安排，因为这对星级饭店的声誉影响很大。

（二）与餐饮部的业务关系

1. 为餐饮部的经营场所提供清洁保养服务

客房部 PA 组不仅负责客房楼层清洁，公共场所的清洁，同时还负责各餐厅、宴会厅的清洁和维护工作，因此上至客房部 PA 主管、宴会部及餐厅经理，下至公共区域卫生清洁工和餐厅服务员都要互相理解，通力合作。

2. 为餐饮部提供洗烫、缝补布草及员工制服服务

客房部洗衣房与布草房还要负责餐饮部所使用的布草与员工制服的洗涤、熨烫、缝补及保管等工作。客房部管理人员应及时与各餐厅及宴会部经理取得联系，了解各餐厅的用餐情况和时间，宴会的规模及布置，保障各餐厅棉织品的供应及餐后清洁工作，满足特殊会议对棉织品，装饰等的特殊要求。

客房部管理人员还应根据每月棉织品盘点情况与餐饮部召开协调会，指出棉织品使用中的问题，尽量减少浪费，节约开支。餐饮部也应根据运营情况对各餐厅的清洁卫生和棉织品发放中出现的问题，员工制服问题与客房部协调，使问题尽快解决。只有两部门的通力合作才能使各项活动进行得井井有条，才能提供优质高效的服务。

3. 配合做好大型活动的接待服务工作

饭店有大型活动的接待服务任务时，由于接待人数众多，事宜繁杂，往往需要多部门共同承担。而餐饮部与客房部要承担其中最重要的食宿工作，因此，两者要密切配合，精诚合作，共同努力，才能够保证大型接待任务的顺利完成。例如冬季召开大型宴会，客房部要考虑来宾存衣问题，存衣室是否足够存衣物，衣架是否够用，标号是否齐全，如何排号，人员如何安排等，都要事先做好准备。

4. 协助餐饮部的送餐服务

餐饮部送餐员在客房进行送餐服务时，客房服务员有义务进行协助，布置餐桌，摆放菜品，等客人用餐完毕后，帮助餐饮部回收餐车餐具。另外，客房部也应积极配合餐饮部的促销活动，在客房中放置餐饮宣传材料等。

5. 餐饮部协助布置贵宾房的水果、食品等

在贵宾（Very Important Person，VIP）入住客房时，往往需要在房间内布置水果拼盘和小点心，以显示对 VIP 的重视，凸显其重要地位，这项工作需要餐饮部来协助完成。

6. 交叉培训

客房部与餐饮部是饭店最重要的两个生产部门，交叉培训，互通有无，有利于提高两个部门员工的"生产"能力和服务水平。同时也为在大型接待活动中跨部门的人员调配提供了可能。

（三）与采购部的业务关系

1. 了解各项物资存量

客房部要经常向采购部了解客房所需物资的存量情况，以便根据客房部实际工作需要，提请采购部进行客房所需物资的采购，避免出现物资储备不足，影响客房部向住店客人提供合格的客房产品。

2. 相互通报市场信息，监督物资采购

客房部可以主动了解客房所需物资在市场上的供求信息，并和采购部互通有无，把自己掌握的市场信息提供给采购部，协助采购部做好客房所需物资的采购工作。同时，客房部有权利监督采购部的物资采购过程，把好质量和价格关，以求在为住店客人提供最好的客房产品的基础上，最大程度地降低客房部的经营成本。

（四）与工程部的业务关系

客房部与工程部作为两个职能部门，他们的目标是相同的，两者之间必须保持良好的工作关系，才能取得最佳的工作效果。

1. 做好客房部设备维修保养工作

一般来讲工程维修分为三部分：一是日常维护保养；二是定期检修；三是大修。客房部与工程部的协作关系始于客房部，客房部员工在工作操作中不断发现问题，提交工程部要求维修。客房部、工程部管理人员根据日常维修，对常发生的故障和问题进行定期检查，并提交维修报告。除此以外，每年在淡季或出租率允许的情况下，应对饭店客房及公共区域逐步进行全面检修和维护保养。只有客房部和工作部协作关系良好，互相配合才能保障饭店的设施设备处于完好状态，才能为宾客提供优质服务，减少投诉。

2. 交叉培训

通过交叉培训，客房部员工可以学习一些简单的设施设备检查、维修和保养知识，以便在日常工作中，能够解决客房出现的一些小故障、小问题，大大地提高了工作效率；同时，工程部人员学习一些客房部对客服务知识，特别是礼貌礼仪、仪容仪表方面的知识，有利于更好地对客服务。

（五）与财务部的业务关系

1. 监督开支
财务部有责任指导与协助客房部做好其开支预算，并监督客房部预算开支的具体执行情况。

2. 物资收发
财务部所辖仓库要做好客房部库存物资收发管理工作。

3. 对客结账
客房部协助财务部做好客房消费账单核对与对客结账服务。

4. 支付薪水

客房部做好员工工作时数记录，以便财务部支付员工薪水。

（六）与公关营销部的业务关系

客房部与公关营销部之间也是生产与销售的关系。公关营销部和前厅部一样，在饭店中也承担着客房产品的销售任务。如果说前厅部是客房产品的门市零售的话，那么销售部则是客房产品的批发销售。

1. 配合公关营销部进行广告宣传

客房部要积极配合公关营销部进行客房产品的广告宣传，不断挖掘本部门优质服务的新亮点，向公关营销部提供客房部"生产"与服务的相关信息。同时客房部还应积极参与公关营销部策划的市场调研及内外促销活动。

2. 接受公关营销部信息反馈，进一步提高质量

客房部与公关营销部之间的生产与销售是一个循环体系，只有客房部生产出高质量的客房产品，公关营销部才能够更好地销售，同样，公关营销部收集到的住店客人的反馈信息，也能够帮助客房部查漏补缺，不断改进客房产品质量，提高对客服务水平。因此，客房部要积极接受公关营销部关于住店客人客房消费的信息反馈。

3. 交叉培训

客房部与公关营销部之间应进行交叉培训，相互交流。客房部服务人员学习一些销售方面的知识，有利于客房部在店内进行人员促销。而公关营销部员工只有充分了解客房产品和对客服务，才能够更好地进行客房销售。

（七）与保安部的业务关系

安全是饭店工作的生命线，没有安全就没有旅游业，它直接影响饭店宾客的生命财产安全和饭店的财产安全，所以说客房部的安全工作是很重要的。

1. 配合保安部做好安全工作

作为客房部员工一定要有很强的安全意识，要全力支持专职安全人员的工作，积极配合安全保卫人员做好客房安全工作，一旦发现可疑情况及时通报安全部。

2. 保安部对客房部员工进行安全保卫知识培训

客房部对员工要加强安全教育，消防教育和防盗防骗教育，并经常请保安部专职安全保卫人员对客房部员工进行安全保卫知识培训以及各种形式的安全教育，包括通报本地区域范围内发生的一些案例，提高员工警惕性，防止坏人作案给饭店和宾客造成恶劣影响。客房部也应积极参与保安部组织的各类消防等安保演习活动。另外，保安部应帮助客房部制定安全保卫工作制度。

（八）与人力资源部的业务关系

1. 组织结构设置，定编定岗

饭店人力资源部负责饭店人力资源管理制度的制定、修订与实施，饭店组织结构的优化设计与调整，并合理设置工作岗位。因此客房部的组织结构的设置，编制的核定，岗位设置

和岗位职责描述，都是与人力资源部协同完成的。

2. 员工招聘、任用、培训

人力资源部根据饭店制订的招聘计划，为客房部发布招聘信息，组织进行筛选、面试、复试，并协同客房部确定录用人员和上岗前的体检、培训等工作。

3. 员工劳资管理

人力资源部还负责处理劳资关系、员工劳动合同、社会保障及员工档案的管理，关注员工动态，促进内部沟通并负责客房部员工绩效考核、员工薪资福利及社保工作，解除客房部用人方面的后顾之忧。

记忆力

一、选择题

1. 客房部_____主要负责客房服务员与客人之间的联络协调事宜。

　　A. 客房服务中心　　　　　　　　B. 饭店公共区域

　　C. 经理室　　　　　　　　　　　D. 客房楼层

2. _____是饭店的基层管理人员，应是本部门的业务标兵。

　　A. 楼层主管　　　　　　　　　　B. 部门总监

　　C. 楼层经理　　　　　　　　　　D. 优秀服务员

3. 下列属于客房部业务范围的是_____。

　　A. 客房服务　　　　　　　　　　B. 公共区域的清洁保养

　　C. 客房设施设备的维修　　　　　D. 布草洗涤、员工制服及客衣的洗涤

4. 对于设立客房管理组织机构必须遵循的原则，下列表述中错误的是_____。

　　A. 因工设岗，因需定编　　　　　B. 效率最大化

　　C. 因人设岗　　　　　　　　　　D. 机构扁平化

5. 饭店提供服务质量的好坏取决于_____。

　　A. 饭店的服务程序

　　B. 客人对饭店的了解程度

　　C. 顾客们各自的需要和自身的特点

　　D. 饭店是否实行标准化管理

二、填空题

1. _____负责饭店员工制服以及餐厅、客房所有布草收发、分类和保管。

2. _____与前厅部是在饭店所有部门中联系最多，关系最密切的两个部门，二者是生产与销售的关系。

3. _____是饭店所经营的产品中最主要产品之一，其收入在营业总收入中所占比例大都超过 60%。

三、判断题

1. 饭店在设置客房部组织机构时，只需考虑饭店的档次与规模。（　　　）

2. 语言能力是服务员与顾客建立良好关系、留下深刻印象的重要工具和途径。（　　）

3. 客房部与前厅部各尽其责，工作分工与内容不同，不需要进行交叉培训。（　　）

4. 组织机构设置的科学化、合理化以及效率最大化是保证部门整体协调和高效运作的关键。（　　）

分析力

一、简答题

1. 客房部在饭店经营中有何重要意义？

2. 客房部的工作内容有哪些？

3. 客房部有哪些分支机构？

二、论述题

1. 试述客房部总监的主要岗位职责。

2. 谈谈你对"作为一个客房服务员应具备良好的记忆力"的理解。

三、分析题

1. 现在饭店喜欢使用一些薪酬低、学历低、外形好的服务员工，你认为这会对客房的服务工作造成影响吗？

2. 饭店理念中有一个非常著名的"100-1=0"，你是如何理解的？

第二章　客房基本知识

学习目的

- 掌握客房的种类
- 熟悉客房的布局
- 了解中国饭店客房类型的演变
- 熟悉客房设备用品的配置

学习要点

- 床的种类
- 客房类型
- 客房布局
- 客房配置

关键词： 客房类型　客房布局　历史演变　客房配置

第一节　客房的种类与布局

一、客房产品

所谓客房产品是指饭店出售的主要用来满足客人休息、睡眠需要的客房使用权及附加功能的总和，是饭店产品中最重要的组成部分。客房产品一般具有不可储藏性、不可移动性和非拥有性（即只转让使用权，而不转让所有权）等特点。

二、床的种类

床是饭店为宾客提供休息和睡眠的主要设备，也是客房分类的重要依据。在现代化饭店客房里，床的种类一般有以下几种，如表 2-1 所示。

表 2-1　　　　　　　　　　　　　　饭店客房床的种类　　　　　　　　　　　　　　单位：m

种类	长度	宽度	高度
单人床（single bed）	2	1.2～1.5	0.4～0.6
双人床（double-size bed）	2	1.6	0.4～0.6
大号双人床（queen-size bed）	2	1.8	0.4～0.6
特大号双人床（king-size bed）	2	2	0.4～0.6
婴儿床（cot）	1.2	0.6	

随着宾客对床舒适度要求的不断提高，现代饭店对床的长、宽、高的尺寸也在不断进行调整，床的种类也不断增加。

三、客房的类型

饭店客房的分类方法很多，其中按照房间的数量和床的种类进行分类的方法最为常见。按照房间的数量进行分类，客房可以分为单间、套房和特殊客房。

（一）单间

只有一间房间、面积在 $16m^2$～$20m^2$、配有卫生间的客房就是单间客房。单间客房按照床的配备情况可分为以下几种。

1. 单人间

单人间（Single room）是较早出现的一种房间类型（如图 2-1 所示），由于这种客房舒适度不及大床间，经济性不及标准间，这类客房数量呈逐渐下降趋势，目前在我国高星级饭店中这样的房间比较少。

①房间配置：一张单人床；

②受众群体：从事商务旅游的单身客人；

③客房特点：舒适度有所欠缺，但不受其他客人影响。

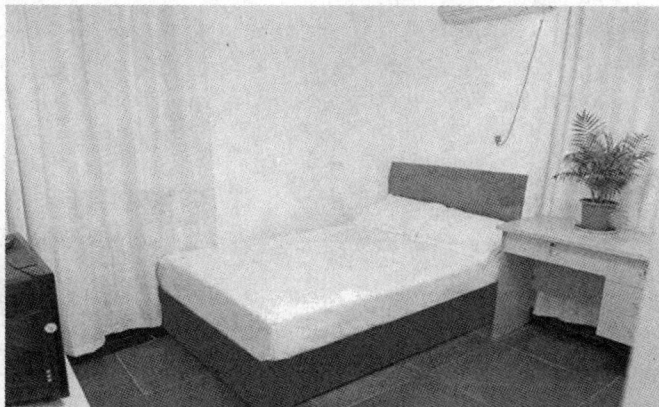

图 2-1　饭店单人间客房

2. 双人间

随着我国经济的发展，双人间（Double room）越来越受住店客人的欢迎，成为饭店单间客房里成长最快的一种房间类型，如图 2-2 所示。

①房间配置：一张双人床；

②受众群体：夫妇客人、消费较低的商务客人；

③客房特点：舒适度较高，大众化。

图 2-2　饭店双人间客房

3. 标准间

标准间（Twin room）又称双床间（如图 2-3 所示），在我国饭店业起步阶段曾是饭店中比例最高的一种房间类型，随着住客需求的多样化，在饭店中比例逐渐下降。

①房间配置：两张单人床；

②受众群体：旅游团队、会议团体；

③客房特点：价格比较便宜，会受到同房间其他客人影响。

图 2-3　饭店标准间客房

4. 三人间

三人间（Triple room）也是出现比较早的一种客房形式，随着宾客对客房舒适度要求的提高，保护个人隐私意识的增强，这种房间类型呈下降趋势，在我国仅在低星级饭店和旅馆中存在。

①房间配置：三张单人床；

②受众群体：较低档次的旅游团队、会议团体；

③客房特点：价格便宜，会受到同房间其他客人影响。

（二）套房

由两间或两间以上房间组成的客房称为套房。套房按照房间的数量、功能与豪华程度可分为以下几种。

1. 普通套房

普通套房（Junior suite）也称为标准套房，由两间房间组成，一间为起居室，一间为卧室，配有一张双人床（如图 2－4 所示）。这是现代饭店最为常见的客房形式之一。

图 2－4　饭店标准套房

2. 商务套房

随着我国商务活动的日益频繁，商务套房（Business suite）应运而生。商务套房是一种专门为高档商务客人所设计的客房类型，在房间里配备大量实用的商务设备和办公用品，处处体现着商务特色（如图 2－5 所示）。

①房间配置：一间办公室、一间卧室，一张双人床；

②受众群体：消费较高的商务客人；

③客房特点：客房强大的商务功能。

图 2-5　星级饭店商务套房

3. 双层套房

双层套房（Duplex suite）也称为立体套房（如图 2-6 所示），是因客房立体结构命名，由楼上、楼下两层组成，楼上为卧室，面积较小、有一张双人床，楼下为会客室，室内有活动沙发，同时可以拉开当床。这样的房间适合带小孩的家庭使用。

图 2-6　星级饭店双层套房

4. 连接套房

连接套房（Connecting suite）又称为组合套间，是一种根据需要专门设计的房间，由两个或三个相邻的房间组成，每个房间都有独立卫生间，可以根据需要组成三套间、两套间和一个单间、两个单间及三个单间。相邻的两个房间，中间都有门和锁，需要连通时可以打开门，需要隔开时可以两边同时关门加锁，这样既安全又隔音。

5. 豪华套房

豪华套房（Deluxe suite）是一种重视客房装饰布置以及用品配备的、豪华气派的客房形式（如图2-7所示）。

①房间配置：2～3间客房（一间卧室、一间起居室，三套房兼有餐厅或书房），大号双人床；

②受众群体：高档客人；

③客房特点：装饰高档，配备豪华，体现客人身份地位。

图2-7　星级饭店豪华套房

6. 总统套房

总统套房（Presidential suite）是高星级饭店用来接待外国元首或者高级商务代表等重要贵宾的豪华客房，其定位高、豪华气派、档次高、房价昂贵（如图2-8所示）。

总统套房，一般由五间以上的房间组成，主要包括男主人房、女主人房、会议室、起居室、餐厅、酒吧等。总统套房内部装饰极为讲究，造价昂贵，通常高级的饭店才设有此类客房。总统套房不仅装饰豪华，室内功能亦十分强大，一般设有中央空调、闭路及卫星电视、国内/国际直拨电话，还可提供宽带上网以及其他娱乐、服务设施。

图2-8　星级饭店总统套房

（三）特殊客房

1. 无障碍客房

无障碍客房是饭店为满足残疾客人的需求而推出的一种客房类型。残疾人由于身体上的残障应该得到饭店的关怀，设有无障碍设施的饭店一般具备残疾人专用进出口、残疾人专用厕位等。电梯的设置与安装应该考虑到方便更多的残疾人使用（如图2-9所示）。例如，安装横排按钮，高度不宜超过1.5m；在正对电梯进门的壁上安装大大的镜子；使用报声器等。出入无障碍，门的宽度不宜小于0.9m；门上不同的高度分别安装窥视器；床的两侧应该有扶手，但不宜过长；窗帘安有电动装置或遥控装置；房内各电器按钮或插座不得高于1.2m。如果是没有残疾人特殊楼层的饭店，对于残疾人客房位置的选择不宜离电梯出口太远；卫生间门的要求和客房一样，出入无障碍；门与厕位间的距离不小于1.05m，云石台高度在0.7m左右且下面不宜有任何障碍物；坐便器和浴缸两侧装有扶手，且扶手能承受100kg左右的拉力或压力，等等。

在饭店的发展过程中，饭店管理者越来越重视客人的需要，应该说市场上有多少类型的客房需求，饭店就有多少类型的特殊客房。这是现代饭店在经营过程中走个性化服务的一个重要手段，也是市场发展的必然规律。

图2-9 饭店专门为残疾人客人准备的电梯按钮

2. 主题客房

饭店产品发展到今天，已经明显感觉到"标准房"的乏味。为了满足客人的需求，主题客房成为了客人的新宠。主题客房具有独特性、浓郁的文化气息、针对性等特点，有很多种分类方法。比如以某种时尚、兴趣爱好为主题，可分为汽车客房、足球客房、邮票客房、电影客房等；还有以某种特定环境为主题的客房，监狱客房、梦幻客房、海底世界客房、太空客房等。

3. 老年人专用客房

如今，世界人口普遍向老龄化发展，老年人市场越来越受到重视。老年人在饭店的相对停留时间较长，消费较高，因此，"银发市场"已成为饭店新的竞争点。老年人客房的设计、装饰要注重传统的民族风格，配以字画、摆设；其色调以暖色为主，多用调和色；绿化布置上，可多用观赏盆景和常绿植物、鲜花。健康、方便是老人客房的考虑重点。例如，在卫生间要设置防滑把手，门把和开关位置要适宜。要设置多个召唤铃，以便老人可以不用移动太远，就可询问自己需要的服务。

在法国戛纳的奥泰利亚饭店里，所有的客人平均年龄为83岁，这里的一切设施几乎都是为老人们（尤其是80岁以上的老人）特别设计的。在这里，信号显示是大号字，沿墙有扶手，电梯里有坐椅，床是坐卧两用的，卧室里可以挂家人肖像。卫生间是用防滑玻璃纤维修造的，并设有软垫长椅，在那里可以安全洗浴。无论何时，一按铃就有人来查看，经常举办各种适合老人的娱乐活动。而且无须预订，长住短住无妨。但有一点必须特别声明，这里接待的不是病人，而是需要关怀、照顾的老人客人。

4. 数字客房

数字客房是专门配置了新一代数字多媒体网络终端系统的客房。该系统集成了饭店管理系统服务的功能，并通过以太网络引入了商务旅游、影视点播、视频会议、新闻娱乐、网络游戏、票务等特色内容，实现了电信网、有线电视网和计算机网的三网合一（如图2-10所示）。

图2-10 饭店新型数字客房

四、客房布局

从功能上看，客房一般具备睡眠、盥洗、储存、办公和起居五个功能，因此，在空间布局上，也就相应地划分为五个基本区域，即睡眠区、盥洗区、储存区、办公区和起居区。如图2-11所示为星级饭店标准间布局图。

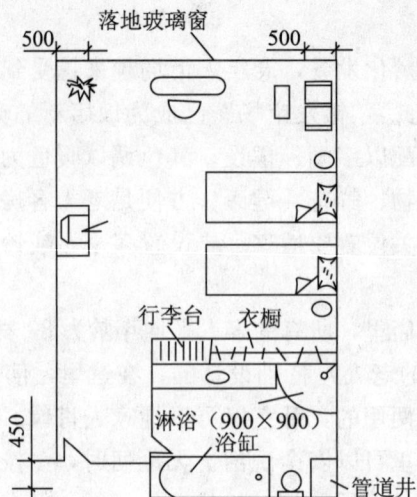

图 2-11 星级饭店标准间布局图

（一）睡眠区

睡眠区是客房最基础的组成部分，从高档次房间到经济型客房都必须有这个区域的存在。这个区域的主要设备是床和床头柜。床的数量与规格不仅影响其他功能区域的大小与构成，还体现了客房的等级与规格。床的尺寸越大，客房等级超高，饭店等级也越高；反之亦然。床的质量直接影响客人的睡眠质量。床头柜也称控制面板，柜上装有电视、音响、空调、顶灯和 DND（Do not disturb）灯等设备的开关，下面隔板上摆放一次性拖鞋和擦鞋纸。

（二）盥洗区

盥洗区是指客房的卫生间。卫生间空间独立，风、水、电系统交错复杂，设备多，面积小。主要设备有浴缸、恭桶与洗脸台三件卫生设备。由于客人的要求不同，饭店的档次不同，所以浴缸的配备要视具体情况来定。一般经济饭店也有不设浴缸而采用淋浴的。但对于高档次饭店，浴缸的选择应该从所面临的主要客源市场的要求来定。恭桶是盥洗区另一重要设备，大小、空间摆放都要从卫生间的大小和使用人的生活习惯等方面进行综合考虑。云石台面与面盆是卫生间造型设计的重点，同时要注意面盆上方配的化妆镜、石英灯照明及镜面两侧或单侧的壁灯照明，因为现代的云石台是很多妇女化妆的区域，所以宽大的设计以及良好的照明是满足她们需要的最重要方面。

（三）储存区

储存区的主要设备是柜子，包括衣柜（附小酒吧台）和行李柜。衣柜一般设在客房小走道侧面，柜门设计有拉门和移动门两种。现代饭店为了增加客房面积，一般使用移门衣柜。柜内可垂直墙面挂放衣服，也设有折叠衣服安放区。为方便衣服的存放，柜内设有小型照明灯，由柜门的开合自动控制。柜底放有鞋盒，客人可将要擦的鞋放在鞋盒里面。

在衣柜靠近行李柜的方向，设有小酒吧台，吧台上有免费赠送的即溶咖啡或茶叶包。吧台下有迷你冰箱，冰箱内放有饮料和小食品。按国家行业标准，三星级以上饭店客房必须配备小型冰箱，以满足客人对酒水饮料的需求。行李柜是搁放客人行李的地方，所以一般比较矮小，在柜面上固定有金属条，以防行李的滑落。

（四）办公区

标准客房的办公区在床的对面，以写字台为主。写字台面比较长，一侧可放置电视机。写字台也可兼做化妆台，所以在写字台上方的墙面上安装有大镜子。写字台台面上有文件夹，里面有一些简单的办公用品，如纸、笔、信封等，也有饭店服务设施的一些介绍。

（五）起居区

饭店等级不同，客房等级不同的最大差别在于起居休息空间的不同。标准客房的起居区一般在窗前，由沙发（或扶手椅）、小餐桌（或茶几）组成。套房一般设有独立的起居空间，沙发的数量增加，方便客人会客之用。

五、特色楼层

（一）商务楼层

商务楼层（Business Floor）是饭店专门为商务客人量身打造的客房楼层。商务楼层主要有三个特点：一是强大的客房商务功能，在房间里配备大量实用的商务设备和办公用品，处处体现着商务特色；二是整个楼层全部是商务客房，能够为这些商务客人提供一个相对独立于其他客房的环境，使客人免受干扰；三是在商务楼层公共区域处处透着商务气息，设有小型商务中心、会议室、咖啡厅、茶座等服务设施，方便商务客人在楼层就可以进行商务活动。

(1) 房间配置。具有强大的商务功能。

(2) 受众群体。商务客人。

(3) 楼层特点。相对独立的办公空间，便利的商务服务。

客房服务员

FOB——商务饭店功能定位的一大突破

FOB是英文 Family-Office-Business 的缩写，三个单词含义分别为家庭、办公和商务活动。FOB意指商务饭店的核心功能应为三大板块，即商务客人的家外之家、商旅途中的办公基地和客人商务活动中的好秘书、好管家。

这种新理念的提出，是笔者以多年来广泛调查商务客人为基础，认真研究各饭店功能设计缺陷、服务流程缺陷，分析客人不满意度及成因后高度概括出的一个崭新理念。它既是商务饭店科学选址依据，功能取舍、整体设计依据，也是确定投资总额依据，又是制订有特色服务流程，培训、奖惩饭店全体员工的依据。

（二）行政楼层

行政楼层（Executive Floor）最大的特色在于整个楼层全部是豪华套房（如图 2-12 所示），能够为这些客人提供一个相对独立的环境，使客人免受干扰；另外高规格的服务也是这种房间类型的一大特色，一般楼层上会设有接待处、商务中心、会议室、自助早餐厅、茶座以及报刊室等，客人可以直接到楼层登记入住，在楼层享用早餐，进行商务活动或休闲活动。

（1）房间配置。整个楼层全部是豪华套房。

（2）受众群体。高档客人。

（3）楼层特点。相对独立的生活空间，高规格的服务。

图 2-12　星级饭店行政楼层

（三）女士楼层

女士楼层（Lady's Floor）是根据女士的心理和生理、审美观等专门为女士设计的客房（如图 2-13 所示）。这有别于传统的客房，主要体现在使用者的性别限制上。女士楼层产生的原因有很多，但最主要的是女士在现代社会中的地位越来越突出，而且经济地位也开始独立，导致价值观念的转变，甚至有的女性从家庭角色和社会角色中脱离出来，成了新新人类中的重要组成部分。

女士楼层最大的特点是客房装饰以及物品配备带有强烈的"女人味"，如客房布草不再使用单调的白色，而改用女性比较喜欢的温情色调。另外，女士楼层禁止男士随便进入，很好地保护了女性客人的隐私。

（1）房间配置。整个楼层全部是女士客房。

（2）受众群体。女性客人。

（3）楼层特点。客房布置得女人味，保护女性隐私。

图 2－13　星级饭店女士楼层

客房服务员

女士楼层

女士楼层是一种新兴的客房形式。随着饭店独立女性客人的逐渐增多，饭店适时推出了这种迎合女性住客特点的客房形式。

女士楼层的设施。传统客房的设计是从大众化角度考虑的，尤其是从作为饭店的主要住宿者的男性考虑。所以突破传统的思想，建设完全满足女性客人要求的女士楼层，就必须充分考虑女士的审美观、爱好等多方面因素。据调查，女商务客人平均年龄比男性客人小 6 岁；她们平均每年出差 10～12 次，其中 40％的人是参加会议，在一个地方逗留的天数通常比男性商务客人多；在选择饭店时，她们更重视安全和舒适，对客房的整洁和环境要求更高，更希望房间色彩略显丰富；有可摆放日常用品（大部分是化妆品）的地方等。所以在客房设计时，应该充分满足她们的特殊要求。

女士楼层的服务。在为女士楼层提供服务时应注意以下几点：一是要让女性客人像所有宾客一样得到礼貌和尊敬，提供的服务和设施不能使她们感到仿佛是在接受一些特别的恩惠；二是应该考虑到大多数女性客人不愿以弱者的姿态出现在公众面前；三是在房内设施用品的配置上一定要注意"男女有别"，如卧室内的报刊杂志、卫生间的洗漱用品等；四是女士对安全方面要求特别苛刻。

（四）无烟楼层

目前，无烟楼层（No-smoking Floor）已成为趋势。北京天伦王朝饭店和京广新世纪饭店等饭店的无烟楼层均吸引了大量回头客，这些饭店既创造了市场营销的机会，留住了一些客人，也为饭店赢得了较好的口碑。北京长城饭店客房部负责人估算，该饭店每 10 个外宾中，至少有 7 位选无烟楼层。近几年来欧美、新加坡，台湾的游客大都选择无烟楼层。因此，很多饭店都将进行无烟客房的尝试。

专供非吸烟宾客入住、并为宾客提供严格的无烟环境的客房。在无烟楼层的客房不仅是指房间里没有烟灰缸，楼层有明显的无烟标志，而且还包括进入该楼层的工作人员和其他宾客均是非吸烟者，或者对于吸烟的房客而言，其在进入该楼层或房间时被礼貌地劝阻吸烟，因为非吸烟人士对烟味的敏感程度是非常高的。虽然无烟客房的出现仅指非吸烟这一点而言，但其在尊重宾客的生活习惯、倡导健康生活理念方面的作用却是不可小看的。

第二节　饭店客房产品的发展与演变

一、我国饭店客房产品历史演变过程

从现代饭店的奠基人之一的 Startler 先生在每个房间设立单独卫生间并实行标准化管理，发展到 20 世纪末每个客房开始设置 Internet 接口并向管理个性化方向发展，客房产品的发展与演变是伴着人类社会的发展和进步而逐步发展的。自 1978 年我国开始实行对外开放，我国现代饭店业开始起步，沿着我国现代饭店发展的轨迹，我国饭店客房产品也在不断发展与进步，具体可以分为三个发展阶段。

（一）标准间为主体的发展阶段

自 1978 年我国开始实行对外开放，打开国门，外国旅游者出于对中国这个古老的东方国度的好奇，开始大量涌入中国，同时大量的港澳台同胞形成的探亲潮出现，都大大推动了我国现代饭店的建设与发展，我国最早的一批现代化饭店就是在这个时期建成的。这段时间我国饭店主要以国外旅游者及港澳台同胞为主要接待对象，因此又被称做旅游涉外饭店。饭店客房则多为标准间客房以适应旅游客人的住宿需求。经济实惠的标准间成为这个阶段客房产品的主体。

（二）商务客房大发展阶段

进入 20 世纪 90 年代，随着我国经济的快速发展，商务旅游者逐渐增加，商务客人成为各类饭店追逐的重要顾客群体。在这个阶段，宽敞舒适的各类商务客房得到了商务客人的青睐，在众多客房产品中异军突起。在各类饭店中出现了商务大床间、商务套房及商务楼层，甚至出现了更为专业化的商务饭店，来迎合来自国内外众多商务客人的需求。

（三）客房产品多样化发展阶段

进入 21 世纪，随着我国经济水平的进一步提高，饭店顾客群体日益细分化，顾客需求呈现多样化趋势。对客人而言，他们更希望在客房内也能够有一些新奇的享受和经历，能有一些与众不同的收获和感受，而不仅仅是住宿功能。因此，很多饭店开始开发各类具有个性色彩的新概念客房，塑造客房卖点，满足不同客人的偏好。根据顾客的年龄结构，设计出满足不同年龄段的顾客需求的客房产品包括老年客房、青年客房、新婚客房、单身女性客房等；通过挖掘不同的地域文化，开发各类主题文化客房，如民俗风情客房、乡村风格客房、海底世界客房、太空世界客房等。

二、发展趋势

随着顾客需求的不断个性化、多样化，客房在设计风格、设施设备等各个方面都在不断地进步更新，以突出自身特色，吸引顾客。这可以体现在客房面积不断增大，讲究绿色装修，房间设施设备不断现代化，卫生间面积和功能不断扩大，使用按摩床、磁疗床、远红外床、水床新型睡床等。

第三节 客房设备用品

一、家具

（一）床

床是客房内最主要的家具，现代化饭店客房内所配备的床一般由床、床垫和床头三部分组合而成。

（二）床头柜

床头柜是客房必不可少的家具，与床相配套使用。一般床头柜上都配备有多功能集成控制器，装配有电视机、地灯、床头灯、中央空调、背景音乐、请勿打扰指示灯、呼叫服务员按钮等多种开关。

（三）茶几与圈椅

茶几与圈椅是供客人会谈、休息时使用的，在一些高档客房里会用沙发来取代圈椅（如图 2-14 所示）。由于茶几、圈椅或沙发的形状、大小不一，摆放位置和要求也不尽相同。

图 2-14 总统套房里的沙发组群

（四）写字台与坐椅

写字台和坐椅是客人办公、书写的地方，在单间客房里还承担着客人梳妆、整理区域的功能，因此也习惯称之为梳妆台和梳妆凳。写字台上面放有台灯、服务指南、烟缸、花瓶等，抽屉内存放各类客用物品等，在单间客房的写字台上方墙上还装有大块梳妆镜和镜前灯。梳妆凳放置于写字台下，加长可以用以接床。

（五）电视柜

电视柜用于放置电视机，上面安装有电视机转盘，以方便客人可以从多个角度看电视。电视柜一般两层，下层可作为冰箱柜使用，也可放棉被。

（六）行李架

行李架是客人存放行李的用具，一般置于卧室内，位于写字台旁边，与写字台边沿间隔5cm～10cm，与墙壁间隔5cm～10cm，防止与写字台和墙壁碰撞。行李架一般也为两层，下层可放客人皮鞋或开夜床时放床罩。

（七）衣柜

衣柜一般设在客房一进门的两侧，柜内设有各种衣架及衣服刷、鞋拔子等。衣服刷、鞋拔竖放在挂衣服的壁柜里，置于格板右侧，衣架分别放在衣架挂杆两侧。

（八）地毯

饭店里使用的地毯一般有两种：纯毛地毯与化纤地毯。纯毛地毯高雅名贵，造价高，豪华房间多铺纯毛地毯；化学纤维地毯美观、廉价、易洗，适合档次较低的客房使用。用科学方法使用和保养地毯，尽量延长其使用年限是客房部的一项重要工作，为了保护好地毯，客房服务员需要每天吸尘一次，而且还要定期清洗。

二、电器

客房主要电器包括空调、电视机、电话、取暖器、灯具、"请勿打扰"指示灯、冰箱、吹风机（如图2-15所示）、自动烫衣板、保险箱、换气扇、热水器、门铃、计算机和DVD。

除传统的电视、冰箱等客房电器外，很多新建饭店开始在客房内装备一些更现代化的设备，如计算机网络系统、饭店VOD（视频点播）服务系统等。饭店已经可以为每个客房配备全天候直接上网的宽带网接口（如图2-16所示）和数字视频、信息接口，自带笔记本的客人只要把线连上就可以直接上网，收看数字视频，查看数字信息，还可以进入饭店局域网提供的预订功能模块，在客房直接预订飞机票、车票、船票及订餐等。饭店VOD视频点播服务系统目前主要分为四大模块，功能有信息查询、广告投放、电视收看、电影点播。如TV点播，客人可根据个人需要点播当天某一时间某一电视台的电视节目，只要时间一到，电视就自动转到客人点播的电视节目；如果因为忙错过了收看某一电视节目，可以点播以前一个星期甚至一个月内的所有电视节目。

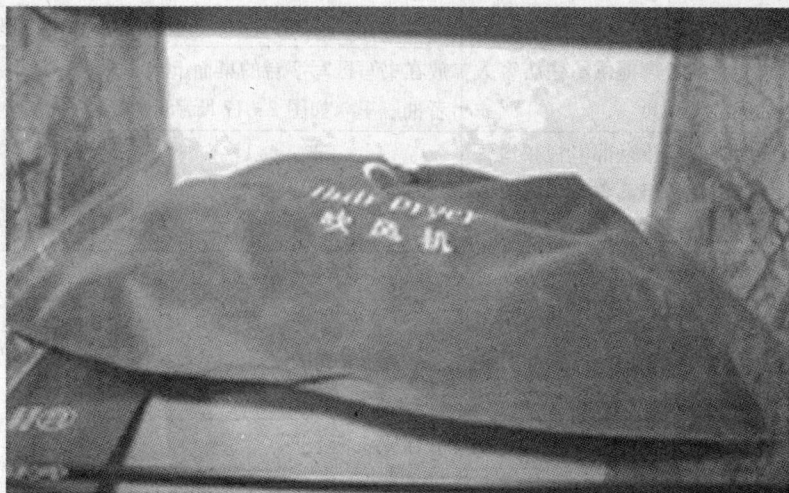

图 2–15 饭店客房配备的吹风机

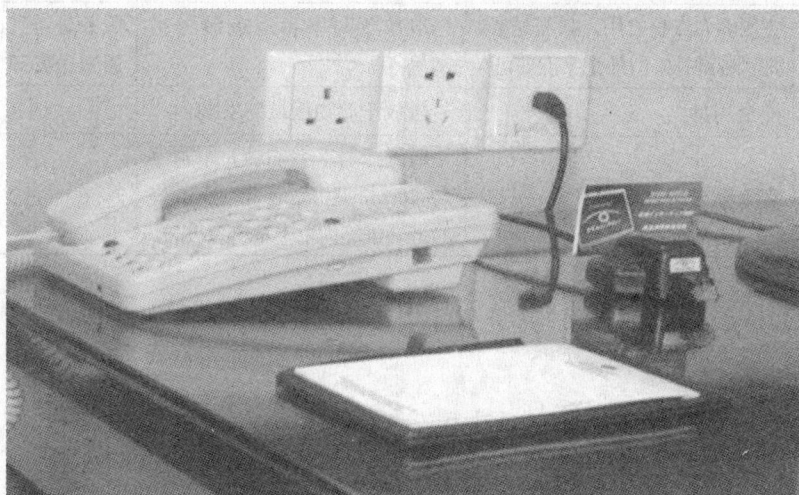

图 2–16 饭店客房配备的电话与 Internet 接口

三、客房用品

（一）室内用品

客房主要用品有服务指南、电视节目单、宾客意见书、"请清洁"牌、"请勿吸烟"卡、"祝您晚安"牌、环保节能卡、各类宣传印刷品、送餐牌、各类书刊、雨伞、防毒面具、体重秤、衣刷、鞋拔、冰桶、手电筒和纸篓。

客房主要用品功能与摆放如表 2–2 所示。

表 2-2 　　　　　　　　　　　　　　客房主要用品的功能与摆放

用品名称	用品功能	摆放位置	特殊要求
服务指南	全面介绍饭店提供给住店客人的服务	放在书写区写字台的桌面上或者抽屉里（如图 2-17 所示）	
电视节目单	注明饭店所收全部电视频道每周的电视节目，方便客人收看自己喜欢的电视节目	放在床头柜抽屉里	每周更换一次
宾客意见书	用于征询住店客人意见	一般放于写字台桌面或抽屉里	
"请清洁"牌	方便客人随时要求清洁客房卫生，客人需要清洁客房时只要把它挂在门外把手上即可	一般挂于门外把手上	服务员要随时关注客人门口情况
"请勿吸烟"卡	提醒客人不可在床头吸烟	放在床头柜上面	
"祝您晚安"牌	在做夜床时，用于祝福客人	在做完夜床后，放在床上	
"环保节能"卡	用于提醒客人注意节约资源	一般有两个，一个放在床头柜上，另一个放于卫生间云石台上	
送餐牌	方便客人点餐之用，如需送餐，把送餐牌挂于门外把手上即可	一般放于写字台上或服务指南里	服务员看到此牌，应立即通知送餐部
防毒面具	安全用具	一般放于储物区域的衣橱内	
纸篓	客人存放垃圾的用具	一般置于写字台右侧，距写字台 10cm，距离墙壁 25cm～30cm，纸篓内罩上塑料垃圾袋	

图 2-17　饭店客房摆放的服务指南

（二）卫生间"五巾"的折叠与摆放

卫生间"五巾"：小方巾、毛巾、浴巾、地巾、浴衣。
折叠方法：
①方便客人使用；
②店标图案显现在正面；
③遵循饭店特定的折叠方法。
摆放要求（如图 2-18 所示）：
①对称摆放；
②注意店标图案的完整；
③按规定位置摆放；
④美观大方。

图 2-18　饭店卫生间"五巾"的摆放

（三）一次性用品的摆放

卫生间一次性用品主要有洗发水、沐浴露、润肤露、护发素；牙具，内有牙刷、牙膏；浴帽；梳子；棉签；剃须刀，视情况而定；指甲锉；卷纸；面巾纸；消毒袋（套杯具用）；杯垫六个；恭桶封条一张。

房间一次性用品主要有拖鞋，可为布拖或棉拖；擦鞋纸（布）；火柴，放在茶几上烟灰缸里；针线包，放在抽屉里；茶叶六包，红茶、绿茶、花茶各两包，放在茶盅里；咖啡、咖啡伴侣、糖各两包；洗衣袋，放在衣柜或抽屉里；礼品袋，放在抽屉里；铅笔、圆珠笔各一支，便笺夹一个；洗衣单两份。

上述一次性用品的摆放（如图 2-19 所示）要求有以下几点。
①方便客人使用；
②美观大方；

③对称；

④统一整齐。

图 2-19　饭店客房使用的一次性用品

客房服务员

关于一次性用品是否取消的讨论

　　饭店所提供的一次性用品通常包括牙刷、牙膏、梳子、拖鞋、肥皂、沐浴用品六件物品，俗称"六小件"。一些高星级饭店还为客人配备了一次性浴帽、护肤品、剃须刀等日常生活所常用到的物品。这些一次性用品既对饭店成本支出有一定的影响，又造成浪费，还对环境造成一定的污染，但饭店想要对它们说"再见"还很难。

　　2002 年正式出台中国首部饭店行业的"绿色法典"——《绿色饭店标准》，在"绿色客房"章节里要求"房间的牙刷、梳子、小香皂、拖鞋等一次性客用品和毛巾、枕套、床单、浴衣等客用棉织品，按顾客意愿更换，减少洗涤次数；改变、简化或取消客房内生活、卫浴用品的包装"。但并未提到"撤除"。

　　国务院 2008 年 8 月 10 日发布的《关于深入开展全民节能行动通知》中明确要求，各类宾馆饭店不主动提供一次性洗漱用品。同时于 2009 年 1 月 1 日正式施行的《循环经济促进法》也明确规定，限制饭店向客人提供一次性用品。

　　"很多饭店担心，取消一次性用品服务，可能会对入住率带来影响。""不提供一次性用品，顾客可能不会马上拎包走人，但下回很可能就不会再来住宿了。""除了竞争压力外，饭店不敢贸然取消这项服务，还有传统观念的问题。"等来自饭店方面的声音已经表明了他们的心声：尽管一次性用品"不环保"的概念已深入人心，但由于担心引发顾客不满，饭店业尚不敢贸然取消一次性用品服务，最多也是在逐步地取消一些不经常用到的物品，但像牙膏、牙刷、沐浴用品等每天都要用到的物品是不会取消的。

其实导致这样的原因是多方面的。一直以来，我国饭店习惯提供一次性用品，宾客也习惯以饭店、宾馆是否提供一次性用品评价服务的好坏，大家都觉得这是自然而然的事情。要是不提供了，反而还会觉得不习惯了，所以绝大部分饭店业者都会选择"等等再说""毕竟，顾客才是上帝"。

记忆力

一、选择题

1. 下列不属于商务套房特点的是_____。

    A. 配备一张双人床   B. 设有一间办公室

    C. 配备大量办公用品   D. 客房设计浪漫

2. 单间内放一张双人床的客房类型被称为_____。

    A. 单人间   B. 大床间   C. 双人间   D. 三人间

3. 对于夫妻客人，饭店一般可推荐其入住_____。

    A. 标准客房   B. 大床客房   C. 商务客房   D. 单人客房

4. 客房卫生间内"五巾"摆放时应注意的问题不包括_____。

    A. 对称摆放   B. 注意店标图案的完整

    C. 按规定位置摆放   D. 散口朝外

二、填空题

1. Queen-size Bed 的长度和宽度分别是_____和_____。

2. 在客房的房态称谓上，OCC 房和 V 房分别是指_____和_____。

3. 客房房间的种类按照房间数量分类，主要有_____和_____两类。

三、判断题

1. "DND" 是英语 "Do not disturb" 的缩写。（   ）

2. 无烟楼层是专门为接待不吸烟客人设计的，但进入该楼层或房间时客人吸烟也不宜进行劝阻。（   ）

3. 女士客房是一种新型饭店客房形式，客房设计与布置上比较注意女人味与保护女性隐私。（   ）

分析力

一、简答题

1. 饭店客房有哪些客房类型？

2. 客房一般配备哪些电器？

3. 客房卫生间"五巾"的折叠与摆放有哪些要求？

二、论述题

1. 试述我国饭店客房产品的发展与演变。

2. 为什么说饭店客房数字化是一个发展趋势？

三、分析题

1. 目前在我国大多数新建饭店中标准间大量减少，而大床间不断增加，你认为原因是什么？

2. 目前无障碍客房是社会对弱势群体关爱的一种体现，你对饭店无障碍客房设计有什么自己的建议？

实 训

项目名称：参观饭店客房
实训目的：了解星级饭店客房类型、特点以及客房设备、用品的配置
实训内容：参观一家你所在地区的五星级饭店的客房
实训考核：学生随机选取一种客房类型进行描述

《客房描述》考核表

班级_____ 姓名_____ 学号_____ 时间_____

考核项目：客房描述

标准	分值	扣分	得分
内容完整	4		
讲解清晰	2		
认识深刻	2		
语言表达	2		
总分	10		

考核教师_____

第三章　客房设计

学习目的

- 了解客房设计的理念和原则
- 了解客房空间设计的相关知识
- 了解客房装饰的相关知识

学习要点

- 客房设计的基本原则
- 客房空间设计方法
- 色彩在客房装饰中的应用
- 家具布置
- 室内照明的设计
- 室内陈设的设计

关键词： 设计理念　空间设计　客房装饰　色彩应用

第一节　客房设计理念与基本原则

客房设计是根据客房的使用性质、所处环境和相应标准，运用物质技术手段和建筑美学原理，创造功能合理、舒适优美、满足人们物质和精神生活需要的客房空间环境。客房设计主要包括客房的空间处理和客房内部的装饰布置两个方面。

一、客房设计理念

（一）以人为本，宾客至上

客房设计必须以客人为中心，以客人的需要作为出发点，离开了这个中心，设计得再好也不会得到客人的青睐。"以人为本、宾客至上"不是一句简单的口号，而是饭店服务的基本态度，应该落实到饭店的各项工作中去，客房设计当然也包括在其中。"宾客至上"的关键在于"读懂"客人，也就是真正了解客人，认识客人的内在需求，以设计出客人真正喜欢的客房产品。

（二）区分客房等级、规格

客房的装潢设计必须体现消费的高低层次，体现饭店的豪华程度。不同的星级饭店有不同的等级规格，如五星级饭店要求设备豪华，环境幽雅，装饰美观典雅，富含艺术风格。但是在设计上盲目追求高标准、高规格，只会增加资金投入，从某种程度上造成浪费。因此，客房设计要做到因地制宜，尽可能用最少的钱做最多最好的事，这样既可以减少客房投入，又可以达到同等级的规格标准。

（三）客房功能、风格与人性化的整体构思

饭店客房设计包括功能设计、风格设计、人性化设计三个方面的内容。在设计的整体构思上，三项内容要统一思考、统一安排，不分先后，不可或缺。功能设计有缺陷，风格设计再突出也是"短命"的；功能设计很全面，但缺少风格上的魅力和特点也不好，因为这会降低客房的品位和价值；而功能和风格都不错的饭店客房，如果没有用人性化的标尺再仔细衡量一下，再补充些更细致更深入的设计，也许就会留下遗憾，不那么完美，不那么精致。把握好这三个设计的尺度，充分发挥这三个设计的作用，客房设计的质量就有保证了。这三项内容只有统筹安排，和谐处理，才能设计出成功的客房产品，如图3-1所示展示了摆放有13个枕头的苏州万丽饭店客房。

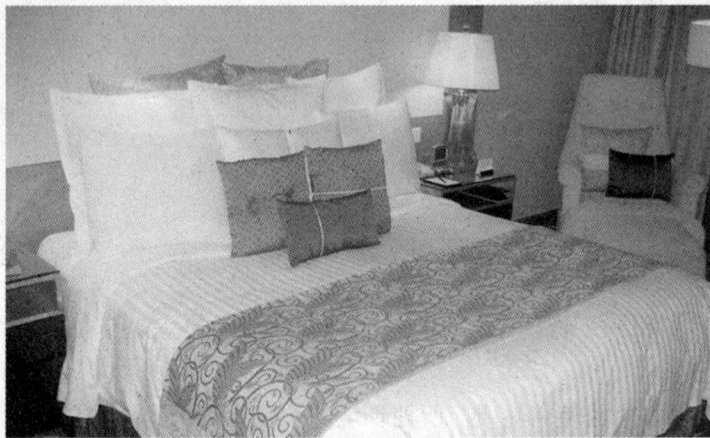

图3-1 苏州万丽饭店客房

（四）绿色客房理念

绿色客房是指运用环保、健康、安全的理念，倡导绿色消费，保护生态和合理使用资源的客房，其核心是为顾客提供舒适、安全、有利于人体健康的客房，并且在生产经营过程中加强对环境的保护和资源的合理利用。"绿色"一词是"保护环境"的代名词，其含义是节约资源和减少污染，爱护人类赖以生存的大自然。发展绿色客房，并不是简单地把大量的花草树木放进客房中。国外新概念绿色客房的重点是空气清新、水质洁净，这是宾客最实在的健康受益。如图3-2所示是饭店客房摆放的环保节能卡。

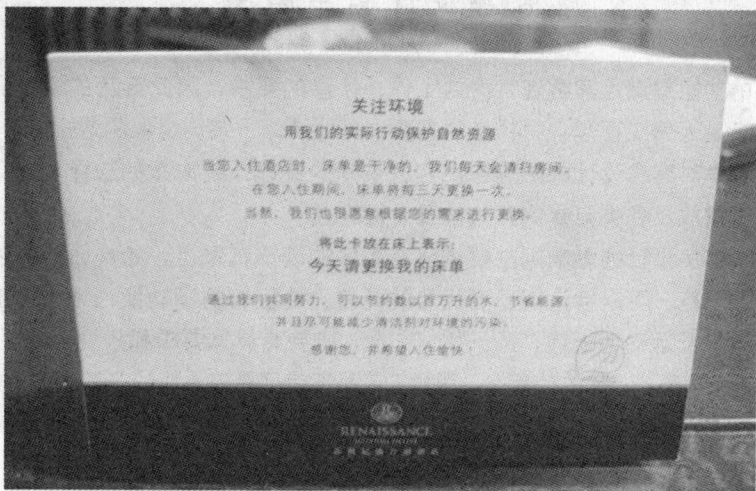

图 3-2　饭店客房摆放的环保节能卡

二、客房设计的原则

（一）个性化

个性化饭店作为一种时尚元素正全方位地在饭店业中流行起来，已经成为一股不可抵挡的潮流引领饭店去追捧。客房的个性化布局、装修、装饰等设计会对住店客人产生深远的影响，是客人选择再次入住的重要因素，如今饭店的经营者已越来越注重对客人个性化发展的需求满足。

（二）协调性

客房内设备的大小、造型、色彩、格调等必须与客房整体风格相协调。因为客房面积一般都不太大，客人在其中逗留的时间又较长，如果陈设布置的反差对比太大，会使客房失去轻松柔和、宁静舒适的气氛。这主要体现在三个方面：一是客房整体风格与周围环境相适应；二是客房内色彩协调；三是客房内物品摆放匀称。

（三）实用性

客房设计是以创造良好的客房空间环境为宗旨，把满足宾客在客房内工作、休息的要求置于首位，所以在客房设计时要充分考虑使用功能的要求，使客房环境合理化、舒适化、科学化。要以宾客的活动规律为基础处理好客房空间关系、空间尺寸、空间比例，合理配置家具，妥善解决室内通风、采光与照明，注意室内色调的总体效果。

客房设计实用为先

客房最主要的功能是满足宾客在客房内工作、休息的要求，因此客房的设计实用为先，这涉及很多方面，如满足人体工程学、材料学的需要，具体装修、装饰材料的选择等。

(1) 人体工程学对客房设计的影响包括客房空间的处理、装饰品的选择及应用、照明灯具选择与安装、家具的摆放及各类电器的开关位置设置等。

(2) 材料学对客房设计的影响则主要体现在客房的装饰布置上，如地面材料的选择，地毯有吸音宁静及防滑的功能，可以营造舒适而优雅的环境；地板有防潮功能性地板、抗菌地板、静音地板、地热采暖地板及运动地板等，至于如何选择，则要看具体要求和条件而定。

(3) 具体在客房设备、用品的使用上，摆放工艺品不使用易碎易坏的工艺品，空间小的房间以不摆放工艺品为宜；客用品的使用要以精美而实用为原则；客床的选择不仅要美观，更要注意舒适性。

(四) 安全性

安全性是饭店客房设计舒适性、美观性等诸多原则的基本前提。如果客房不能很好地保证客人生命与财产的安全，即使客房设计得再完美也不会受到客人的欢迎。饭店客房的安全性主要表现在防火、防盗等方面，如客房电、热安全标识设计，家具饰物的防火，客房安全设备配置，卫生间地面的防滑，房间天花板的防脱落等。如图 3-3 所示是饭店的紧急走火图，通常张贴于客房门后。

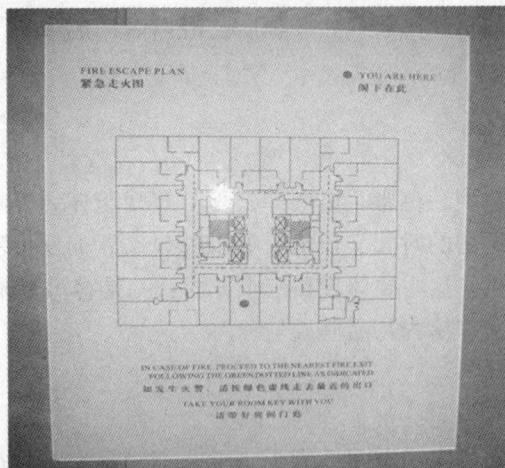

图 3-3 紧急走火图

(五) 美观性

美观性也就是客房设计要充分体现艺术性。所谓艺术性，就是要使广大宾客从视觉上、心理上产生赏心悦目的感觉。客人入住饭店，印象最深的往往是客房设计的艺术性。客房设计独特、创意新颖、造型别具一格，可以无形中强化饭店在客人心中的形象，增加饭店的品牌价格，给饭店带来经济利益。舒适基础上的美观，美感与功能的统一，主要依托墙饰、摆件、绿化、插花等。

（六）环保节能性

注意使用具有环保性能的材料，禁止使用对人体有害的放射性材料，包括装修、装饰、宾客用品等。注意节能，合理安装各种设施设备，采用各种节能设备和节能技术，特别是节水节电。注意尽量减少一次性用品，增加布草的重复利用次数，注意一次性物品的回收再利用。

客房服务员

某饭店客房部8个节能小措施

（1）回收肥皂、火柴。回收肥皂供餐饮部员工及员工餐厅使用。向供应商索要新火柴盒，将回收火柴重新组装使用。

（2）回收客房卷纸用于公共区域。

（3）重复使用一次性拖鞋。将用过的拖鞋经洗衣房清洗后再用拖鞋腰带封好，做到一双拖鞋两次甚至多次使用。

（4）将报损的布草裁制成床单、枕套等使用。

（5）大堂鲜花及VIP鲜花回收放入当天回头客客房中。

（6）旧电池重新利用。将保险箱中更换的电池经重新测量电压后用于房间闹钟、遥控器等。

（7）减少房间床单的数量。现房间中床单数已由开业时的2张单减少为1张单。既延长了床单的使用寿命又降低了洗涤费用。

（8）利用环保节能卡减少住宿两天以上客人的床上用品的更换次数。环保节能卡放在床头柜上，卡上写着："我们每天都会对您房间的床单、枕套等进行更换清洗，如果您愿意加入到节约能源的行列中来，觉得不必对床单、枕套等进行更换，可以在我们打扫房间前将环保节能卡放在您的枕头上。"

（七）文化性

客房是客人了解当地风土人情的一个窗口，而充分体现出民族和地区文化特点的客房设计无疑会给客人以深刻印象。在不同地区、不同文化背景下，饭店设计者应采用不同的设计手法，以体现出地域的文化特征。这需要通过不同的形式来表现，如艺术品的陈设、雕塑的摆放、家具和地毯的样式等；如具有乡土气息的农家旅舍，体现北京地方风格的四合院，展现民族风情的傣族阁楼、藏式小屋，回归自然的鸟巢式、蟹穴式旅馆，回归历史的明宫、唐殿式饭店，呈现异域文化的欧式风格饭店，都很好地展示了饭店客房产品的文化色彩（如图3-4所示）。但是，这些物品的搭配必须恰到好处，否则会带来相反的效果。

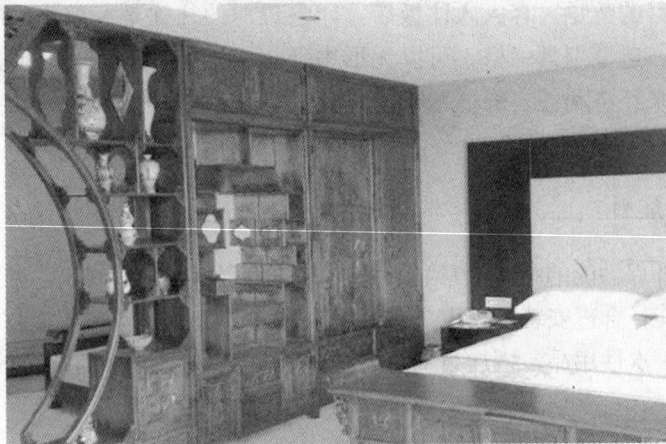

图 3-4　具有浓厚古典气息的客房

（八）舒适性

顾客对饭店客房舒适感的要求各不相同，有美学要求，也有日常习惯、房间的面积与高度、窗户的大小与离地的高度、桌椅、沙发的高矮、床间的距离等，对此饭店业也没有一个完整的客观定性。因此需要按照多数客人的习惯进行设计和评价，尽量满足大部分目标顾客群的要求。

（九）适众性

饭店能否经营成功关键在于能否准确定位，明确自己的细分市场。但这并不意味着饭店客房要一味迎合某些个别住客的需求，而是要尽可能地满足所属细分市场的所有顾客的要求。而房间宽敞明亮、家具宽大舒适、设施齐全、保护安全隐私、现代化等则是绝大多数顾客对客房的要求。

（十）私密性

饭店是基于私人居留空间的公共服务场所，以住宿为基础，形成满足居住基本要求的"私人空间"。饭店客房的设计无论类别，都建立在保证住客私密性基本要求上，而建筑的平面很大程度上决定客房的私密程度。室内私密性和活动空间由住客控制——按照中国文化，关门就是禁止入内的界线，能够提供最基本的私密空间。

（十一）健康性

饭店设计一条非常重要的原则就是要充分考虑住店客人的身体健康。随着人们物质生活水平的提高、生活观念的转变，健康越来越被现代顾客所重视，目前流行的绿色饭店的创建，在很大程度上就是健康客房设计理念的体现。在饭店里可能影响人体健康的因素有很多，如客房内外的噪声、客房内照明、空气质量、客房装饰材料等；装修设计中要重视房屋内部分割安排的流向合理，减少干扰；门窗组织安排通风，无窗房间的空调要有换新风的功能；合理选用装修材料，重视老人和儿童的使用安全。

客房室内污染源有哪些

造成室内环境污染有三大类型，一是化学污染，主要来自建筑材料、装修材料、家具和用品释放出来的污染物，包括甲醛、苯系物、氡等；二是物理污染，主要来自施工活动、空调、电梯、电器的噪声、振动、电磁辐射等；三是生物污染，主要为通风不足、空调系统过滤不力，卫生设施清洁状态不好以及缺乏维护而造成的细菌、霉菌等的大量繁殖。

客房隔音处理

1. 墙壁

建议采用四层石膏板做间墙，实践证明效果较好。千万不能采用150mm厚的加气混凝土砌块或加气石膏砌块！其隔音效果是一塌糊涂！

若已经采用了该材料做隔墙，无论是正在施工中还是已经投入使用中，都建议进行改造：依顺序在加气混凝土砌块表面层增加一层隔音毡、吸音棉及龙骨、第一层石膏板、第二层石膏板。这样达到的效果是：隔壁电视开到最大音量时（80～90分贝），勉强能听到但无法完全听清楚。

相邻房间相同位置埋装强弱电线盒时，一定要错开位置，避免将墙体凿穿而影响隔音效果；墙壁上，所有电线管道、线槽等通过墙壁及电力插座边缘，都应该加上隔声填缝胶挤满所有形成的空隙。

如果是多层式石膏板墙，所有石膏板之间应为交错连接。石膏板墙上的检修口位必须以发泡胶密封。因穿孔造成的缝隙，在25mm以下的，可使用玻璃棉或防火涂料密封。

2. 楼板

隔音效果与其质量成正比，建议采用厚度为120mm的混凝土楼板（表面为水泥砂浆垫层）；客房过廊处在石材下加上10mm厚的软垫物做避震处理，以减少撞击噪声。

3. 电梯竖井与客房之间墙

在客房内增加独立的100mm厚轻钢龙骨双层15mm石膏板隔墙，内填充吸音棉。

第二节　客房的空间设计

饭店客房空间设计就是要在建筑结构已经确定的条件下，通过适当的家具的选择与摆放和采用不同的艺术处理手法，使客人拥有舒适、安全、美观的环境。客房的空间设计对于客房设计来说至关重要，好的设计不仅能够提升饭店的档次规格，还能使住客有宾至如归甚至惊喜的感觉。

一、客房空间布局

（一）室内空间的类型

1. 结构空间

人们通过对外露部分的观赏，来领悟结构构思及营造技艺所形成的空间美的环境。结构空间具有现代感、力度感、科技感和安全感。

2. 开敞空间

空间开敞的程度取决于有无侧界面，侧界面的围合程度，开洞的大小及启闭的控制能力。开敞空间具有外向性，限定度和私密性较小，强调与周围环境的交流、渗透，讲究对景、借景，与大自然或周围空间的融合。

3. 封闭空间

用限定性比较高的围护实体（承重墙、轻体隔墙等）包围起来的，无论是视觉、听觉、小气候等都有很强的隔离性的空间称为封闭空间。封闭空间具有领域感、安全感和私密性，其性格是内向的、拒绝性的。

（二）客房空间处理手法

客房空间构图是指主要利用人的视觉感受，甚至是视觉错觉，通过对客房空间大小、高低的处理，给客人以美学享受。客房空间主要有以下处理手法。

1. 围隔

房间的面积并不是越大越好，当人处于面积过大、空间空旷的房间时，不仅不能带给客人舒适感，反而会使客人产生孤独感。这种方法适用于空间较大、较空的多套间客房，根据需要借助墙壁、帷幔、折叠门、屏风、家具、花草、灯光等分割空间，以体现舒适、亲切以及变化。

2. 渗透

渗透方法适用于空间较小的客房，通过使用镜子等物体的反射功能，给人以空间扩大的感觉，如在梳妆台与洗手间安装大面积的镜子，不仅可以满足住店客人洗漱化妆之需，还可以起到扩大空间的作用。

3. 抑扬

抑扬方法借用人视觉对突变事物的敏感性，给人以空间扩大、变亮的感觉。这种方法适用于室内空间的过渡，先抑后扬，由小变大，由暗变亮。例如在处理楼道和房间的空间关系时，楼道暗一些，低一些，当客人进入稍高、稍亮的客房时，则会有种豁然开朗的感觉。

4. 延伸

延伸方法使低矮的客房获得更为开阔的视野，借室外景观，借天花板、墙面和地面的延伸感，诱导视野，丰富层次。

二、客房空间围护体的处理

客房空间围护体是指客房的墙面、地面与天花板。客房空间围护体的处理对于形成不同的室内装饰风格，完善室内功能，加强空间艺术效果有十分重要的意义。

（一）天花板

作为客房"第五面墙"的天花板是室内装饰的重要组成部分，也是客房空间装饰中最富有变化，引人注目的界面，其透视感较强。不同的处理配以灯具造型能增强空间感染力，使顶面造型丰富多彩，新颖美观。

1. 天花板设计原则

天花板设计主要有以下原则：

（1）注重整体环境效果。天花板、墙面、基面共同组成客房空间，共同创造客房环境效果，设计中要注意三者的协调统一，在统一的基础上各具自身的特色。

（2）满足适用美观的要求。一般来讲，客房空间效果应是下重上轻，所以天花板装饰应力求简洁完整，突出重点，同时造型要具有轻快感和艺术感。

（3）保证天花板结构的合理性与安全性。天花板的设计与装饰不能单纯追求造型而忽视安全，应同时注意结合照明、音响和空调管道等布局。

2. 天花板设计样式

天花板有多种设计样式，如平整式天花板、凹凸式天花板、悬吊式天花板、井格式天花板、玻璃天花板等。在不同的空间处理上，需根据空间功能需要采用不同的天花板样式。客房空间主要是为住客睡眠、休息使用，所以天花板处理以简洁、明快为宜，因此客房天花板多采用平整式，这种天花板构造简单，外观朴素大方，装修便利。

（二）墙面

室内视觉范围中，墙面和人的视线垂直，处于最为明显的地位，同时墙体是人们经常接触的部位，所以墙面的装饰对于客房设计具有十分重要的意义。

1. 墙面设计原则

墙面设计的原则有以下几点。

（1）整体性。进行客房墙面装饰时，要充分考虑墙面与客房内其他部位的统一，要使墙面和整个空间成为统一的整体。

（2）物理性。墙面在客房空间中面积较大，地位较重要，要求也较高。因此需要充分考虑客房墙壁的隔声、保暖、防火等物理属性。

（3）艺术性。在客房空间里，墙面的装饰效果对渲染美化客房环境起着非常重要的作用，墙面的形状、图案、质感和室内气氛有着密切的关系，为创造室内空间的艺术效果，墙面本身的艺术性不可忽视。

2. 墙面设计形式

墙面设计形式的选择要根据上述原则而定，形式大致有以下几种：抹灰装饰、贴面装饰、涂刷装饰、卷材装饰。随着工业的发展，可用来装饰墙面的卷材越来越多，如塑料墙纸、墙布、玻璃纤维布、人造革、皮革等，并且使用灵活自由，色彩品种繁多，质感良好，施工方便，价格适中，装饰效果丰富多彩。因此，卷材逐渐成为饭店客房设计中大量采用的材料。另外墙面的设计还要考虑踢脚线、墙裙、装饰画等因素，重视门窗、电器开关等对设计效果的影响。如图 3-5 所示是挂有巨幅油画的客房墙面。

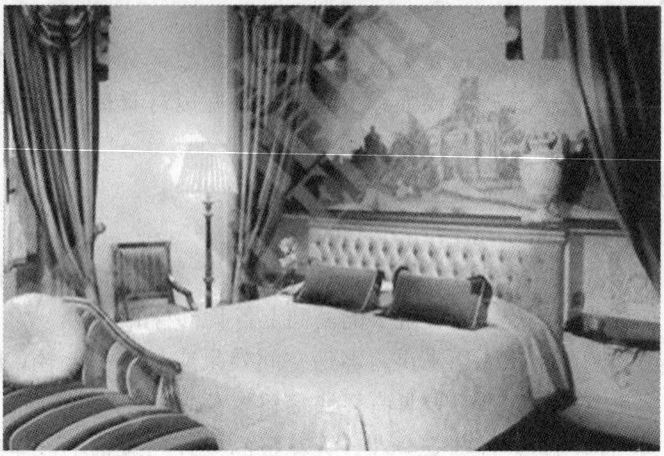

图 3-5　客房墙面

（三）地面

客房地面在住店客人的视域范围中也是非常重要的，地面和人接触较多，视距又近，而且处于动态变化中，是室内装饰的重要因素之一。

1. 地面设计原则

地面设计的原则有以下两点。

（1）与整体环境协调一致，取长补短，衬托气氛。从空间的总体环境效果来看，地面要和天花板、墙面设计相协调配合，同时要和客房内家具、陈设等起到相互衬托的作用。

（2）满足楼地面结构、施工及物理性能的需要。地面装饰时要注意楼地面的结构情况，在保证安全的前提下，给予构造、施工的方便，不能只是片面追求图案效果，同时要考虑防潮、防水、保温、隔热等物理性能的需要。

2. 地面设计形式

地面的设计形式各种各样，种类较多，图案式样繁多，色彩丰富，设计时要同整个客房空间环境相一致，相辅相成，以达到良好的效果。一般来说，星级饭店客房多采用简单大方、色调淡雅的地毯来装饰地面，客房的地毯要耐用、防污甚至防火，尽可能不要用浅色或纯色的。也有些饭店的客房地面是复合木地板，既实用又卫生，而且温馨舒适，是值得推广的材料。

三、客房的重点空间设计

（一）公共走廊及客房门部分

1. 公共走廊

客人使用客房是从楼层公共走廊开始的，考虑到客房是为住店客人提供休息的场所，因此客房的公共走廊需要营造一种安静祥和的气氛。根据客房楼层的特点，楼层公共走廊地面、墙面的材料要考虑易于维护和使用寿命长的因素，尽量不要选用浅色的地毯，而要选择耐脏耐用的地毯，墙边的踢脚板可以适当地做高一些，可以做到 20cm 左右，以免行李推车的边撞到墙纸；有的饭店客房走道甚至还设计了防撞的护墙板，也起到扶手的作用，既防止使用过程中的无意损坏，也为老年人提供了行走上的方便。过道宽度要求单面过道 1.55m 以上，双面过道在 1.8m 以上，建议做到 1.89m～1.98m。天花板不宜做得太复杂，净高也不宜太高或过矮，一般过道吊顶后层高为 2.5m～2.6m。楼层走廊的监控探头也要尽量做成隐蔽式的。

2. 客房门

客房门可以凹入楼层走廊墙面，这样可以使客人开门驻留时不影响其他客人的行走。凹入不要太深，最好在 45cm 左右，若太深了，有客人出门时，恰好别的客人由门前经过反而会受到惊吓，而失去安全感。设计中尽可能做到楼层走廊两侧的客房门不要正对。客房门口灯光设计既不可太明亮，也不能昏暗，要柔和并且没有眩光，可以考虑采用壁光或墙边光反射照明，也可以在门的上方设计一个开门灯使客人感觉服务周到。客房门上的猫眼不宜太高，要考虑身材不高和未成年人，距地 1.5m 为宜。门框及门边墙的阳角是容易损坏的部位，设计上需考虑保护，钢制门框应该是个好办法，不变形，耐撞击。另外，房门的设计应着重表现，与房内的木制家具或色彩等相协调，门扇的宽度与高度分别以 880mm～900mm（宽）和 2110mm～2190mm（高）为宜。客房门入口处墙壁上需考虑设置请勿打扰、门铃、请稍候、请即打扫、插电显示（以方便服务员知道房间有无人）等功能。

3. 室内门廊区

常规的客房建筑设计入口处会形成一个小走廊，房门后一侧是入墙式衣柜。过廊宽度最好做到 1.2m～1.4m，过廊顶棚层高不少于 2.4m；如果有条件，尽可能将衣柜安排在就寝区的一侧，客人会感到极方便，也解决了门内狭长的空间容纳过多的功能造成使用不便的问题。当然入口处衣柜也可以做，特别是在空间小的客房。一些投资小的经济型客房甚至可以连衣柜门都省去不装。只留出一个使用"空腔"即可，行李可直接放入，方便、经济。高档的商务型客房，还可以在此区域增加梳妆功能，台面进深 30cm 即可，客人还可以放置一些零碎用品，是个很周到、体贴的功能设计。过廊靠近床的一面墙上要考虑留有足够的位置可以安装全身镜，以免全身镜安装在过廊斜对床的一面墙壁上，人站在门口时就能通过全身镜反射而看到卧室里床上的场景。

（二）储物区

一般情况下在室内门廊部分设有衣柜、酒柜、行李架等。这个部分在设计时要注意如下问题。

1. 衣柜

衣柜进深不低于 55cm，宽度不低于 120cm，内净高度不低于 180cm，内部保证至少 1000mm 的吊挂高度。衣柜门的轨道要用铝质或钢质的，因为衣柜使用频繁，轨道容易损坏而发出开启或滑动的噪声，噪声往往来自于合叶或滑轨的变形；目前流行采用一开衣柜门衣柜内的灯就亮的设计手法，其实这是危险的，衣柜内的灯最好有独立的控制开关，不然，会留下火灾或触电的隐患。保险箱如在衣柜里不宜设计得太高，保险箱及其电源插座位置应考虑在 133cm 高度处，以方便客人使用，千万不要设计在弯腰的地方，不然客人会感到疲累。穿衣镜最好不要设在衣柜门上，因为镜子会增加门的重量，而使门的开启显得不那么轻巧，穿衣镜最好设计在卫生间门边的墙上。

2. 酒柜

烧开水的插座不要离台面太近，起码要有 50mm～60mm 的距离，不然插入插座时，由于插座的尾线太硬不能弯曲而不能使用；酒柜附近地面最好使用耐水、耐脏的石材，因为某些客人会开着卫生间的门冲凉或洗手，水会溅出或由客人的头发等带出；天花上的灯最好选用带磨砂玻璃罩的节能筒灯，不会产生眩光。如图 3-6 所示是饭店客房酒柜上层的物品摆放。

图 3-6　饭店客房酒柜上层物品摆放

3. 行李架

客房行李架的设计往往不受重视，很多饭店客房的行李架木质台边的漆被撞得面目全非，若采用这样的行李架上层表面软包部分最好能由平面转到立面上来，并且有 50cm 左右的厚度，可防止行李箱的碰撞；客房内也可采用活动式的行李架，但墙壁上要做好防撞的设计。有的饭店的防撞板是 18mm 的厚玻璃，既新颖有个性，又实用（如图 3-7 所示）。

图 3-7　饭店客房行李架的新颖设计

（三）睡眠区

睡眠区是整个客房中面积最大的功能区域，床头板与床头柜成为设计的核心问题。为了适应不同客人的使用需要，也方便饭店销售，建议两床之间不设床头柜或只设简易的台面装置，需要时可折叠收起。至于集中控制面板则是客房中最该淘汰的设备。床头柜可设立在床两侧，因为它功能很单一，方便使用最重要，一定不要太复杂。床头背屏与墙是房间中相对完整的面积，可以着重刻画。但要注意床水平面以上 70cm 左右的区域（客人的头部位置）易脏，需考虑防污性强的材料，可调光的座灯或台灯（壁灯为好），对就寝区的光环境塑造至关重要，使用频率及损坏率高，不容忽视。床头灯的选择要精心，既要防眩光，也要耐用。

（四）书写区

书写区也称为工作区，以书写台为中心。家具设计成为这个区域的灵魂，强大而完善的商务功能于此处体现出来。宽带、传真、电话以及各种插口要一一安排整齐，杂乱的电线也要收纳干净。书写台位置的安排也应依据空间仔细考虑，良好的采光与视线是很重要的。不一定要像过去的客房那样面壁而坐了。香港君悦饭店客房中书写台可算新设计中的一个典范（如图 3-8 所示）。计算机上网线路的布置要考虑周到，其插座的位置不要离写字台太远，拖得太长的连接线不雅观。客房家具的角最好都是钝角或圆角的，这样不会给年龄小，个子不高的客人带来伤害。窗帘的轨道一定要选耐用的材料，遮光布要选较厚的，帘布的皱褶要适当，而且要选用能水洗的材料，若只能干洗的话，运营成本会增加，得不偿失。

图 3-8 饭店客房写字台的新颖设计

（五）起居区

以往商务标准客房设计中会客功能正在渐渐弱化。从住房客人角度讲，他希望客房是私人的，完全随意的空间，将来访客人带进房间存在种种不便；从饭店经营者角度考虑，在客房中会客当然不如到饭店里的经营场所会客，后者产生效率，何乐而不为？这一转变为客房功能完善创造了空间条件。设计中可将诸如阅读、欣赏音乐等很多功能增加进去，改变了人在房间就只能躺在床上看电视的单一局面。电视机下设可旋转的隔板，因为很多客人在沙发上看电视时需要调整电视的角度。当前较流行的房间的灯光控制是各个按钮控制，而不是从前的触摸式电子控制板，插座的设计要考虑手机的充电使用，这往往是很多饭店客房设计所忽略的。

（六）卫生间

卫生间空间独立，功能多，面积小，设计要求必须非常合理。一般来说，豪华客房卫生间使用面积不少于 $8m^2$，普通客房卫生间使用面积至少 $6m^2$，干湿区分离，座厕区分离，以避免功能交叉、互扰。

1. 盥洗区

盥洗区为一独立空间，靠近入口，云石台与化妆镜是卫生间这一区域的重点。洗面盆水龙头要选用出水轻柔、出水面较宽的类型；要注意面盆上方配的石英灯照明和镜面两侧（或单侧）的壁灯照明，两者最好都能配备，卫生间内需使用防雾镜；洗面盆墙面上设置带放大效果的化妆镜、110V～220V 转换电源插座（带防水罩）、干发器、干发器电源插座（带防水罩）等设备；恭桶及洗浴区域分别在墙面上设置"请稍候"按钮，另一端在门外显示给访客。

2. 座厕区

座厕区首先要求通风，照明良好；选用抽水力大的静音恭桶，恭桶翻盖口内圈净长要在 30cm 以上，妇洁器旁要放置使用说明；电话和厕纸架的位置是一个常常被忽略的问题，经常被安装在座便器背墙上，使用不便，最好在侧面（马桶与洗手台之间），以免被淋浴的水冲到；恭桶背靠墙面上挂一幅小装饰画；烟灰缸与小书架的设计也会显示出饭店的细心周到。

3. 洗浴区

如图 3 - 9 所示展示了饭店客房卫生间的洗浴区。大多数客人不愿意使用浴缸，使得浴缸是否保留常常成为饭店装配的难题，浴缸本身也带来荷载增大，投入增大，做房时间延长等诸多不利因素，除非是饭店的级别与客房的档次要求配备浴缸，否则完全可以用精致的淋浴间代替。如果设有浴缸，浴缸区域可以考虑增加壁挂液晶电视；考虑设置紧急呼救按钮，另一终端设置在客房中心；在浴缸旁墙面及淋浴墙面分别安装不锈钢拉手及扶手；淋浴设施应

图 3 - 9　饭店客房卫生间洗浴区

简洁、实用，给水管道做成入墙式，做好相应的防漏、保温处理；洗浴区的地面要做防滑设计，浴缸也可选择有防滑设计的浴缸，防滑垫也是必须配备的；设淋浴玻璃房的卫生间，一定要选用安全玻璃，玻璃门边最好设有胶条，既防水渗出，也能使玻璃门开启时更轻柔舒适。

4. 地面

高档客房内的卫生间均采用花岗石做地面；卫生间门下沿距地保持 20mm 距离，进入卫生间的门下地面设防水石材板，以免卫生间的水流入房间通道；卫生间的地砖要防滑耐污；地砖与墙砖的收边处最好打上白色防水胶，让污物无处藏身。

5. 墙面

高档客房内的卫生间均采用大理石做墙面；卫生间与卧室之间的墙，可采用"钢化玻璃＋窗纱或卷帘"，新颖而有情调，同时可节约卫生间照明电耗。

6. 天花板

很多的饭店卫生间天花板选用防水石膏板，其实不理想，建议选用铝板或其他表面防水防锈的金属材料；如做防火板材吊顶，应与墙面保留 10mm 的缝隙；卫生间高湿高温，良好的排风设备是很重要的，可选用排风面罩与机身分离安装的方式，面板在吊顶上，机身在墙体上，可大大减少运行噪声，也延长了使用寿命。

客房服务员

客房空间尺度标准

1. 客房

(1) 净高。有空调时≥2.4m；无空调时≥2.6m。利用玻屋顶内空间作客房时，应至少有 8m² 的范围，净高≥2.4m。

(2) 客房内走道宽度应≥1.1m。

(3) 客房门洞宽度一般≥0.9m；高度≥2.1m。

2. 客房卫生间

(1) 卫生间地面应低于客房 0.02m。

(2) 净高≥2.1m。

(3) 门洞宽≥0.75m，净高≥2.1m。

3. 标准层

标准层公共走廊净高≥2.1m。且标准层公共走廊宽度：单面走廊为 1.2m～1.8m；双面走廊为 1.6m～2.1m。

经典案例

某国际饭店目前刚刚装修完毕的客房，给人带来耳目一新的感觉。所有的家具都从人性化、个性化、简约化的角度出发进行了设计和摆放。房间的主色调呈乳白色，地毯为淡青色，配以灯光、空间的整体专业设计，整个房间显得格外宽敞、明亮、简洁、柔美。房内所有开关、插座在设计上都很独特，充分考虑到各种不同类型客人的需要。每间房的门框上都安装了隔音条，防止外界噪声传入，改变了以往的"隔墙有耳"，杜绝噪声互扰，衣橱也从原来的门后背"搬"入了卧室内，从细部真正做到为宾客着想，体现了现代客房的设计和布局。

值得一提的是，床靠背上方的床幔设计更是画龙点睛，给整个房间的休闲风格添上了浪漫而又唯美的一笔，明快、温馨在这里再一次得到了体现。另外，卫生间的变动也很大，侧面墙壁由实墙变成了隐约朦胧的玻璃砖块墙；一改以往卫生间开门见恭桶的弊病，恭桶位置被移到了侧面；打开门满眼是晶莹透绿，原来是梳妆镜镶嵌在墙纸上，谁又能说卫生间里只能用瓷砖？更大胆的是，浴缸墙面安装了大幅的防水雾镜子，前卫而又朦胧，且很好地延伸了卫生间的空间，给人以无限的遐想；全身镜旁安装了干身器，可供宾客沐浴后悠闲地坐着干发爽肤，打破了干身器只有装在卫生间内的观念；体重秤也从卫生间内移到了全身镜前，宾客不必像以往需从洗脸台台板下拉出来，使用后还得推回去的麻烦，只需往上一站即可，同时也方便了清扫员的清扫，避免了卫生间各种水迹、污迹的沾染。人性化的布置既方便了宾客，又保护了设施，更是一种新观念的拓展。

装修后的新客房吸引了无数的商务客人，该饭店尝到了突破旧观念，走特色化、个性化的"甜头"。

案例点评

通过案例材料我们可以看出该饭店从科学化、人性化、个性化的角度出发进行的客房设计，仅仅只是开关、插座、衣橱、床、恭桶、浴缸的不同设计与摆放，就使该饭店获得了前所未有的吸引力，令客人流连忘返，可见优秀的客房设计是多么重要。

第三节　客房装饰

客房的空间设计与装饰布置的作用是相辅相成的。以合适的空间设计为基础，在装饰布置上体现功能与美感并存的客房无疑是客人一天忙碌生活后的理想去处。

一、装饰的美学法则

（一）对称与均衡

对称与均衡是产生视觉平衡的两种表现形式。对称是指以某一点为轴心，求得上下、左右的平衡，是生命体的一种正常状态；均衡是可以使人产生安定、平衡和完整感觉的一种状态，均衡最易用对称的布置方式来取得。对称性的处理能充分满足人的稳定感，同时也具有一定的图案美感，但要尽量避免让人产生平淡甚至呆板的感觉。在客房装饰中往往在基本对称的基础上进行变化，造成局部不对称或对比，这也是一种审美原则。另有一种方法是打破对称，或缩小对称在室内装饰的应用范围，使之产生一种有变化的对称美。

（二）对比与调和

对比强调差异性，表现层次与力度，是美的构成形式之一。在客房布置中，对比手法的运用无处不在，涉及空间的各个角落，通过光线的明暗对比、色彩的冷暖对比、材料的质地对比、传统与现代的对比，使客房风格产生更多层次、更多样式的变化，从而演绎出各种不同节奏的生活方式。调和则是强调协调与连续，表现和谐美，将对比双方进行缓冲与融合的一种有效手段。

（三）主导与层次

当主角和配角关系很明确时，心理也会安定下来；如果两者的关系模糊，便会令人无所适从。所以主从关系是客房布置中需要考虑的基本因素之一。在客房装饰中，视觉中心是极其重要的，人的注意范围一定要有一个中心点，这样才能形成主次分明的层次美感，这个视觉中心就是布置上的重点。对某一部分的强调，可打破全局的单调感，使整个客房变得有朝气。但重点过多就会变成没有重点，配角的一切行为都是为了突出主角，切勿喧宾夺主。

（四）比例与尺度

比例是物与物的相比，表明各种相对面间的相对度量关系。恰当的比例给人以美感，黄金分割 $1：1.618$ 的比例是公认的和谐美感比例。尺度是研究整体和局部以及感觉上的大小和真实大小之间的关系。局部大，整体感觉窄小；局部小，整体感觉高大，如床、家具和客房之间的关系。客房可以运用黄金分割的比例来规划客房空间，例如墙体、窗户的长宽比例符合黄金分割。即使整个客房布置采用的是同一种比例，也要有所变化才好，不然就会显得过于刻板。

（五）节奏与韵律

节奏与韵律是密不可分的统一体，是美感的共同语言，是体现美学感受的关键。节奏与韵律是通过体量大小的区分、空间虚实的交替、构件排列的疏密、长短的变化、曲柔刚直的穿插等变化来实现的，具体手法有连续式、渐变式、起伏式、交错式等。在客房中虽然可以采用不同的节奏和韵律，但同一个客房内切忌使用两种以上的节奏，否则会让人无所适从、心烦意乱。

二、客房装饰色彩知识

色彩是室内设计中最具表现力和感染力的因素，在现代装饰中的作用已经越来越明显。在客房中，色彩的装饰作用亦非常明显，不论空间大小，颜色都可以创造及改变格调，还可以起到调整空间、调整功能和调整美感的作用。

（一）色彩概念

1. 概念

色彩是人对眼睛视网膜接收到光作出的反应，也就是光作用于人的视觉神经后的一种感觉反应。

2. 分类

(1) 原色。自然界中有好多种色彩，比如玫瑰是红色的，大海是蓝色的，橘子是橙色的，但是最基本的有三种：红、黄、蓝，其他的色彩都可以由这三种色彩调和而成。我们称这三种色彩为"三原色"。

(2) 间色。间色又称二次色，是由两种原色混合调配而成的颜色，如红＋黄＝橙，黄＋蓝＝绿，红＋蓝＝紫，这橙、绿、紫便是间色。当然间色不止这三种，如果两种原色在混合时各自所占分量不同，调和后就能形成较多的间色。

(3) 复色。复色又称三次色，是指任何三种原色成分都包含的色彩。复色具有含蓄、沉稳的特点，现实中物体的色彩多为复色。

3. 色彩属性

所有的色彩都具有三个基本特性：色相、明度、纯度。在色彩学上也称为色彩的三大要素或色彩的基本特性。

(1) 色相。色相指的是色彩的相貌。在可见光谱上，人的视觉能感受到红、橙、黄、绿、蓝、紫这些不同特征的色彩，人们给这些可以相互区别的色彩定出名称，当我们称呼到其中某一色的名称时，就会有一个特定的色相印象，这就是色相的概念。最初的基本色相为红、橙、黄、绿、蓝、紫。在各色中间加插一两个中间色，其头尾色相，按光谱顺序为：红、橙红、黄橙、黄、黄绿、绿、绿蓝、蓝绿、蓝、蓝紫、紫、红紫，称之为十二基本色相。

(2) 明度。色彩的明暗程度，即色彩的深浅差别叫做明度。明度差别既指同色的深浅变化，又指不同色相之间存在的明度差别。在无色彩中，明度最高的色为白色，明度最低的色为黑色，中间存在一个从亮到暗的灰色系列。在有色彩中，任何一种纯度色都有着一种明度特征。黄色为明度最高的色，紫色为明度最低的色。明度是颜色的相对明暗程度，通常用0%（黑色）～100%（白色）来度量。

(3) 纯度。色彩的纯度是指色彩的纯净程度，它表示颜色中所含有色成分的比例。含有色成分的比例愈大，则色彩的纯度愈高，含有色成分的比例愈小，则色彩的纯度愈低。可见光谱的各种单色光是最纯的颜色，为极限纯度。当一种颜色掺入黑、白或其他色彩时，纯度就会产生变化。当掺入的颜色达到很大的比例时，在眼睛看来，原来的颜色将失去本来的光彩，而变成掺和的颜色了。当然这并不等于说在这种被掺和的颜色里已经不存在原来的色素，而是由于大量的掺入其他彩色而使得原来的色素被同化，人的眼睛已经无法感觉出来了。过高的纯度使人的眼睛疲劳，多用于点缀物、标牌。

(二) 客房色彩的功能

色彩通过人们的视觉感受会产生一系列的物理、心理和生理作用，形成丰富的联想、深刻的寓意和象征。在客房装饰中色彩主要是用于满足客房功能需要，目的在于使住客在休息、睡眠时感到舒适。

1. 物理作用

色彩对人引起的视觉效果反映在物理性质方面，主要有温度感、距离感、重量感和体量感，色彩的物理作用在客房设计中应用广泛。

(1) 温度感。色彩根据色性可以分为暖色、冷色和温色，从红紫、红、橙、黄到黄绿色称为暖色，以橙色最暖。从青紫、青至青绿色称为冷色，以青色为最冷。紫色是红与青色混合而成，绿色是黄与青混合而成，因此是温色。在朝北的客房运用暖色调易创造温暖的感觉，而朝阳的客房采用冷色调则会使房间显得比常温低。

（2）距离感。色彩可以使人感觉进退、凹凸、远近的不同，一般暖色系和明度高的色彩具有前进、凸出、接近的效果，而冷色系和明度较低的色彩则具有后退、凹进、远离的效果。室内设计中常利用色彩的这些特点去改变空间的大小和高低。例如居室空间过高时，可用近感色，减弱空旷感，提高亲切感；墙面过大时，宜采用收缩色；柱子过细时，宜用浅色；柱子过粗时，宜用深色，减弱笨粗之感。

（3）重量感。色彩的重量感主要取决于色性、明度和纯度，暖色、明度和纯度高的显得轻，冷色、纯度和明度低的感觉重。在室内设计的构图中常以此达到平衡和稳定的需要以及表现性格的需要，如轻飘、庄重等。

（4）体量感。色彩具有膨胀感和收缩感。决定色彩体量感的包括色相和明度两个因素。暖色、明度高的色彩有扩散作用，物体显得大；冷色、明度低的色彩有内收作用，物体显得小。不同的明度和色性的色彩有时也通过对比作用显示出来，室内不同家具、物体的大小和整个室内空间的色彩处理有密切的关系，可以利用色彩来改变物体的尺度、体积和空间感，使室内各部分之间关系更为协调。

2. 心理作用

色彩对人的心理活动会产生重要影响。色彩有着丰富的含义和象征，人们对不同的色彩会表现出不同的好恶，这种心理反应，常常是因人们生活经验以及由色彩引起的联想造成的，同时起作用的因素还有利害关系、年龄、职业、性格、素养、民族习惯等。色彩一方面可以给人以美的享受，另一方面可以影响人的情绪。

3. 生理作用

生理心理学表明感受器官能把物理刺激能量，如压力、光、声和化学物质，转化为神经冲动，神经冲动传到脑而产生感觉和知觉。因此色彩对人的视觉产生刺激后可能引起生理变化，如人的脉搏、心律、血压等变化，因此以老年人为主要接待对象的客房应慎用强暖色和高纯度色彩。

（三）客房色彩设计的原则

色彩的设计在客房设计中起着改变或者创造某种格调的作用，会给人带来视觉上的差异和艺术上的享受。在客房中的色彩设计要遵循一些基本的原则，这些原则可以更好地使色彩服务于整体的空间设计，从而达到最好的境界。

1. 色彩使用的整体性

在客房设计中，各种色彩相互作用于空间中，协调与对比是最根本的关系，如何恰如其分地处理这种关系是创造客房空间气氛的关键。色彩的协调意味着色彩的色相、明度和纯度之间的靠近，从而产生一种统一感，但要避免过于平淡、沉闷与单调。

2. 充分利用色彩的感情功能

不同的色彩会给人心理带来不同的感觉，所以在确定客房的色彩时，要考虑人们的感情色彩。如黑色一般只用来做点缀色；老年人适合具有稳定感的色系，沉稳的色彩有利于老年人身心健康；体弱者可用橘黄、暖绿色，使其心情轻松愉快等。

3. 满足客房空间的功能需求

不同的空间有着不同的使用功能，色彩的设计也要随着功能的差异而做相应变化。室内空间可以利用色彩的明暗度来创造气氛。使用高明度色彩可获光彩夺目的室内空间气氛；使用低明度的色彩和较暗的灯光来装饰，则给人一种"隐私性"和温馨之感。室内空间对人们的生活而言，往往具有一个长久性的概念，如办公、居室等这些空间的色彩在某些方面直接影响人的生活，因此使用纯度较低的各种灰色可以获得一种安静、柔和、舒适的空间气氛。纯度较高鲜艳的色彩则可获得一种欢快、活泼与愉快的空间气氛。

4. 力求符合空间构图需要

室内色彩配置必须符合空间构图的需要，充分发挥室内色彩对空间的美化作用，正确处理协调和对比、统一与变化、主体与背景的关系。在进行室内色彩设计时，首先要定好空间色彩的主色调。色彩的主色调在室内气氛中起主导、陪衬、烘托的作用。其次要处理好统一与变化的关系，要求在统一的基础上求变化，这样，容易取得良好的效果。最后室内色彩设计要体现稳定感、韵律感和节奏感。

（四）客房色彩的应用

1. 确定色调

色调的确定主要由室内功能决定，也受室内建筑条件如空间大小、接受阳光多少等影响。饭店的门厅常采用暖色，给宾客以热情感；休息厅采用活泼、明快的色调，给宾客以清新感；客房采用柔和、优雅的色调，给宾客以文静感；卫生间多用冷色调，如蓝、绿、紫，给宾客以清洁感。

为使客房室内空间具有宽敞感，可选择冷色调，而要使过于空当的室内变得小而亲切，则可采用暖色调；缺少阳光的房间应用暖色调，而阳光充足的房间则宜用冷色调；季节的影响主要是通过室内色彩织物、绘画和其他点缀的更换来调节，即夏季采用冷色系和冬季采用暖色系。原色和间色又被统称为标准色，在客房装饰中很少大面积使用，往往偏向使用某一复色作为主色调，如土黄、土绿、棕色、奶油色等。

2. 色彩的搭配

客房色彩的使用要坚持"大调和，小对比"的原则。"大"即客房墙面和天花板，"小"即点缀物如摆件、挂饰和沙发靠垫等，而家具是介于两者之间的。

三、客房室内照明

客房的装饰布置应充分利用自然采光与室内照明，其中室内照明是客房装饰布置的重要内容。

（一）客房照明的主要功能

1. 提供光照

提供光照是照明最重要的功能。

2. 渲染气氛

照明的另一个重要功能则是渲染气氛。光的色彩和亮度是决定气氛的主要因素。光的刺激能影响人的情绪，一般说来，亮的房间比暗的房间更为刺激，但是这种刺激必须和空间所应具有的气氛相适应。极度的光和噪声一样都是对环境的一种破坏。由于色彩随着光源的变化而不同，许多色调在白天阳光照耀下，显得光彩夺目，但日暮以后，如果没有适当的照明，就可能变得暗淡无光。因此，与其利用色彩来创造气氛，不如利用不同程度的照明，效果会更理想。

3. 改善空间感与立体感

室内空间的开敞性与灯光的亮度成正比，亮的客房感觉要大一点，暗的则感觉要小一点。充满客房的漫射光，使空间有延伸的感觉，而直接光能加强客房内物体的阴影、光影对比度，从而能加强客房空间的立体感。

（二）客房常见的灯具

1. 吸顶灯

如图 3-10 所示是饭店客房吸顶灯以及落地灯等常见灯具。吸顶灯直接固定在天花板上整体照明效果好，又具有装饰作用，常用于起居室或走廊中。吸顶灯包括下向投射灯、散光及全面照明等几种灯型，光源有白炽灯吸顶灯和荧光灯吸顶灯，特点是可使顶棚较亮，构成全房间的明亮感，缺点是易产生眩光。吸顶灯的造型、布局组合方式、结构形式和使用材料等，要根据使用要求和审美要求来考虑。灯具的尺度大小要与室内空间相适应，结构上一定要安全可靠。

图 3-10　客房吸顶灯与落地灯灯具

2. 吊灯

吊灯多悬挂在天花板上，用灯线或导管把灯具从顶棚吊下来，整体照明效果好，又具有装饰作用。其中有中、西式之分。中式吊灯以宫灯为代表，具有独特的民族风格，宜用于突出民族色彩的建筑厅室内；西式吊灯品种繁多，如高级的水晶珠灯及各种形式的金属铸制品吊灯等。

3. 镶嵌灯

镶嵌灯泛指将灯具埋入天花板之中的照明设备，有全嵌式和半嵌式两种形式。镶嵌灯可以减少因房间顶棚较低产生的压抑感，但由于有阴暗感，因此常和其他灯具配合使用，多见于客房廊道和卫生间。

4. 壁灯

壁灯是装在墙上的一种照明设备，固定在墙面上，既具有实用性，也有很强的装饰性，最常见的是床头灯。其作用是补充其他灯具照明不足。壁灯的造型要和同室的灯具取得统一，并要和室内风格色调相协调。

5. 台灯

台灯（如图3-11所示）主要用于局部照明，也具有很强的装饰作用，一般置于写字台或床头柜上。台灯、灯罩式样很多，在选配台灯和灯罩时，色调花样要与室内墙壁、窗帘、床套、沙发套等相协调。室内有两支以上的台灯时，就应注意色彩和式样上的统一。

图3-11　客房台灯

6. 立灯

立灯也称落地灯，是一种可以移动的站灯，主要放在沙发旁边，与沙发一起构成一个会客、阅读、休息的中心。落地灯灯架多用金属和木材制成，灯罩有纸罩、绸罩、纱罩、塑料薄膜罩、玻璃罩等数种，灯光有直射和反射两类，休息和交谈时宜用反射灯，阅读时宜用直射灯，落地灯大多是西式的，但也有一些木雕龙凤头的中式落地灯，在龙口凤头处悬挂宫灯，富有民族色彩。

7. 地灯

地灯也称脚灯，一般安装在床头柜底部，使用方便，又不影响他人休息。

8. 射灯

射灯在客房照明布置中的作用不可低估，它既能用做主体照明，又能作为一种装饰光和辅助光，为客房增色不少。射灯特点是可以通过集中投光以强调某些需要特别强调的东西，如壁画、工艺品等。如吧台处可使用射灯，房间内除床头上方，其他位置的墙面挂画上方顶棚均可考虑设置可以旋转45°的射灯，直射挂画。

(三) 照明设计的基本要求

1. 实用性

实用性也就是要注意节约能源和客房功能需要。利用自然采光和顶侧采光应选择适合饭店使用、节能效果较好的灯具和材料，以达到较好的设计效果。

2. 艺术性

客房照明设计应充分调动光的一切特性，结合客房的各项功能和设计理念，创造一个理想的光的世界，一个艺术的世界，以达到舒适性、艺术性相结合的设计效果。如对室内特殊装饰壁画、艺术品和绿色植物等进行重点照明。

3. 统一性

按使用功能设计不同的光度使各项活动运行自如，使照明设计与装饰设计效果相协调，更符合饭店的需要。

4. 安全性

客房灯具在设计时除了应考虑艺术性和使用功能外，还应注意灯具不能对客人造成伤害，主要是避免灯具的漏电和脱离。

四、家具布置

(一) 家具在客房装饰中的作用

1. 组织空间，分隔空间

组织空间是家具在客房设计中的重要功能。在一些空间较大的客房中陈列一些家具，将室内空间分隔为功能不一的若干个空间，可使客房空间更具有活力。因此，在客房设计中应该把客房空间的分隔和家具结合起来考虑。

2. 调节色彩，创造氛围

家具的色彩在整个客房装饰中具有举足轻重的作用。在客房色彩设计中，我们用得较多的设计原则是大调和、小对比。其中，小对比的色彩设计手法，往往就落在家具身上。在一个色调沉稳的客房中，一组色调明亮的沙发能吸引使用者的视线并令他们精神振奋，从而起到形成视觉中心的作用。另外，经常以家具织物的调配来构成室内色彩的调和或对比进而取得整个房间的和谐氛围，能够创造宁静、舒适的色彩环境。家具在室内空间中所占的比例较大，体量比较突出，因此家具就成为体现室内空间氛围的重要角色。家具既是实用品，又是陈设品。例如同样是卧室，但由于选用的床的不同，就创出两种截然不同的氛围。

3. 划分功能，识别空间

空间性质很大程度上决定于所使用的家具类型。一般在家具没有布置前是难于识别空间的功能和性质的，因此，可以说家具是空间实际性质的直接表达者，是空间功能的决定者。正确地选择家具，可以充分反映出空间的使用目的、规格、等级、地位及使用者的个人特征等，从而为空间赋予一定的环境品格。因为房间布置了沙发和茶几后，空间功能就被确定为客厅，成为整套客房的公共交流空间。类似的空间大小，布置了床，其功能就被定位为卧室，是私人空间，使用范围相对较小。

（二）家具在客房装饰中的选择

家具的选择必须融入客房环境的整体中，在具体的装饰技法上，我们选择家具还应从以下几个方面来着眼。

1. 家具的实用和美观

客房家具的选择，不同于家居家具的选择，由于使用频率很高、易磨损，首先要求在功能上质地坚实、舒适实用。但这并不是说客房家具就没有了艺术性要求，客房家具除了其基本的睡眠功能外，也可以起到满足住客审美需要的作用，因此我们还要求客房家具色彩和谐、风格协调。

2. 家具的造型和风格

家具的造型和风格对于客房整体风格的形成有重要作用。圆形、曲线形家具，造型奇特，更显客房空间灵动；前卫风格的家具，使客房空间时尚，现代感强；造型低矮并且大的家具，使空间散发休闲幽雅之情；象征、拟物家具，造型家具，使空间更有趣味，能引发使用者的共鸣与好感。

3. 家具的色彩和质地

家具的色彩和质地会赋予客房空间以生命力，对客房的氛围营造起着重要的作用，因此宜在充分考虑总体环境色彩协调统一的基础上选择家具的色彩。如鲜艳的塑料色及软织物色，色彩丰富、装饰性强，使空间极富情趣，给人以轻巧柔美之感；天然材料的本色和质地，使室内具有柔美温馨气质，充分展现自由、自然的风情，给人以亲切、温柔、高雅的感受；冷峻简洁的玻璃、金属等人造材质，则使空间更加灵动多变，精致时尚，极具现代感。

（三）客房家具布局方式

1. 规则式布局

规则式布局多以对称出现，给人以庄重、严肃和平稳的感觉。

2. 自由式布局

自由式布局既有变化、又有规律的不对称均衡形式，给人以活泼、轻松、亲切的感觉。

五、室内陈设

室内陈设也可称为摆设、装饰，俗称软装饰，是继家具之后的又一客房装饰的重要内容。客房陈设品的范围非常广泛，内容极其丰富，形式也多种多样，它对客房空间形象的塑造、气氛的表达、环境的渲染起着锦上添花、画龙点睛的作用。

（一）室内陈设设计的作用

客房室内陈设设计对于改善、优化客房环境具有非常重要的作用，具体体现在下述几个方面。

1. 体现客房的文化色彩

客房设计往往会体现特定的文化色彩，客房陈设布置则是对客房设计中的文化元素的外延与补充。可以是运用陈设品体现特定地域文化的特征，也可以利用挂件恰如其分地表现不同历史时期的客房环境的风格特征。

2. 改善客房空间的感觉

有些客房建筑以刻板的线条、生硬的界面构成单调冷漠的空间形态，使居住其中的宾客感到枯燥、厌倦。而陈设品中的绿色植物、织物、艺术品等都可以以其亮丽的色彩、生动的形态、无限的趣味，有效地改善室内的空间形态。同时，丰富多彩的室内陈设品也可以给室内客房带来一些生机。

3. 强化客房空间的风格

客房空间有各种不同的风格，陈设品的合理选择和布置，对于室内空间风格的形成具有非常积极的影响。这是因为陈设品的品种、造型、色彩、质感等都具有明显的风格特征，对构成室内空间的风格无疑起到强化的作用。

4. 烘托客房空间的气氛

通常陈设品在室内环境中具有较强的视觉感知度，因此它对烘托室内环境的气氛具有巨大的作用。在室内环境中布置出造型优美、格调高雅、工艺精致，特别是具有文化内涵的陈设品，可以营造出有不同情趣的室内环境。

5. 调节客房空间的色调

陈设品可以有效地调节室内环境色调。这是因为在室内环境中陈设品大多占有较大的空间，是室内环境色调构成的重要因素。另外，由于多数陈设品的色彩艳丽，因而成为室内环境色调中的"亮点"。

（二）客房陈设的选择和布置原则

1. 客房陈设应与客房功能相一致

客房室内陈设必须突出客房属于休息空间的特征，不能破坏整个房间安静祥和的空间氛围，因此客房陈设多摆放家居卧室饰品。

2. 陈设品的大小、形式应与客房空间家具尺度比例和谐

室内陈设品过大，常使空间显得小而拥挤，过小又可能产生室内空间过于空旷，局部的陈设也是如此，例如沙发上的靠垫做得过大，使沙发显得很小，而过小则又如玩具一样很不相称。陈设品的形状、形式、线条更应与家具和室内装修取得密切的配合，运用多样统一的美学原则达到和谐的效果。

3. 陈设品的色彩、材质也应与客房家具、装修统一协调

在色彩上可以采取对比的方式以突出重点，或采取调和的方式，使家具和陈设品之间、陈设品和陈设品之间，取得相互呼应、彼此联系的协调效果。色彩又能起到改变室内气氛、情调的作用。例如，以无彩系处理的室内色调，偏于冷淡，常利用一簇鲜艳的花卉，或一对暖色的灯具，使整个室内气氛活跃起来（如图3-12所示）。要达到良好的视觉效果，稳定的平衡关系，空间的对称或非对称，静态或动态，对称平衡或不对称平衡，风格和气氛的严肃、活泼、活跃、雅静等，除了其他因素外，布置方式起到关键性的作用。

图 3 - 12　客房陈设

(三) 室内陈设的布置部位

1. 墙面陈设

墙面陈设一般以平面艺术为主，如书、画、摄影、浅浮雕等，或小型的立体饰物，如壁灯、弓、剑等，也可将立体陈设品放在壁龛中，如花卉、雕塑等，并配以灯光照明，也可在墙面设置悬挑轻型搁架以存放陈设品。

2. 桌面摆设

桌面摆设包括不同类型和情况，如办公桌、茶几、储藏柜和组合柜等。桌面摆设一般均选择小巧精致、宜于欣赏的微观制品，并可按时即兴灵活更换。为避免影响客人的活动，空间较小的客房内不宜使用。

3. 落地陈设

大型的装饰品，如雕塑、瓷瓶、绿化等，常落地布置在厅室的角隅、墙边或出入口旁、走道尽端等位置，作为重点装饰，或起到视觉上的引导作用和对景作用，一般只有房间面积比较大的豪华套房才会陈设。

4. 陈设橱柜

数量大、品种多、形色多样的小陈设品，最适宜采用分格分层的搁板、博古架或特制的装饰柜架进行陈列展示，这样可以达到多而不繁，杂而不乱的效果。

5. 悬挂陈设

空间高大的客房，常采用悬挂各种装饰品，如织物、绿化、抽象金属雕塑、吊灯等，弥补空间空旷的不足，起到一定的吸声或扩散的效果，居室也常利用角隅悬挂灯具、绿化或其他装饰品，既不占面积又装饰了枯燥的墙边角隅。

(四) 主要客房陈设形式

1. 挂画

挂画最好选用原创的国画或油画，不管水平高低，总比计算机打印的装饰画值得一挂，而且从侧面体现饭店管理者的品位。饭店也可以提供各种系列的壁画供客人选择，客人通过饭店提供的《壁画图册》或通过预订网络进行选择和订制。客人入住客房时，墙上已经挂上壁画，若不满意还可以随时更换。

2. 摆件

在装饰设计时，要与客房的整体风格相适应。这里的相适应包括中西风格相适应，古今风格相适应。客房艺术品的点缀不仅能够增加客房的美感，还能从视觉效果上增加客房的整体空间感。

3. 窗帘布

饭店提供各种图案、颜色、款式的窗帘布供客人选择，客人通过饭店提供的《窗帘布图册》订制自己喜欢的窗帘布。

4. 床上用品

饭店提供各种成套的床上用品，包括被套、床单、床罩、枕头、枕巾等供客人选择。客人可以选择色系、图案、质地、样式，同时考虑与房间内灯光、窗帘布的色调、风格相配套。

5. 绿化饰品

另一类是能够突出客房生机，改善客房环境的摆件，最常见的是植物盆景（如图 3－13 所示）。而植物盆景不仅要选择造型优美的，而且要能够净化室内空气，对人体安全无害的，如佛肚竹、南洋杉、印度橡皮树等。还有在盆景选择时，切记应该选择无花的盆景，因为有花的盆景可能会使一些客人产生过敏，那么效果往往会适得其反。

图 3－13　植物盆景陈设

（五）客房陈设应注意的问题

（1）在陈设品的选择与布置上，应适应现代人的要求，应多从旅行者的生理和心理特点来考虑。陈设品的选用应能体现地方文化和民族风格，使宾客在大自然中感受到当地特有的风光，而且回到宾馆也能感受到是生活在一个与自己从前所处环境完全不同的具有他乡情调的环境中。

（2）卧室要求宁静、舒适，在织物陈设选用时应注意选择柔软的地毯，有助于消除脚步声和其他噪声，窗帘选用厚实的设计，可控制光线和减少外界噪声。

（3）宾馆饭店的陈设品，除功能性陈设外，作为主要体现精神内容的观赏性陈设，较为讲究，如书画、摆件、插花、植物等。

（4）办公环境应以简洁为主，主要的陈设品应是与办公有关的物品，如办公用具、灯具、计算机、打字机、电话等。办公空间的陈设品布置，除了满足使用方便，有助于提高办公效率外，陈列的位置也应恰当，且不应对工作产生妨碍。

（5）一般饭店客房内的装饰品基本是以挂画为主，而且为数不少的饭店客房内的挂画是抽象派的，入住客人极少有能弄懂是要表达什么意思的，建议不要采用。挂画内容可采用自然、植物、人物、书法等题材；建议不要将挂画挂在床头正上方，那样总让客人感觉画会脱落掉在头上；挂画最好选用原创的国画、油画或书法作品，相比印刷品类挂画更有档次些。

记忆力

一、选择题

1. 客房设计中必须首先考虑客房的功能，_____是客房最基本的功能。

　　A. 盥洗功能　　　　B. 睡眠功能　　　　C. 起居功能　　　　D. 储存功能

2. 照明也是客房设计的重要内容，下列客房常用灯具中装饰功能较弱的是_____。

　　A. 吸顶灯　　　　　B. 吊灯　　　　　　C. 镶嵌灯　　　　　D. 台灯

3. _____的设计手段，可以借室外景观，诱导视野，丰富层次，使低矮的客房获得更为开阔的视野。

　　A. 围隔　　　　　　B. 渗透　　　　　　C. 抑扬　　　　　　D. 延伸

4. 天花板净高也不宜太高或过矮，一般过道吊顶后层高为_____。

　　A. 2.1m～2.2m　　B. 2.2m～2.3m　　C. 2.5m～2.6m　　D. 2.8m～2.9m

5. 客房在设计过程中应非常重视色彩的应用，一般客房主色调使用_____。

　　A. 原色　　　　　　B. 间色　　　　　　C. 复色　　　　　　D. 三者皆可

二、填空题

1. 客房色彩搭配的应坚持_____的基本原则。

2. 客人一旦入住饭店客房，在客人居留期间客房就属于客人的私人空间，因此客房设计时应很好地体现_____特性。

3. 一般来说，豪华客房卫生间使用面积不少于_____ m²，普通客房卫生间使用面积至少_____ m²。

4. 饭店的门厅常采用_____，给宾客以热情感；客房采用柔和、优雅的色调，给宾客以文静感；而卫生间多用_____，如蓝、绿、紫，给宾客以清洁感。

三、判断题

1. 现代客房设计理念强调客房的个性化，此处的个性化是指某个群体的个性化，而不是指某个人的个性化。（　　　）

2. 发展绿色客房，就是把大量的花草树木放进客房中。（　　）

3. 安全性是饭店客房设计舒适性、美观性等诸多原则的基本前提。（　　）

分析力

一、简答题

1. 客房设计的基本理念和原则是什么？

2. 在客房设计中有哪些空间处理手法？

3. 客房卫生间空间如何进行设计？

二、论述题

1. 谈谈你对客房环保节能设计的认识。

2. 谈谈你对色彩在客房装饰中的应用。

3. 试述客房陈设的选择和布置原则。

三、分析题

1. 现代饭店设计理念中，绿色客房是一个发展趋势，你认为什么样的客房才是绿色客房？

2. 目前，环保人士呼吁饭店取消一些一次性用品的配备，但到目前为止很少有饭店响应其号召，为什么？

第四章　客房清洁与保养

学习目的

- 了解客房部常用清洁器具与清洁剂
- 熟悉客房清洁与保养的方法
- 掌握客房清洁的流程
- 客房卫生质量的控制
- 绿色客房

学习要点

- 走客房的清洁程序
- 西式做床与中式做床
- 客房卫生质量控制的途径
- 绿色客房实现途径

关键词：客房清洁　中式做床　质量控制　绿色客房

第一节　清洁器具和清洁剂

客房部使用的清洁用具和设备种类繁多，一般分为两大类：清洁器具和清洁剂。在进行清洁保养的过程中，这些器具和化学药品是给客人营造舒适环境不可或缺的工具。所以对器具和化学药品的正确使用，不仅可以达到高效清洁的效果，而且可以避免由于不当使用而带来的财产损失；同时也能提高个人的工作品质，维护自身的工作安全。

一、清洁器具

（一）清洁器具的种类与用途

客房清洁器具可以分为一般清洁器具与机器清洁设备两类。

1. 一般清洁器具

一般清洁器具是指手工操作和不需要电机驱动的清洁设备，主要包括扫帚、簸箕、拖把、尘拖、房务工作车、玻璃清洁器和其他清洁器具。

其中，房务工作车（如图4-1所示）主要是用于盛放客房清洁时所使用的清洁工具与用品，以及客房需要更新的各类布草和一次性用品。玻璃清洁器专门用于清洁玻璃的清洁工具，其中最常见的是双面玻璃清洁器，可以在室内轻松清洁玻璃内外两面，特别适合于高层楼房的玻璃清洁。

图4-1　房务工作车

2. 机器清洁设备

机器清洁设备一般指需要经过电机驱动的清洁器具。

（1）吸尘器。吸尘器（如图4-2所示）应用范围很广，是饭店日常清洁保养工作中不可缺少的清洁设备，通常被用做清除诸如地板、地毯、沙发、床垫等表面的灰尘。

图4-2　吸尘器

客房服务员

吸尘器的使用与保养

①第一次使用前，应阅读使用说明书，按说明书所叙述的方法将吸尘器安装好备用。

②每次使用前必须检查电线有无破损，插头有无破裂或松动，以免引起触电事故。

③检查吸尘器能否正常运转。检查机体和附件是否损坏，螺丝钉有无松动。如有损坏要及时报修，对松动螺丝钉立即紧固。

④吸尘时发现地毯上有较大或尖锐的物体如纸团、大头钉、果皮等，应先拾起，以免损坏内部机件或造成吸管堵塞。吸尘器堵塞时，不要继续使用，以免增加吸尘器的真空负荷。吸尘器的轮子若积聚杂物，应及时清理。

⑤拉吸尘器时要一手拿吸尘器吸管，一手拉着吸尘器的把手，这样可方便拉动，避免碰撞其他物体或由于过长时间的不正当使用而缩短吸尘器的寿命。

⑥如果不是干湿两用吸尘器，不能用来吸液体、黏性物、金属粉末等。

⑦有集尘指示器的吸尘器，不要在满点时继续工作，如果发现指示标接近满点，应立即停机清理。

⑧吸尘器在使用过程中应随时将刷子上的毛发及绒线头清理干净，如果发现刷头磨损偏大，应及时更换，否则将影响吸尘效果。

⑨吸尘器若有漏电、电动机温度过高或异常响声，应立即停机检查。

⑩吸尘器使用完毕后，应先切断电源，整理好电线，然后清理尘袋，擦拭干净机身，把配件清理好，并对过滤网进行清理。

（2）洗地机。洗地机是用于对地面进行起蜡、上蜡、喷磨、洗地毯、翻新等清洁保养工作的一种清洁工具，包括手推式洗地机、自动洗地机与驾驶式洗地机等类型。

（3）吸水机。吸水机用于地毯、地面清洗后吸收残余水分。

（4）吹干机。吹干机常用于地毯、地面清洁后的吹干。

（5）高压喷水机。高压喷水机又称高压水枪，主要是通过水的压力及温度对饭店游泳池、广场、楼体外墙等区域进行清洁，特别适用于地面顽渍的处理。

（6）打蜡机。打蜡机是用于对大理石、木地板等地面的上蜡、抛光的一种清洁工具，广泛应用于饭店各区域的地面打蜡作业中。

（二）清洁器具的选择

客房部清洁设备的配置需考虑多方面的因素，主要包括以下几类。

1. 营业规模

饭店客房的数量直接决定着各类清洁设备配备的数量，同时还要考虑客房出租率的情况，尽量避免设备的闲置，以免造成浪费。

2. 地面材料

不同的地面材料应选择使用不同的清洁工具。在饭店里有大理石、地毯、木地板等多种地面材料，考虑到对地面材料的保护与地面的清洁效果，在清洁时所使用的清洁设备都不相同。如地毯清洁时使用吸尘器和洗地机，而木地板与大理石则使用打蜡机与抛光机。

3. 饭店财力

饭店应根据自身财力合理配置清洁设备，如果资金充足，则可尽量配置专业性强、品种齐全的清洁设备。

二、清洁剂

(一) 清洁剂的种类与用途

在做计划卫生工作时，使用合适的清洁剂不仅省时、省力，提高工作效率，而且对延长被清洁物品使用寿命很有益处，但清洁剂和被清洁物都有较复杂的化学成分和性能，若清洁剂使用不当不仅达不到预期效果，相反会损伤被清洁物品，因此，选择合适的清洁剂对饭店来说是非常重要的。

1. 按清洁剂的化学性质划分

(1) 酸性清洁剂。此类清洁剂通常含有酸性类化合物，如盐酸、磷酸、硫酸、醋酸或其他有机物，使用酸碱度呈酸性。客房常用的酸性清洁剂有：

①盐酸（pH＝1）。其主要用于清除基建时留下的污垢，如水泥、石灰等斑垢，效果明显。

②硫酸（pH＝5）。其能与尿碱起中和反应，可用于卫生间恭桶的清洁，但不能常用且必须少量。

③草酸（pH＝2）。其用途与盐酸、硫酸钠相同，只是清洁效果更强于硫酸钠，使用时要特别注意。以上三种酸性清洁剂都可少量配备，用于清除顽固尘垢或计划卫生。但使用前必须加以稀释，且不可将浓缩液直接倒在被清洁物表面。

④马桶清洁剂（$1 \leqslant pH \leqslant 5$）。马桶清洁剂呈酸性，但含合成抗酸剂，以增加安全系数，有特殊的洗涤除臭和杀菌功效，主要用于清洁卫生间马桶、男用便器、洗手盆等用具。使用时应先按说明书稀释，且注意必须倒在恭桶和便池内清水中，不能直接倒在被清洁物表面。

⑤消毒剂（$5 \leqslant pH \leqslant 7$）。其主要是呈酸性，可作为卫生间的消毒剂，又可用于消毒杯具，但一定要用水漂净。"84"消毒液即为较好的一种。

因酸性具有一定的杀菌除臭功能，所以酸性清洁剂主要用于卫生间的清洁；因此，一些强酸清洁剂可用于计划卫生；酸性清洁剂通常为液体，也有少数为粉状，因酸有腐蚀性，所以在用量、使用方法上都需特别留意，使用前要特别留意说明书，最好先做小面积试用。禁止在地毯、石材、木器和金属器皿上使用酸性清洁剂。

(2) 碱性清洁剂。碱性清洁剂含氢氧化钠或其他碱类，使用浓度呈碱性。客房常用的碱性清洁剂有碳酸氢钙、碳酸钠、氢氧化钠、氨水、次氯化钠漂白剂、过硼酸钠漂白剂以及玻璃清洁剂（$7 \leqslant pH \leqslant 10$）、家具蜡（$8 \leqslant pH \leqslant 9$）和起蜡水。其中玻璃清洁剂有桶装和高压喷罐装两种，桶装玻璃清洁剂类似多功能清洁剂，主要功能是除污斑；使用时需装在喷壶内对准污渍喷一下，然后用干布擦拭即光亮如新，后一种内含挥发性溶剂，芳香剂等，可去除油垢，用后留有芳香味，且会在玻璃表面留下透明保护膜，更方便以后的清洁工作，省时省力效果好，但价格较高。

在每天的客房清扫中，服务员只是用湿布对家具进行除尘，家具表面的油污等不能除去，可定期用稀释的多功能清洁剂进行彻底除垢，但长期使用会使家具表面失去光泽，因此还应定期使用家具蜡，家具蜡形态有乳液、喷雾型、液体状等几种，它具有清洁和上光双重功能，既可去除家具表面动物性和植物性油污，又可形成透明保护膜，具有防静电、防霉的作用。使用方法是将适量家具蜡倒在干抹布或家具表面上，擦拭一遍，其作用是清洁家具；15min后再用同样方法擦拭一遍，这一遍是上光。

碱性清洁剂（如起蜡水）对于清除油脂类污垢和酸性污垢有较好效果，但在使用前应稀释，用后应用清水漂净，否则时间长了会损坏被清洁物品的表面。碱性清洁剂既有液体、乳状，又有粉状、膏状。

（3）中性清洁剂。化学上把 pH＝7 的物质，称为中性物质，而在商业上则把 $6 \leqslant pH \leqslant 8$ 的清洁剂皆称为中性清洁剂。其配方温和，可起到清洗和保护被清洁物品的作用，因此在日常清洁卫生中被广泛运用，中性清洁剂有液体、粉状和膏状，其缺点是无法或很难去除积聚严重的污垢，现在饭店广泛使用的多功能清洁剂即属此类。客房常用的中性清洁剂有：

①多功能清洁剂（$6 \leqslant pH \leqslant 8$）。

②洗地毯剂。这是一种专门用于洗涤地毯的中性清洁剂，因含泡沫稳定剂的量有区别，可分为高泡洗地毯剂和低泡洗地毯剂两种形式，低泡洗地毯剂一般用于水洗地毯，高泡洗地毯剂用于干洗地毯。若用低泡洗地毯剂宜用温水稀释，去污效果更好。

（4）上光剂。客房常用的上光剂有以下几种。

①金属上光剂。其含轻微磨蚀剂、脂肪酸、溶剂和水，主要用于铜制品和金属制品，如水龙头、卷纸架、浴帘杆、毛巾架、锁把、扶手等，可起到除锈、去污、上光的作用。金属上光剂只限于纯金属制品使用。

②擦铜水呈糊状，主要原理是氧化掉铜表面的铜锈而达到清洁光亮铜制品的目的，应注意的是只能用于纯铜制品，不能用于镀铜制品，否则会将镀层氧化掉。

③地面蜡。地面蜡有封蜡和面蜡之分。封蜡主要用于第一层底蜡，内含填充物，可堵塞地面表层的细孔，起光滑作用；面蜡主要是打磨上光，增加地面光洁度和反光强度，使地面更为美观。蜡有水基和油基两种。水基蜡一般用于大理石地面，其主要成分是高分子聚合物，干燥后会形成一层薄薄的保护膜；油基蜡主要成分是矿物石蜡，常用于木板地面，蜡的形态有固体、膏体、液体三种，比较常用的是膏状、液体这两种地面蜡。

（5）溶剂清洁剂。溶剂指含有大量三氧乙烯，异丙醇等溶剂的清洁剂，使用酸碱度呈中性。客房常用的溶剂有：

①地毯除渍剂。其专门用于清除地毯上的特殊斑渍，对羊毛地毯尤为合适，地毯除渍剂种类很多，如清除果汁斑渍的，清除油脂类脏斑的，还有清除口香糖的。但地毯上有脏斑应及时擦除，否则除渍效果不明显。

②牵尘剂（静电水）。其用于浸泡尘推，对免水拖地面如大理石、木板地面进行日常清洁和维护，达到清洁保养地面的效果。

③杀虫剂。这里指喷罐装高效杀虫剂，由服务员使用，对房间喷射后密闭片刻，可杀死

蚊、蝇和蟑螂等飞虫和爬虫。但对老鼠则应购买专门的灭鼠药或请专业公司进行处理。

④酒精。其适用于电话消毒等清洁项目。

⑤空气清新剂。空气清新剂品种很多，产品质量的差距很大，辨别质量优劣的最简单的方法就是看留香时间的长短，留香时间长则质量较好，空气清新剂具有杀菌、去异味、芳香空气的作用。

无论是哪种清洁剂，都可能含有其他添加剂，这都是为加强其效能。

2. 按用途划分

按用途划分，则饭店常用清洁剂可以分为多功能清洁剂、三缸清洁剂、玻璃清洁剂、金属抛光剂、家具蜡、空气清新剂和杀虫剂。

（二）清洁剂的使用

为了有效地使用清洁剂，充分发挥其效能，减少浪费，提高清洁保养工作的安全性，有必要对饭店常用清洁剂进行严格的管理与控制，在使用过程中应注意的事项如下。

1. 必须正确选用清洁剂

选择清洁剂，不能仅注意清洗效果一面，还应考虑到清洁剂对建筑材料和环境的影响。使用新的清洁剂时，应先在无关紧要的地方试用。选择清洁剂，最重要的是弄清其碱性、酸性指标。在需要了解溶液 pH 值时，可用 pH 实验纸测试，将实验纸浸入溶液中，然后根据实验纸的颜色判断其 pH 值。

2. 必须调制适当的浓度

各种清洁剂都有发挥本身最佳效果的适当浓度值。稀释倍率过大，则清洗力减弱。擅自滥加浓度也并不能增强效果，浓度超过适量时，不仅浪费，而且给擦净擦干清洗溶液增添了麻烦。目前市场上销售的清洁剂多为浓缩液，应按说明书要求的比例进行稀释。

3. 必要时用温水稀释

温度越高，构成清洁剂的表面活化性越强，去污作用也就越活泼，污垢越容易被去除。市场上销售的清洁剂，一般在常温下即可以发挥作用，但如果使用 40℃ 左右的温水稀释，效果将更好。

4. 作业后必须擦洗干净

清洁剂多加有酸、碱有机溶剂，作业后，必须立即采用水擦、干擦等方法，尽可能将清洁剂成分除去。如果被清洗面上留有清洁剂成分，不仅容易黏附污垢，有碍建筑物保洁，而且可能导致被清洗的表面变色或损坏建筑材质。

5. 必须注意劳动保护

清洁剂含有多种化学成分，具有渗透性，特别是碱性、酸性强的清洁剂，渗透性强，不宜和皮肤经常接触。如赤手使用，时间长了，手将变得粗糙，严重时还可能引起皮炎。因此，服务员应在日常工作中掌握正确的使用方法，使用相应的防护工具。万一沾在皮肤上或溅入眼睛内，应立即用大量清水冲洗干净。

6. 严禁使用有毒有害清洁剂

一些含有剧毒的清洁剂，虽然在短期内具有较好的去污除锈作用，但严重污染了环境，对人体、对墙面、对被溅到的物体均产生极大的腐蚀和损害，因此一定要严禁使用，如氢氟酸等。

7. 不能使用粉状清洁剂

因粉状清洁剂对被清洁物表面尤其是卫生洁具表面有一种摩擦作用会损伤物体的表层。同时，粉状清洁剂在溶解过程中易于沉淀，往往也难以达到最佳的清洁效果。

8. 尽量避免清洁剂的副作用

任何清洁剂一次使用过多都会对被清洁物产生不同程度的副作用，甚至是损伤，因此，不能养成平日不清洁，万不得已时再用大量的清洁剂清洗的坏习惯。这种方法既费时、费力、效果也不好，也不要指望好的清洁剂对任何陈年污垢都非常有用。

另外，饭店应做好清洁剂的分配控制工作，减少不必要的浪费，还应根据各自的资金状况选择合适的清洁剂。

第二节　客房清洁与保养工作

客房清洁是指清除客房各种污迹，使被清洁的对象达到饭店所要求的标准。客房保养是指保证设备设施处于正常完好的状态，延长其使用寿命，减少维修及更新改造的资金投入。客房清洁与保养的具体要求如下。

凡是客人看到的，必须是美观整洁的；凡是客人接触使用的，必须是清洁卫生的；凡是客房提供给客人使用的设备，必须是完好有效的。

一、客房卫生准备工作

为了保证客房清扫的质量，节省时间，提高工作效率，必须做好清扫的准备工作。

（一）客房清洁方法

为了避免重复劳动及意外事故发生，提高工作效率，确保客房清洁保养的质量，常用方法主要有以下几种。

1. 从上到下

在房间抹尘、房间地面和卫生间清洁时，应先清理上方部位，后清理下方部位，以避免清理过的部分重新被污染或出现重复整理。

2. 从里到外

在房间地面和卫生间地面清洁时，应坚持先清理房间或卫生间远离门口的部位，后清洁靠近门口的部位，以避免清理过的部分重新被污染或出现重复整理。

3. 环形整理

在房间抹尘、检查房间和卫生间时，应从房门口开始，按照顺时针或逆时针方向绕圈进行，以避免出现卫生死角或重复整理，既省力、省时又提高质量。

4. 干湿分用

房间和卫生间内的物品属于不同的材质，另外从安全的角度考虑，有些只能使用干布擦拭如灯具、电视等，再些则只需用湿布擦拭即可，如卫生间的浴缸、面盆等，而另外一些则需要先用湿布擦拭后再用干布擦干，如玻璃、镜子、不锈钢部件等。

5. 抹布折叠使用

抹布折叠起来使用，可以提高抹布的使用率，进而提高清扫速度。

(二) 签领客房钥匙和客房清扫日报表

服务员签领的途径一般有两种：分别是从客房服务中心或楼层服务台签领。如表4-1所示为客房清扫日报表。

表4-1 客房清扫日报表

房号	房态	时间		床单	枕芯	枕套	被芯	被套	面巾	地巾	浴巾	护垫	设备情况	遗留物品	备注
		进房	出房												

| 消耗品 | 香皂 | 牙具 | 梳子 | 浴帽 | 卫生纸 | 马桶垫 | 洗发水 | 沐浴液 | 擦面油 | 杯垫 | 杯套 | | |
| | | | | | | | | | | | | | |

O：住房 SO：客人在外 GS：客人酣睡 VC：空房 O.：待修 DND：请勿打扰 C：走房 VD：脏房 VIP：贵宾	借用物品情况	计划卫生

(三) 了解客情和房态

1. 了解客情

通过客房清扫日报表与客房服务中心的通知了解当日客人入住、离店的情况，以便更好地进行客房清洁工作与对客服务。

2. 了解房态

客房房态是指客房为客人服务的即时状态，一般有以下一些类型。

(1) 住客房。住客房的即时状态如下。

①请勿打扰房；

②请即清扫房：客人要求立即为其清洁客房；

③外宿房；

④无行李房；

⑤轻便行李房；

⑥贵宾房；

⑦常住房；

⑧加床房。

（2）走客房。走客房的即时状态如下。

①准备退房：可能在 12：00 前退房但仍未退房；

②未清扫房：客人已经退房离店。

（3）空房。空房是指干净的空余房间，即 OK 房。

（4）已清扫房。已清扫房是指已经清扫完的房间。

（5）维修房。维修房是指正在维修或等待维修的房间。

（6）客房不能正常运转，无法接待客人。

（四）确定清扫顺序

1. 请即清扫房

几种情况：①挂"请即打扫"牌、亮"请即打扫"指示灯；②客人口头提出要求；③总台或领班指示。

如果在同一区域有两间客房同时须立即打扫，服务员首先弄清两间客房的客人是否在房内，如果都不在，则按顺序及时整理；如果都在，服务员应询问客人意见，哪一间更急用，就先清理哪一间，同时感谢另一位客人的合作；如有一间客房的客人在，而另一间客房客人不在，则可先整理有客人的客房；如果两间客房的客人都比较着急，应马上通知管理人员调整人手，两间客房同时整理。

2. 贵宾房

贵宾房即 VIP 房，是指饭店重要客人居住的客房。

3. 长包房

长包房是指客人长时间居住的客房，长包房一般定时清扫。

4. 走客房

走客房（Check-out）指客房住客已结账，交回了钥匙，离开了饭店。

5. 普通住客房

住客房（Occupied），住店客人正在使用的客房；OC（Occupied Clean）指干净的住房或干净的占用房；OD（Occupied Dirty）未打扫干净的住房。

在实际工作中，可以根据具体情况安排清扫顺序，如旺季可以先清扫走客房，后清扫住客房，而淡季则先清扫住客房，后清扫走客房，以显示以人为本的服务理念。

6. 空房

V（Vacant）指空房；VC（Vacant Clean）指干净的空房，即 OK 房，可直接出售，安排客人入住；VD（Vacant Dirty）脏的空房。

7. 维修房

维修房即待修房（Out of Order）。

8. 请勿打扰房

请勿打扰房（DND）须待客人取消"请勿打扰"标示牌之后再进房打扫，如果到 14：00 仍为请勿打扰，应通过电话询问，以免客人发生意外。

（五）准备房务工作车

一般在前一天晚上下班前做好，但在进行客房清扫前还应检查一遍，如发现物品短缺，应及时补齐。准备房务工作车的程序如下。

1. 清洁工作车

用半湿抹布将清洁工作车擦净抹干，检查有无破损，是否灵活。

2. 挂好垃圾袋和布草袋

将干净的垃圾袋和布草袋挂在工作车两侧。

3. 配备车上物品

一般上面一格和中间一格放置浴衣和卫生间的五巾（大浴巾、小浴巾、小方巾、面巾和地巾）；下面一格放置床单、枕套；然后将客用低值易耗品分门别类、整齐地摆放在工作车顶架上。

注意：为了减少重复劳动，"五巾"应按饭店规定折叠好，店徽朝外折叠；床单、枕套应齐口朝外；低值易耗品从工作车开口一面由低到高排列；有些客用品不能混放。

4. 准备清洁桶

将清洁桶放在工作车底层的外侧。此外，还有常用清洁工具：海绵、浴缸刷、恭桶刷、胶皮手套、抹布等；常用清洁剂：多功能清洁剂、恭桶清洁剂、地毯去渍剂、消毒剂等。

5. 准备吸尘器

检查吸尘器是否完好，尘袋有无倒净，放在工作车底层外侧另一边。

（六）检查仪容仪表

仪容仪表主要包括服装、名牌、头发、鞋袜、手表的检查等。

（七）进房

1. 观察门外情况

注意是否有"请勿打扰"标示牌。

2. 敲门

用食指或中指第二骨节敲门三下或按门铃，不用手拍门或用钥匙敲门。敲门应有节奏，轻重适度。

3. 等候

等待客人反应3s～5s；站在门前适当位置，以方便客人观察；客人有回应，服务员应再通报，并征求客人意见；客人不同意，服务员应征询客人何时清扫较方便，道歉并轻轻离开此房。

4. 第二次敲门、等候

第一次敲门等候时，若房内无动静，应第二次敲门，并再次等候。若有反应，处理同上步骤。

5. 开门

先将房门打开1/3，在房门上用手轻敲两下，同时通报，并注意观察房内情况，不要猛烈推门。若发现客人仍在睡觉，应马上退出，轻轻把门关上；若客人已醒但未起床或正在起床，应道歉后马上退出，不要解释，以免造成客人不便；若客人已经起床，则应询问客人是否可以清理房间。

6. 进房

若客人不在房间或征得客人同意方可进房。

经典案例

女客房的"不速之客"

深夏的一天，饭店大堂值班经理接到电话，"2505卫生间顶部严重漏水，地面淌成了小河，请速派人前来修理"，客人操的是南方口音，值班经理接到电话，便知一定又是2605房的下水管漏水，前几天刚发生过下面房间滴水的问题，现在肯定又是"旧病复发"。于是给工程部去电，要求立即解决漏水问题。

这天正好是电工小李值班，他挂上电话，拎起工具箱，就奔入电梯间去。因为是晚上，他没有按饭店的规定穿工作服，上身穿的是件蓝色衬衫，两只袖子卷得高高的，下身穿半新不旧的牛仔裤，衣着上很难区分是员工还是宾客。按饭店规定，他在楼层值班服务员引领下，先在2605房外按一下门铃，里面没动静，他又按了一下，仍没有人出来开门，他想房内一定没人，于是掏出由值班员使用的万能钥匙打开房门便直冲进去。

"啊——"一位刚从床上爬起来准备开门的中年女客尖声惊喊起来："快来人啊，有人闯进房间来了！"这位客人惊恐不是没道理的，眼前这位不速之客身材高大、年轻健壮，一身装束告诉她来者不是饭店的员工，那人身上带着沉重的拎包，榔头和凿头等工具金属柄统统露在外面，难怪她把小李当成盗窃犯了。

案例点评

这件事错在工程部小李。第一，饭店员工上班期间必须按饭店规定穿着工作服，一个身份难辨的男人，晚上擅自打开客人房门，冲进房间，任何人都会吓坏的，更何况是一个手里带着"作案工具"的年轻人。第二，小李只按了两下门铃，没有听到房内反应，便使用万能钥匙开门，这是极不慎重的，打扫房间的服务员或工程维修员必须在有百分之百的把握断定房内确实没有客人时，才能用万能钥匙开门；小李只按了两下门铃，便草率认为客人不在房内，显然是很不妥当的，这也是造成这次误会的主要原因之一。

二、客房清洁程序与标准

（一）走客房清洁

1. 进房
进房清洁的程序如下。

（1）打开房门。尽管是走客房，但为了避免走错房间或出现万一客人尚未离开的情况发生，还要按照敲门进房的程序开门进房。确定客房无人，将房门敞开。

（2）停放工作车。将房务工作车横放在客房门口，开口朝向客房，但不要紧靠墙壁，一般留一人侧身能通过的距离即可。同时将吸尘器放置在客房门口一侧，吸管应靠在墙壁上，电线整理好。

（3）调整空调。调整空调开关，检查是否完好，并将空调关上。

（4）打开窗户。拉开窗帘，打开窗户并检查帘子是否完好。

（5）检查灯具。检查所有灯具，检查后随手关上，只留卫生间灯具。

（6）观察。观察房内情况，有无遗留物品，客房设备有无丢失损坏。

2. 撤床

（1）拉床。服务员站在床尾，屈膝下蹲，用手将床架连床垫慢慢拉至容易整理的位置。

（2）撤床罩。先将床罩从床头一端拉至床尾折叠，将已折叠部分再对折；再将床尾下垂部分和床两侧的下垂部分翻至床面，与床两端齐平；最后沿床罩中线对折，并将折叠好的床罩放于椅子或沙发上。

（3）撤枕套、护单。打开封口，双手执枕头套角，将枕芯抖出，或一手执枕头套角一手轻轻地把枕头从枕套中拉出。同时检查枕头下是否有客人遗留物品；检查枕头上，是否有污渍。从床尾部位开始将护单从硬垫和软垫之间拉出，要留意是否有污渍。

（4）撤毛毯。从床尾角部开始将毛毯从硬垫和软垫之间拉出，折三折，并将毛毯商标朝外放在沙发、行李柜或椅子上。不能猛拉，如有污渍及时去除。

（5）撤床单。从床尾部位开始将盖单、垫单从硬垫与软垫之间逐条拉出，抖动几次，确认里面无衣物或其他物品。同时注意床垫、床单有无破损。

（6）撤走脏布草。按规定的程序将脏床单、枕套放入房务工作车上的布草袋内，带进相同数量的干净布草放在一边待用。

3. 整理器皿

（1）撤餐具。如果客人在房内用过餐，则先将房内的送餐车、餐具等移至指定地点。

（2）撤烟灰缸。将烟灰缸内的杂物倒入垃圾桶内，放入卫生间备洗。注意有无未熄灭烟蒂和火柴。

（3）撤杯具。撤换脏的茶具、饮具、酒具，倒空热水瓶，把茶具等放到工作车指定位置。

4. 收拾垃圾

清理垃圾桶内以及地面、桌面垃圾，同时擦净垃圾桶，换上干净垃圾袋，放归原处。

5. 做床

（1）中式做床的流程及标准如下：

①拉床。弯腰下蹲，双手将床架稍抬高，然后慢慢拉出。将床拉离床头板约50cm。注意将床垫拉正对齐。

②铺单。开单：用手抓住床单的一头，右手将床单的另一头抛向床面，并提住床单的边缘顺势甩开床单。打单：将甩开的床单抛向床头位置。将床尾方向的床单打开并使床单的正面朝上中线居中。手心向下抓住床单的一边，两手相距约80cm～100cm。将床单提起，使空气进到床尾部位，并将床单鼓起，在离床面约70cm高度时，身体稍向前倾，用力打下去。当空气将床单尾部推开的时候，利用时机顺势调整，将床单往床尾方向拉正，使床单准确地降落在床垫的正确位置上。

③包角（如图4-3所示），包角从床尾做起，先将床尾下垂部分的床单掖进床垫下面，包右角，左手将右手侧下垂的床单拉起折角，右手将右角部分床单掖入床垫下面，然后左手

将折角往下垂拉紧包成直角，同时右手将包角下垂的床单掖入床垫下面。包左角方法与右角相同，但左右手的动作相反。床尾两角与床头两角包法相同。

图4-3　客房服务员在包角

④装被套。将被芯平铺在床上；将被罩外翻，把里层翻出；使被罩里层的床头部分与被芯的床头部分固定；两手伸进被罩里，紧握住被芯床头的两角，向外翻转，用力抖动，使被芯完全展开，被罩四角饱满；将被罩开口处封好；调整棉被位置，使棉被床头部分与床垫床头部分齐平，棉被的中心线位于床垫中心线；将棉被床头部分翻折20cm～30cm（注意：整个床面要平整、挺括、美观）。

⑤套枕套。将枕芯平放在床上；两手撑开枕袋口中，并往枕芯里套；两手抓住袋口，边提边抖动，使枕芯全部进入枕袋里面；将超出枕芯部分的枕袋掖进枕芯里，把袋口封好；被压处朝上压倒的朝下，枕套口与床头柜是相反的方向；套好的枕头必须四角饱满、平整，且枕芯不外露。

⑥放枕头。两个枕头放置居中；放好的枕头距床两侧距离均匀（如图4-4所示）。

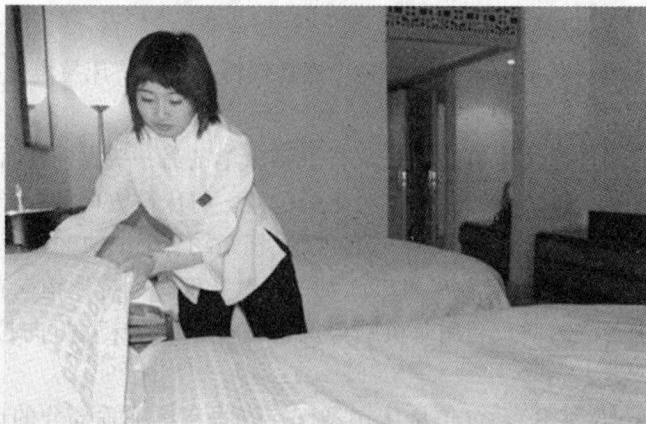

图4-4　客房中式做床放枕头

⑦将床复位。弯腰将做好的床慢慢推进床板下，但要注意勿用力过猛。

⑧外观。看一看床铺得是否整齐美观，对做得不够的地方进行最后整理，务必使整张床面挺括美。整个操作过程要做到快、巧、准。

（2）西式做床的流程及标准如下：

①放平床垫。将床垫、衬垫拉平放正；检查衬垫四角的松紧带有无脱落；注意衬垫卫生状况。

②铺第一张床单（垫单）。站在床尾，两手分开，用拇指和食指捏住床单第一层，其余三指托住后三层，将床单正面朝上朝前甩开，待其降落时，利用空气浮力调整好位置，使中折线居床的正中位置，均匀地留出床单四边，使之能包住床垫。

③铺第二张床单（盖单）。用同样的手法铺单，第二张床单正面朝下，床单上端多出床垫5cm～10cm。

④铺毛毯。中线与床单重合，床头部位毛毯与床垫平齐，注意将毛毯的商标放在床尾并且朝上。

⑤铺第三张床单（护单）。豪华饭店一般应在毛毯上铺第三张床单，要求顶端和毛毯拉齐，正面朝上，中折线与毛毯中线重合。

⑥包边、包角。将盖单顶端多余部分反折盖住毛毯和护单，再将盖单连同毛毯和护单一起反折25cm，两侧下垂部分掖入床垫下，再将床尾下垂部分掖入床垫下，将床尾两角包紧包好（直角或斜角）。

⑦装枕。用双手手指张开枕套，用力一抖，放平，一手张开枕套，另一手将枕芯装入枕套尽头，放平，将枕芯两角推入枕套角部，将开口部分整理好，并将枕芯和枕套的四角对齐、塞满。

⑧摆放枕头。两个枕头叠放在床头正中，枕套口应反向于床头柜。

⑨铺上床罩。将床罩放在床尾，站在床尾双手执床罩头部将其抛至床头，床罩两侧下垂部分均等，床罩尾部自然下垂，用床罩把枕头罩好，剩余部分插至两枕头之间，形成两条枕线，最后将床罩理平，拉挺。

⑩将床复位。借助腿部力量将床慢慢推回原处，床和床头板对齐。

西式做床如图4-5所示。

图4-5　西式做床

6. 卫生间清洁

卫生间清洁（如图4-6所示）的流程及标准主要如下。

（1）进入卫生间。打开换气扇，将清洁桶放在卫生间地面中央。

（2）冲恭桶。放水冲净恭桶，在恭桶内喷上恭桶清洁剂。

（3）撤布草。撤走用过的脏布草。

（4）撤出垃圾。将垃圾清走。

（5）清洗烟灰缸。将烟灰缸、皂碟清洗后放回原处。

（6）准备抹布。擦洗面盆、浴缸、恭桶所需的抹布分别备好。

（7）清洗面盆和梳妆台。在海绵上倒上适量清洁剂，擦洗面盆、梳妆台以及水龙头等金属器件，用清水冲净，用抹布擦干水迹，再擦亮金属器件。

（8）清洗浴缸。先关闭浴缸活塞，放少量热水和清洁剂在浴缸中，用浴缸刷清洗浴缸内外、墙壁、浴帘、金属器件，打开活塞，放掉污水，再用清水冲洗浴缸、墙壁，等水流尽，用抹布把水迹擦干。如果是淋浴设施，则需用海绵擦净墙壁等。

（9）清洁恭桶。用恭桶刷刷洗恭桶内壁，放水冲净，用专用抹布将恭桶外壁、盖板、垫圈以及水箱等抹净擦干。

（10）卫生间抹尘。准备好干、湿抹布，从卫生间门开始依次用半湿布擦拭卫生间门的内外、镜面、洗面台四周瓷壁、电话副机等，再用干抹布将镜面、金属器件擦亮。

（11）摆放干净布草。将干净布草按规定方法摆放。面巾一般对折挂在面巾架上，浴巾折叠好齐口朝外放在浴巾架上，地巾对折挂在浴缸沿上，方巾折叠好放在梳妆台上，浴衣可挂在卫生间门背后或衣橱里。摆放时店标均应朝外。

（12）补充低值易耗品。按标准补充卫生间各种低值易耗，并按规定摆放整齐。

（13）清洁地面。用专用湿抹布从里到外，沿墙角平行擦净整个地面。

（14）检查。检查有无遗漏之处。

（15）撤出。撤走清洁用具，关掉电灯和换气扇，将卫生间门虚掩。

图4-6 卫生间清洁

7. 抹尘

抹尘的流程及标准有以下几点。

(1) 房门。检查门锁是否灵活，"请勿打扰"牌和防火疏散图是否完好。

(2) 衣柜。检查衣架数量是否齐全。

(3) 行李架。摆正其位置，与写字台间隔 5cm～10cm，与墙间隔 5cm～10cm。

(4) 电视机。打开电视检查有无图像，频道选用是否准确，电视节目单是否完好。

(5) 写字台、化妆台。用干布擦拭镜灯、镜框、台灯；擦拭梳妆镜先湿后干；用湿布擦拭台面和抽屉、琴凳。

(6) 客房酒吧。擦净小酒吧内外，检查冰箱运转是否正常，物品有无短缺。

(7) 窗台。用湿布先擦净窗台。

(8) 沙发茶几。软面用干布掸灰，湿布擦拭木面。

(9) 床头板。用湿布进行擦拭，直至干净。

(10) 床头柜。用湿抹布擦拭电话机和话筒，电话线不能打结，检查电话是否正常；用湿布擦净床头柜板面，检查物品是否齐全；用干布擦拭床头柜控制板，检查各种开关有无故障。

(11) 空调开关。可用湿布进行擦拭，后用干布将其擦干。

如图 4-7 所示是客房服务员正在进行抹尘。

图 4-7　客房抹尘

8. 补充房间用品

补充房间和卫生间内的必备用品，按规定的位置摆放好。

9. 吸尘

吸尘由里往外吸，注意行李架、写字台底、床头柜底等边角的吸尘。注意将有移动过的家具顺手挪回原位。

客房服务员

怎样处理小面积烟头毁伤的地毯

(1) 用剪刀或刀片将烧焦的地毯上端小心地剪去;

(2) 对绒毛较短、烧焦程度较深时,除剪去表面黑色焦面以外,可用砂纸擦拭将焦面擦掉;

(3) 对砂纸磨过的地毯进行吸尘、吸砂;

(4) 用清洁剂和水擦拭剪过的地毯。

对于被挤压的地毯,如家具下方的地毯,要使其恢复原状,应选用什么方法?

(1) 移开被挤压地毯上方或周边的家具;

(2) 从工作间取一块已报废的旧毛巾;

(3) 把毛巾蘸水浸湿,铺在褶皱地毯上方;

(4) 用热熨斗轻轻熨烫,直至地毯平整。

10. 检查

检查客房清理情况,确认客房已经完全清理完毕,并达到清洁要求。

11. 关灯、关门

关闭客房内所有灯具,随手带上房门,离开客房。

12. 登记客房清洁整理情况

在客房清洁工作结束时,服务员应环顾一下房间、卫生间是否干净,家具用具是否摆放整齐,必备用品是否放好,清洁用品是否遗留在房间等。同时填写好"楼层服务员清洁报表",退出房间,关好房门。若客人在房间,要礼貌向客人表示谢意,然后退出房间,轻轻将房门关上。

客房服务员

卧室清扫程序"十字诀":开;清;撤;做;擦;查;添;吸;关(观);登。

卫生间清扫"十字诀":开;冲;收;洗;擦;消;添;刷;吸;观(关)。

(二) 住客房清洁

1. 住客房的清洁流程

住客房的清洁流程包括进房、撤床、整理器皿、收拾垃圾、清理卫生间、铺床、抹尘、补充房间用品、吸尘、检查、关灯和关门、登记客房清洁日报表十二个步骤。

2. 注意事项

(1) 进房应严格遵守进房的有关程序;如客人在房内,应礼貌地询问是否可以清扫房间,征得客人同意后,方可进房;清扫过程中动作要轻,速度要快,不能与客人长谈;如客人有问话,应注视客人并回答。如客人不同意清扫客房,则应将房号和客人要求清扫的时间写在工作表上,以免遗忘。

（2）客人的文件、杂志、书刊等可以稍加整理，但不能弄错位置，更不准翻看；客人的物品如照相机、笔记本、钱包之类不能随意触摸；女性用的化妆品即使用完，也不得将空瓶扔掉。

（3）客人放在椅子上或床上的衣服，外衣可挂在衣柜里，内衣、睡衣简单折叠后放在床上；女宾住房，不要轻易动其衣物；擦拭衣柜、行李架，不要弄脏、弄乱客人衣物，也不要挪动客人行李，一般只要擦去大面积的灰尘即可。

（4）若发现房内大量现金，服务员应及时通知领班，由大堂副理在保安人员及领班的陪同下将房门反锁，等客人回来后，由大堂副理开启房门，并请客人清点现金，提醒客人使用保险箱。

（5）若房内电话铃响，为尊重客人对客房的使用权，维护其隐私，服务员不能接听电话。

（6）及时更换热水，注意水温不低于90°，水瓶干净无水渍。

（7）空调的调整应注意尊重客人的选择。

（8）清扫中客人返回，应礼貌地请客人出示客房钥匙或房卡，然后询问是否可以继续清理，如可以则尽快清理好，以便客人休息，如不可以应及时退出。

（9）如发现客人在房内使用电器或烧香拜佛，应劝阻客人，向客人说明存在的不安全因素，并及时将情况报告领班或大堂副理。

（10）若房内有加床，整理完毕，应添一份客用品，不能遗漏。

（11）住客自插的取电卡，不要拔掉。

（12）客房整理完毕离开时，若客人在房内，要有礼貌地向客人表示感谢，然后退后一步再转身离开客房，并轻轻将房门关上。

经典案例

张先生回房间后反映，他花费了好长时间才收藏的一袋可口可乐瓶子被饭店员工当垃圾收走了，引起了张先生的极度不满，事后向客人道了歉，李主管去垃圾站找回收藏品，并和总值班王经理一同送到客人房间，再次向客人赔礼道歉，并做了升值服务，以消除顾客不满。

案例点评

在对客服务中饭店员工不仅要讲究房间打扫干净，给客人创造一个整洁、干净的住宿环境，还要给客人以享受，这就包括心理上的享受。除了整理好房间之外，还要给客人营造一种气氛，就是家的感觉，这就靠饭店员工的用心，在工作过程中饭店员工要注意客人一切，包括喜好，习惯，比如说可乐瓶子，大家都知道房间里多日来放着许多可乐瓶子，种类还不一样，饭店员工就应该多注意一下，为什么会出现这种情况，如果说饭店员工早就注意到这一特殊信息的话，肯定可以知道客人这一爱好，并会多注意，更不用说去仍掉客人辛辛苦苦积攒的东西了。所以说饭店员工在日常工作中还要注意留心客人的一切信息，掌握客人的信息，再加上好的服务理念，并配以及时、快速的行动，就可以很好地为客人提供个性化服务了。另一方面饭店员工在清理房间过程中，一定要谨慎，对于客人的东西不能乱动，该清理的要清理掉，遇到自己拿不准的应该及时请示主管或经理，不可擅作主张，以免引起客人不必要的误会和不快，同时也会使工作处于被动。

（三）其他客房清洁

1. 空房清洁

空房清洁注意事项有以下几点。

（1）每天进房开窗、开空调进行通风换气；

（2）每天用干布去除家具、设备及物品上的浮尘；

（3）卫生间的坐厕放水，地面冲水排异味，清洁卫生间浮座，淋浴水阀隔两三天就放锈水一次，并注意清洗抹干；

（4）连续空着的客房，隔几天要吸尘一次；

（5）检查房间有无异常情况。检查房间规格、设备情况，检查天花板有无蜘蛛网、地面有无蚊虫，把空调至适当位置，熄灯关门，取回清洁标牌。

2. 长包房清洁

长包房清洁的注意事项有以下几点。

（1）按程序进入房间后，擦桌子、椅子、窗台，刷杯子；

（2）清理卫生间，刷面盆、浴盆，刷恭桶，擦垃圾桶，清洁卫生间墙面、地面；

（3）如需要，补充棉织、补充客用品；

（4）打好开水，用吸尘器吸地后，环视有无疏漏；

（5）房间客人多，（客人要求随时服务）中午再打一次开水，倒一遍垃圾；

（6）锁门退出，填写时间；

（7）地毯每季清洗一次，局部清洗随脏随洗；大清要每周六清理一次卫生间，周日清理房间玻璃和墙壁；沟通每月征求一次客人意见；（领班、主管）关于安全要严格执行查房卡制度，同时了解长包房住客情况，有问题及时汇报。

三、客房布置

（一）无障碍客房布置

无障碍客房布置应注意问题有以下几个。

残疾人士入住饭店，饭店必须为其设置无障碍客房。无障碍客房的布置须注意以下问题。

（1）清扫之前，必须了解客人的身体状况，以便能更有针对性地整理客房；

（2）根据客人情况准备好所需的有关物品；

（3）主动征求客人意见，尽量满足客人特别要求；

（4）尽量避免给客人设置障碍，及时复位家具；

（5）尊重客人，小心避免客人的误解；

（6）动作要轻，速度要快。

如图 4-8 所示是饭店无障碍客房卫生间的布置。

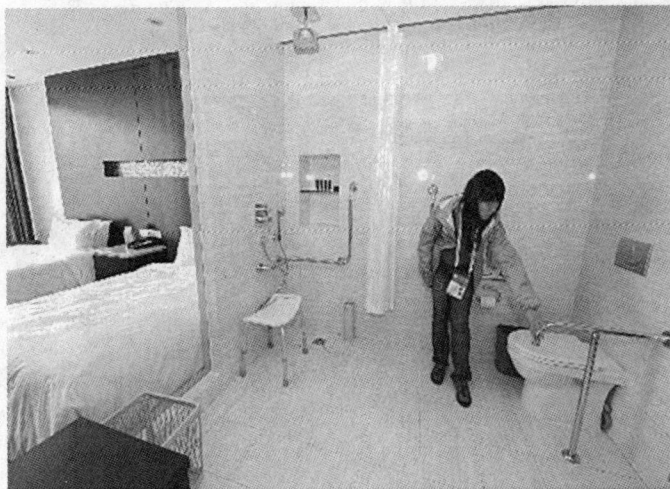

图 4-8 无障碍客房卫生间的布置

（二）蜜月客房布置

蜜月客房布置的注意问题有以下几点。

（1）客房布置突出喜庆气氛（如图 4-9 所示）；

（2）服务员应向客人问好、祝福；

（3）动作轻，速度快，尽量在客人外出时清扫。

图 4-9 蜜月客房的布置

（三）VIP 客房布置

贵宾客房布置的注意问题有以下两点。

（1）铺床选用新的或较新的床单、枕套，并使用床裙，补充全新的卫生间用品；

（2）摆放鲜花、水果、点心等物品（如图4-10所示）。

图4-10 贵宾客房床上摆放的花瓣组合

四、计划卫生

客房的计划卫生是指在做客房的日常清洁卫生的基础上，拟定一个周期性清洁计划，采取定期循环的方式，将客房中平时不易清扫或清扫不彻底的地方全部清扫一遍。计划卫生主要包括两个方面的内容：一是保证客房的清洁卫生质量；二是维持客房设施设备的良好状态。各饭店要根据自己的设施设备情况和淡旺季对客房进行合理的计划卫生安排。

（一）计划卫生的种类

1. 单项计划卫生
单项计划卫生是指对客房地毯、家居或电器等某一专项卫生清洁工作。
2. 月计划卫生
月计划卫生主要是每个月安排的卫生清洁内容，如清洁排风口，清洁客房等。
3. 季度计划卫生
季度计划卫生主要是每个季度安排的卫生清洁内容，如家具的保养。
4. 年度计划卫生
年度计划卫生主要是每个年度安排的卫生清洁内容，如饭店外墙的清洁。

（二）计划卫生的项目

客房的计划卫生的项目主要有：地板打蜡；家具上蜡；擦窗；吸尘（床垫、厚窗帘、软坐椅和沙发靠背、家具下的地毯、客房四周墙面）；擦拭顶灯（客房顶灯、会议室顶灯、楼道顶灯）；擦拭铜器（铜制窗把手、房间号牌、门把）等。

（三）客房计划卫生的组织

除日常的清扫整理工作外，规定：①每天对某一部位或区域进行彻底的大扫除；②季节性大扫除或年度性大扫除；③楼层周期性计划卫生项目。

（四）客房计划卫生的管理

计划卫生的管理包括做好计划卫生的安排和检查记录；注意安全；准备好清洁工具和清洁剂。

（五）注意问题

计划卫生涉及范围广，高空作业时间较长，认真做好计划卫生清扫工作，做好清扫服务要注意三个方面。

1. 准备好卫生用具

用具包括干湿擦布、清洁剂、刷子、安全带等。具体用具物品要根据日程安排的内容来确定。

2. 注意安全

清扫门窗玻璃、天花板以高空作业为主，站在窗台上擦外层玻璃要系好安全带。清扫天花板墙角或灯管，要用脚手架或凳子。要注意安全，防止事故发生。

3. 保证质量

客房某一部分的计划卫生间隔时间较长，清扫时必须保证质量。如客房四角的墙围、门窗玻璃、外檐等处。只有保证质量才不致影响整个房间卫生，适应客人需要。

📋 **客房服务员**

某饭店客房部计划卫生安排

日期	清洁项目
周一	房间电话消毒
周二、周三	马桶水箱清洁及去除马桶黄圈
周四、周五	房间地角线清洁
周六	排房细致抹尘
周日	工作间及工作车大清，吸尘器对吸
1号、2号、3号、4号	房间所有玻璃清洁（包括窗框、吧台镜子及衣柜镜子）
5号、6号、7号	房间壁纸清洁
8号、9号、10号	床下吸尘
11号、12号	房间键盘清洁
13号、14号	房间电线清洁（包括电话线、电视线、电吹风及计算机线）
15号、16号	控制面板的清洁及沙发椅子缝清洁
17号、18号、19号	刷洗房间地毯毛
20号、21号	小木屋的清洁及钩卫生间地漏头发
22号、23号	冰箱内外清洁及百叶门的清洁

日期	清洁项目
24 号、25 号、26 号	卫生间镀器清洁及水龙头除垢
27 号、28 号、29 号、30 号	卫生间地面及所有墙面清洁
1 月、4 月、7 月、10 月	翻床垫一次
1 月、6 月	清洗纱帘一次
2 月、7 月	家具打蜡一次
每年 2 月	清洗厚帘、床裙一次
每年 3 月	清洗保护垫及烘棉被、枕芯各一次
每年 6 月、12 月	客房地面洁净一次

五、客房消毒和灭虫工作

(一)客房消毒工作

住店客人对客房产品的最基本的要求是健康、安全,只有搞好客房的消毒工作,才能切实保障住店客人的身体健康、安全。

1. 客房消毒的要求

(1)房间。应定期进行预防性消毒。

(2)卫生间。卫生间的设备、用具易被病菌污染,因此,卫生间必须做到天天彻底清扫,定期消毒。

(3)茶水杯、酒具。对客人使用的各类杯具应严格进行消毒。

(4)客房工作人员。客房工作人员要搞好个人卫生,避免由于自身因素污染客房各类用品。

2. 常用的消毒方法

(1)通风与日照。这包括室外日光消毒;室内采光;通风。

(2)物理消毒。这包括高温消毒法和干热消毒法。高温消毒的原理是在高温中,菌体内的蛋白质凝固致使其死亡;干热消毒法主要是通过氧化作用,将微生物细胞原生质破坏,致使其死亡。

(3)化学消毒剂消毒方法。这包括浸泡消毒法、擦拭消毒法和喷洒消毒法。

3. 杯具消毒

(1)将 84 消毒液按 1:200 比例配比;

(2)把已除渣、清洗干净的茶杯,浸入配比液中 30min;

(3)用水冲洗干净消毒液,擦干;

(4)再放入消毒柜消毒 30min;

(5)消毒柜每三天大清洁一次。

4. 面盆、浴缸、马桶消毒

(1)先用清水将其表面大面污物清除,使其表面光洁;

(2)再将 1:200 的 84 消毒液配比液喷于表面,等 5min;

（3）再用专用刷（面盆刷、马桶刷）刷洗；

（4）最后用水冲净，擦干。

表4－2列出了饭店客房各种设施常用的消毒方法。

表4－2　　　　　　　　　　　客房常用的消毒方法

方法	原材料	温（强）度	时间	适用器具
煮沸消毒	水	100℃	15min～30min	瓷器
蒸汽消毒	蒸汽		15min	茶水具、酒具和餐具
干烤法	红外线	120℃	30min	楼层消毒柜
紫外线消毒法	紫外线	30瓦紫外线灯管	2h	卫生间的空气

（二）客房灭虫

饭店虫害的控制从来就是一项不容忽视的战略任务，而客房区域又首当其冲。因此，防治虫害是客房清洁卫生工作的一项重要内容。

1. 虫害的诱因及类别

（1）诱因。饭店有虫害的诱因如下。

①虫害滋生的环境因素，如客房里温暖、潮湿的地方以及摆放的水果食品都可能成为虫害滋生的土壤；

②外界因素，主要指外部环境把一些虫害传播进饭店内部，如随着美国大白蛾在我国很多地区的传播，饭店公共区域的花卉植物也受到很大的影响。

（2）类别。昆虫类别如下。

①昆虫类包括蠹虫、臭虫、虱子、跳蚤、苍蝇、蟑螂、蚊子等；

②啮齿类包括褐家鼠、小家鼠等；

③菌类包括霉菌等腐生菌。

2. 虫害防治的基本方法

（1）控制虫害的起因，从源头截断虫害的传播；

（2）早发现，早治理，把病虫害消灭在萌芽状态；

（3）聘请灭虫专家或专业灭虫公司进行虫害治理。

第三节　客房卫生质量控制

为了保证客房清洁与整理工作真正落到实处，切实地保障住店客人的利益，每个饭店都会建立一套完整的客房卫生质量控制体系。

一、客房卫生质量标准

客房卫生质量控制体系的第一个环节就是要确定明确的质量标准，也就是针对客房的每一个细节部位做出具体的规范要求。

(一) 整体

1. 感官标准

感官标准是指住店客人可以通过感觉器官,如视觉、听觉、味觉等,对客房卫生进行评价的标准,可以概括为"十无六净"。

(1) 清洁工作"十无"规定。"十无"包括:洗手间干净无异味;洁具干净无污迹;灯具明亮无尘埃;镜、窗明亮无痕迹;天花板、墙角无蛛网;地面干爽无积水杂物;地毯、沙发、桌椅无污渍杂物;环境整洁无积尘;设备齐全无残缺;墙壁、门柜无污渍。

(2) 清洁工作"六净"规定。"六净"包括:四壁净;地面净;家具净;床上净;卫生洁具净;物品净。

2. 生化标准

生化标准是指客房空气、采光、环境噪声等生物、化学方面的状况,是否具备不损害人体健康的卫生条件。具体包括:空气卫生质量标准;微小气候质量标准;采光照明质量标准;环境噪声允许值。

表4-3、表4-4分别介绍了客房相关项目的生化标准。

表4-3　　　　　　　　　　客房卫生标准值

项目		3～5星级饭店、宾馆	1～2星级饭店、宾馆和非星级带空调的饭店、宾馆	普通旅店招待所
温度　冬季	℃	＞20	＞20	≥16(采暖地区)
夏季		＜26	＜28	
相对湿度	%	40～65	—	
风速	m/s	≤0.3	≤0.3	
二氧化碳	%	≤0.07	≤0.10	≤0.10
一氧化碳	mg/m³	≤5	≤5	≤10
甲醛	mg/m³	≤0.12	≤0.12	≤0.12
可吸入颗粒物	mg/m³	≤0.15	≤0.15	≤0.20
空气细菌总数　a.撞击法	cfu/m³	≤1000	≤1500	≤2500
b.沉降法	个/皿	≤10	≤10	≤30
台面照度	lx	≥100	≥100	≥100
噪声	dB(A)	≤45	≤55	—
新风量	m³	≥30	≥20	—
床位占地面积	m²/人	≥7	≥7	≥4

表4-4　　　　　　　　　　公共用品清洗消毒判定标准

项目	细菌总数	大肠菌群(个/50 cm²)	致病菌(个/50 cm²)
茶具	＜5cfu/mL	不得检出	不得检出
毛巾和床上卧具	＜200cfu/25cm²	不得检出	不得检出
脸(脚)盆、浴盆、坐垫、拖鞋	—	—	不得检出

（二）房间物品摆放标准

1. 衣柜

（1）挂衣横杆上备置有店标的衣架；

（2）横杆上方有放物架，架上可放棉被或备用毛毯和开夜床后收起的床罩；

（3）化妆台下面放置洗衣袋、小购物袋、大购物袋，袋的数目按床位数计，每位各一个，每个洗衣袋放上干、湿洗衣单各一份，有的饭店将袋放在化妆台的抽屉里。

2. 化妆台、冰箱柜

（1）化妆台的一头放电视，一头放台灯，电视机也可以放在特制的电视机台几上；

（2）化妆台的中间放文具夹；

（3）化妆台下的中间放琴凳，一边放垃圾桶；

（4）化妆台上面的抽屉里放擦鞋布或纸两块，针线包两个；

（5）电冰箱放在冰箱柜里，冰箱里放各种听装软饮料及一个冰水瓶，冰箱柜的上方设小酒吧，放各种小包装的酒类，吧前放饮料及价目表。

3. 咖啡桌

（1）咖啡桌面放电热水壶一个，有盖茶杯两个，烟灰缸、茶叶盒各一个，这些物品最好放在漆盘或不锈钢盘里；电热水壶在中间，茶叶盒、烟灰缸成"一"字形与电热水壶成垂直摆放，凡饭店标志都要求向着客人；茶叶盒里放红茶、绿茶各两包；烟灰缸的右上角放火柴一盒，店徽向上。

（2）扶手椅摆在咖啡桌两边，不要靠墙。

4. 床头柜

（1）床头柜面一边放电话机，一边放烟灰缸；

（2）饭店电话指南一份（中英文印刷）放在电话机下面，电话簿一本、电话记录便条纸一本放在柜里一侧，电话本在下，记录纸上放圆珠笔一支；

（3）床头柜下放拖鞋两双，中间放鞋擦两个。

（三）标准客房卫生间设备用品的摆放规格

1. 化妆台及台上用品的摆放规格

（1）两个带封套的漱口杯并列外放在一边台角，两个带封套盒的牙膏牙刷套装并列斜放在杯前，与杯平行；

（2）洗浴液和洗头液各两瓶或两包"一"字形排列斜放在另一边台角；

（3）小香皂两块放在香皂碟里，香皂碟摆在洗浴液和洗头液前的中间；

（4）若有化妆品并列摆在右手边的台面上；

（5）上述物品若是用漆盘或藤篮盛放的，应整齐地排放在盘或篮里，盘或篮摆放在化妆台靠墙的一角。

2. "五巾"的摆放规格

（1）面巾两条，三折成长条形，店徽向外，并列挂在化妆台的毛巾挂杆上，面巾下沿平齐；

（2）方巾两条，三折成长方形，店徽向上，并排平放在面盆旁的云石台上；

（3）地巾一条，全打开，平铺在浴盆外边沿，店徽向外；

（4）浴巾两条，先三折成长条形，然后三折成长方形，店徽向外，并列平放在浴盆架上；

（5）浴衣一件，挂于卫生间门后挂钩上。

3. 面纸巾及卫生卷纸

（1）卫生纸一卷，打开包装纸装进马桶边墙上纸架盒里，拉出纸端折成梯形露出压在盒盖下；

（2）面纸巾装进化妆台上，毛巾挂杆下、墙面的纸巾盒里；打开封口，拉一张纸巾折成梯形露出压在盒盖下。

4. 其他

（1）贵宾清洁袋袋口向右，标志向上，放在马桶水箱盖面的中间、卫生卷纸下；

（2）浴帘挂在浴帘杆上拉到一端，下部吊在浴盆外；

（3）垃圾桶一个放在化妆台下一侧的墙边，桶外沿与梳妆台平行。

客房服务员

查房作业标准

1 查房的内容主要包括：

1.1 清洁卫生质量。

1.2 物品的摆放规格与数量。

1.3 设施设备的运转状况。

1.4 整体效果。

2 查房项目和标准如下：

2.1 房间检查的项目和标准。

2.1.1 房门。检查门锁及钥匙开启是否灵活；双锁是否有效，安全链、窥视孔、门铃、"请勿打扰"灯等是否完好；门把上悬挂的"请勿打扰""请即打扫"牌是否完好；检查门框、门面、门把手是否清洁完好。

2.1.2 壁橱。检查壁橱内有无备用羽绒被，并摆放整齐；衣架是否短缺，是否擦拭干净；洗衣袋是否齐全；洗衣单是否完好平整；衣刷、鞋拔等是否清洁完好；门、框、橱底是否清洁；衣橱灯是否正常。

2.1.3 酒吧台。检查酒吧台是否干净；酒、茶具是否干净无水迹；杯垫或杯盖、调酒棒、冰桶等物品是否齐全完好；酒水品种、数量是否齐全；冰箱运行是否正常。

2.1.4 行李柜、梳妆台、写字台。检查行李柜、写字台、梳妆台、桌面、抽屉有无损坏，是否擦拭干净；写字台上文件夹内各种文具、明信片、宾客意见书等是否齐全完好；台灯是否完好、灯罩接缝是否朝墙；梳妆镜、镜灯是否干净。

2.1.5 电视柜。检查电视柜是否完好无破损，擦拭干净；电视节目单是否完好；电视机使用是否正常。

2.1.6 窗台。检查窗台、窗轨、窗帘是否干净；窗帘移动是否灵活；窗户玻璃是否干净无尘土。

2.1.7 沙发、茶几、立灯。检查沙发、茶几是否干净完好，有无水迹及污迹；沙发座垫下面是否有纸屑、毛发和尘灰等物；立灯是否正常无污迹，灯罩接缝是否朝墙。

2.1.8 床头板、床头柜。检查床头板是否干净、有无污迹毛发；床罩是否完好、整齐；床单、枕头上有无破损、毛发及污迹；床是否保持平稳，床底是否有赃物。检查床头柜是否清洁；电话机等是否擦拭干净；电话按键是否灵活有效；便签夹、便签纸等是否齐全完好；有无"请勿在床上吸烟"牌。检查床头柜控制板的各种开关是否完好有效、床头灯是否完好、灯罩接缝是否朝墙。

2.1.9 空调。空调是否有效，开关是否灵活。

2.1.10 天花板和墙面。检查天花板是否有灰尘、蜘蛛网，有无裂缝、脱落及水迹，如有应及时通知房务中心，由房务中心联系工程部维修。检查墙纸是否有灰尘和污迹，如有应让服务员擦洗。墙纸破裂、起翘等应立即通知房务中心，由房务中心联系工程部维修。

2.1.11 地毯。检查地毯有无灰尘、纸屑、污迹或烟痕。如有应吸尘、除渍或修补，必须保持地毯清洁完好。

2.2 卫生间检查的项目和标准。

2.2.1 门。卫生间门的正反面应保持干净、无划痕，把手干净、使用灵活。

2.2.2 面盆、云石台。检查面盆、云石台是否干净，有无毛发和水迹；水龙头、放水阀使用是否正常。

2.2.3 浴缸。检查浴缸是否清洁，有无毛发和水迹；水龙头、淋蓬头、放水阀使用是否灵活；有无滴漏；浴帘是否干净，有无脏迹；晾衣绳使用是否自如。

2.2.4 坐厕。检查坐厕是否干净、是否畅通，坐厕内不得有污迹和黄斑。

2.2.5 不锈钢制品、镜子及其他物品。检查卫生间不锈钢制品及镜子是否干净、光亮，有无污迹和水迹；检查体重秤是否清洁，称套是否干净，有无脏迹和破损；检查吹风机、电话副机是否完好，是否擦拭干净；检查防滑垫有无污水、水迹和毛发。

2.2.6 客用品。按配备标准检查客用品是否齐全、整洁；面巾纸、卫生纸有无补充；"五巾"有无破损及脏迹，有无按规定摆放等。

2.2.7 天花板、墙面。卫生间天花板应做到清洁无灰尘、蜘蛛网，不能有裂缝、脱落和水迹。卫生间墙面不能有污迹和水迹，不能有毛发，应做到一尘不染。

2.2.8 地面。检查卫生间地面有无水迹、毛发、灰尘等。

2.2.9 脸盆及梳妆台。干净，镀铬件明亮，水阀使用正常，镜面明净，灯具完好。

2.2.10 抽风机。清洁，运转正常，噪声低，室内无异味。

2.2.11 客用品。品种、数量齐全，状态完好，摆放规范。

二、客房卫生质量控制途径

(一) 强化员工卫生质量意识

首先要求参与清洁的服务人员有良好的卫生质量意识；其次要不断提高客房员工对涉外星级饭店卫生标准的认识。

（二）明确清洁卫生操作程序和标准

清洁卫生操作程序符合"方便客人、方便操作、方便管理"的原则；清洁卫生操作的标准包括视觉标准和生化标准。

（三）严格逐级检查制度

客房的逐级检查制度主要是指对客房的清洁卫生质量检查，实行领班、主管及部门经理三级检查制，也包括服务员的自查和上级的抽查。实行严格的逐级检查制度，是确保清洁质量的有效方法。

1. 服务员自查

通过服务员自查不仅可以提高客房的合格率，还可以加强服务员的责任心和检查意识，同时，减轻领班查房的工作量。

服务员自查要求服务员每整理完一间客房，要对客房的清洁卫生状况、物品的摆放和设备家具是否需要维修等进行检查。

服务员自查的重点是客房设施设备是否好用、正常，客用品是否按规定的标准、数量摆放。自查的方式是边擦拭灰尘边检查。此外，在清扫完房间，准备关门前，还应对整个房间进行一次回顾式检查。

2. 领班普查

领班普查或领班检查是服务员自查后的第一关，常常也是最后一道关。因为领班负责OK房的报告，总台据此就可以将该客房向客人出租，客房部必须加强领班的监督职能，让其从事专职的某楼面客房的检查和协调工作。

（1）领班查房的作用。领班查房不仅可以拾遗补阙，控制客房卫生质量，确保每间客房都属于可供出租的合格产品，还可以起到现场监督作用和对服务员（特别是新员工）的在职培训作用。领班查房时，对服务员清扫客房的漏项、错误和卫生不达标情况，应出具返工单，令其返工。

（2）领班查房的数量。领班查房数量因饭店建筑结构（每层楼客房数的多少）、客房检查项目的多少以及饭店规定的领班职责的多少的不同而有所不同。一般而言，日班领班应负责约80个房间左右的工作区域的房间检查工作（负责带5～7个服务员）。日班领班原则上应对其所负责的全部房间进行普查，但对优秀员工所负责清扫的房间可以只进行抽查，甚至"免检"，以示鞭策、鼓励和信任。

（3）领班查房的顺序。一般情况下，领班查房时应按环形路线顺序查房，发现问题及时记录和解决。但对下列房间应优先检查：首先检查那些已列入预订出租的房间，尽快对每一间整理完毕的走客房进行检查，合格后尽快向客房中心报告；检查每一间空房的VIP房；检查维修房，了解维修进度和家具设备状况；检查每一间外宿房并报告总台。

3. 主管抽查

楼层主管是客房清洁卫生任务的主要指挥者。加强服务现场的督导和检查，是楼层主管的主要职责之一。主管检查的方式是抽查。抽查的好处在于这种检查事先并未通知，是一种突然袭击，所以检查的结果往往比较真实。

（四）设置《宾客意见表》

客房卫生质量的好坏，最终取决于客人的满意程度，所以搞好客房清洁卫生管理工作，要发挥客人的监督作用，重视客人的意见和反映，有针对性地改进工作。设置《宾客意见表》是一种较好的方法。意见表设计应简单易填，形式要轻松摆放要显眼。现许多饭店将它设计成《致总经理密函》，内有饭店总经理真诚热情的欢迎、意见请求、祝福致辞，附一份简单而较为具体的《宾客意见表》。客人好像在和朋友交流一般轻松自然地道出了各自宝贵的意见。

第四节　绿色客房

一、绿色客房的概念

绿色客房是指在饭店客房建设和经营管理过程中，坚持以节约资源、保护环境为理念，以节能降耗和促进环境和谐为经营管理行动，为消费者创造更加安全、健康服务的饭店客房。需要指出的是：绿色客房的"绿色"，其含义有三层，一是客房提供的服务本身是绿色的，即要为顾客提供舒适、安全，符合人体健康要求的客房；二是客房服务过程中使用的物品是绿色的，也就是要求用于服务的所有物品是安全、环保的；三是经营管理过程中注重保护生态和资源的合理利用。总之，要在确保服务品质的前提下，做到尽量节省能源、降低物质消耗，减少污染物和废弃物的排放。

二、绿色客房的意义

饭店是一个"高投入、高产出"的行业，为客人创造舒适生活空间需要大量的资源、能源，而绿色客房的创建可以使饭店客房在建筑设计、场地建设、装饰选材、环境绿化美化、物品采购等各个方面注重环境保护、注重人与自然的协调、注重人对资源及物品的朴实需求，引导顾客有效地节约资源、能源，并为顾客提供更加舒适、安全、环保、健康的客房。创建绿色客房具有以下意义。

（一）节约能源，降低成本

据专家测算，全国创建一万家绿色饭店，将能节电 30 亿度，相当于目前三峡发电站近一个月的发电量，是 167 万个城市家庭一年的用电量；节水 2 亿吨，相当于 20 个西湖的水量，是 185 万个城市家庭一年的用水量。客房是饭店创利大户，也是能源与物品的消耗大户。创建绿色客房，将为节约国家能源消耗，降低饭店的成本开支作出巨大贡献。

（二）倡导绿色消费，树立良好形象

现在越来越多的顾客，特别是国外顾客开始关心环境问题。据调查，90％的美国人在消费时更愿意购买绿色产品，66％的美国人甚至愿意支付更高的价格购买绿色产品。在青少年消费群中，也有大多数的消费者更愿意购买绿色环保组织的企业产品。绿色客房倡导绿色消费，符合消费潮流的变革趋势，体现了企业具有较高的环境法制观念和环境道德观念以及强烈的社会责任感，使顾客们感受到饭店在给他们提供优质服务的同时，也同样致力于保护环

境和可持续发展。这将赢得消费者的尊敬与信赖，更赢得政府的支持。大大提高饭店的公众形象和知名度，给饭店创造很大的无形资产和商业机会。

（三）强调社会责任，保护环境

通过创建绿色客房，使员工清楚意识到饭店经营除了商业化，还有社会责任和社会价值。这有利于提高员工工作的能动性和对饭店的信任，有利于员工队伍的稳定和增强饭店员工的环保意识和责任感，从而促进全社会的环保运动。

饭店对环境造成的污染有燃料燃烧时对大气的污染，排污水的污染及客房消耗物品所造成的固体废物污染等。创建绿色客房可以减少这些污染。

三、绿色客房的建设理念

（一）减量化原则

饭店用较少的原料和能源投入，通过产品体积小型化，重量轻型化，包装简朴化的途径，做到既降低成本，又减少垃圾，从而实现既定的经济效益和环境效益目标。据国外统计，高级饭店每天每间客房产生垃圾 3.2 磅（1 磅＝0.4536 千克），每个客人每餐产生垃圾 2 磅；中档饭店每天每间客房产生垃圾 1.7 磅，每个客人每餐产生垃圾 1.2 磅。由此可见，饭店越高档，消费越大，产生垃圾越多。而我国饭店产生的垃圾重量要更多些，这是因为除了高档饭店较多的原因之外，饭店环保意识不强，客人总体消费量大，食品并非净菜等原因。为此，饭店必须采取减量化的措施。

（二）再使用原则

饭店应贯彻物尽其用的原则，在确保不降低饭店的设施和服务标准的前提下，物品要尽可能地反复使用，把一次性使用变为多次反复使用或调剂使用；延长物品的使用期，推迟重置时间，凡能修理的就不要换新的，决不要轻易丢掉。饭店可将有些用品及其包装当作一种日常生活器具来设计，而不是用完之后一扔了之。客房盥洗室尽量采用能够重新灌装的容器，减少一次性用品的用量，如，用印有饭店名字和标志的小型肥皂取代小包装的肥皂，这样做一举两得：第一，可以减少包肥皂的包装纸，降低成本；第二，客人使用起来也比较方便。又如，瑞士饭店协会要求其成员鼓励客人反复使用客房的毛巾等用品。雅高集团的一家饭店在一个通知上写道："每天，饭店洗许多毛巾，其中多数毛巾是不必洗的。这使得大量的洗涤剂污染我们的水系统。您也能够对保护环境作出贡献——多次地使用您的毛巾。"

（三）再循环原则

再循环就是在物品完成其使用功能之后，将其回收，把它重新变成可以利用的资源——再生物质。饭店应设专人负责物品回收工作，不但要求员工回收物品，而且鼓励客人参与。饭店设立专门回收容器，要放置得当，上面应标有醒目的回收物品标记和字样，力求做到分类收集，一箱收一物。这样做，既便于人们将纸、塑料、玻璃等物品进行分类投放，也便于做好废物回收处理无害化与资源化。

（四）替代原则

为了节约资源，减少污染，饭店使用无污染的物品（包括天然的材料）或再生物品，作为某些物品的替代物。如餐厅使用纸质餐具替代塑料餐具，以减少污染。

节约自然资源、节能、节水是创建绿色饭店又一重要环节。据国外统计，能源支出约占饭店总支出的5%，如果采取有力而得当的措施，至少可降低20%～30%，即能源支出可降低到约占饭店总支出的3.5%～4%。节能办法通常有购置节能设备或者采取具体措施，如关闭不必要的电灯，客房冷暖空调客人可随意调节，推出"节能卡"。

节水关键是采用节水设备与采取节水措施，同时并举。除了采用"节能卡"办法外，还可用节水水龙头。饭店可把供水分为两种，"纯水"供饮用，"非纯水"供洗涮用。餐厅使用小水杯。同时，改进饭店的污水处理系统，以提高污水处理标准和水的再循环利用率。

四、绿色客房的措施

（一）绿色客房的建设

推出绿色客房的具体措施：房屋建筑物使用绿色建筑材料，即不使用含化学物质的材料和粘接装饰材料；房间的涂料、填料、密封剂、黏合剂、地面复盖物、墙面复盖物和家具都会散发VOC，即"挥发性有机化合物"，VOC对人的寿命造成的影响相当于被动吸烟，甚至使入住者患上"建筑物综合征"或导致过敏或癌症，这就要求绿色客房应采用无污染的"绿色装饰材料"和低能耗、节约不可再生资源和有利于生态平衡的"生态装饰材料"；客房地面宜用未经加工的地板原料或者天然石料；家具的制作，应避免使用可能引起过敏反应的化学合成板，塑料板或墙纸，可选择未经加工木材和玻璃制品或竹藤制品；至于厨房的装修可使用瓷砖、不锈钢或玻璃等无污染材料。即使要使用化合材料作装饰材料，也应严格控制VOC含量。据测定房间里VOC的含量少于$3mg/m^3$，才不会对人造成危害。此外，客房应使用绿色用品，如天然纤维、棉、麻织品的用品，绿色文具、绿色小冰箱、节能灯等。

（二）客房的绿色管理

（1）选择那些同意将其产品废弃物减少到最小程度的供应商，或者坚持生产厂商将非必要的包装减少到最少或重新利用；

（2）注意回收旧报纸、易拉罐和玻璃瓶等，并将有机物垃圾专门堆放在一起；

（3）合理安装各种设施设备，减少能源浪费现象；

（4）在客房中注意使用各种节能设施设备及节能新技术；

（5）节约用水；

（6）鼓励住宿超过一天的客人，继续使用原有的毛巾或不更换床单，以减少清洗所需的水和洗涤剂用量；

（7）减少客房整理次数；

（8）对于预计当天离店的客人所住的房间，要求当班服务员在客人离店后整理；

（9）减少使用含氯氟烃的产品，含氯漂白剂和漂白过的布草；

(10) 尽可能使用有利于环境保护的商品和可再生利用的产品；

(11) 改变客房卫生用品的供应方式。

（三）洗衣房的绿色管理

(1) 节约洗涤用水；

(2) 在洗衣房安装水回收器，对废水回收处理，重复使用；

(3) 对洗涤剂的使用量加以控制；

(4) 尽可能减少含氯漂白剂的使用。

客房服务员

客房部节能降耗实施办法

项目	节能实施措施
计算机打印机	中心：一台保持24h开机。打印机随用随开
	库房：8:00am～下班关闭。打印机随用随开
	办公室：8:00am～下班关闭。打印机随用随开
饮水机	中心：11:00pm～次日7:30am（关闭状态）（夜班饮水临时通电）
	库房：8:00am～下班关闭
	地下办公室：8:00am～下班关闭
	楼层：8:30am～22:00pm。早班开，中班关
空调	房间：夏季，26℃；冬季，21℃ 每日18:00pm后将预定房的空调开启，并按规定将温度锁定，关闭窗户；客人到店前半小时将房间空调打开
	楼层通道（只开到2挡）： 　　夏季6月～10月，每日11:30am开启，22:30pm关闭，温度为26℃ 　　冬季11月～次年2月，开房率高，楼层预定房超过5间时，每日11:30am开启，22:30pm关闭，温度为21℃
灯具	白天清扫房间： 　　拉开窗帘，打开窗户通风。关闭房间所有灯（客人在除外）。清扫卫生间只开镜前灯和浴缸顶灯
	开夜床： 　　开完夜床后，标间只开床头灯，单间只开靠卫生间的床头灯，套房开客厅顶灯和床头灯。其他灯处于关闭状态
	员工工作间：随手关灯，随手锁门
	布草间：人在灯亮，人走灯关，随手锁门
	楼层过道：22:00pm～7:00am开壁灯。7:00am切过道筒灯
	楼层过道：7:00am～22:00pm开过道筒灯。22:00pm切壁灯
	电梯厅：22:00pm～7:00am开筒灯。切开灯带，两个筒灯（18F、19F、21F除外）
	电梯厅：7:00am～22:00pm开灯带，两个筒灯。切筒灯（18F、19F、21F除外）

项目	节能实施措施
楼道门	东西防火门及双扇门及时关闭，防火、防盗。楼层温度视情况用中央空调进行调整，调整到适宜温度时及时关闭
房间窗户	充分利用春秋交替季节自然风调节室内温度，夏季和冬季房间空调开启时窗户关闭
冰箱半导体	不使用时不接电源。封楼时全体断电。冰箱温度为 2℃
电视	音量为 10。做房时关闭电源，不要处于待机状态（液晶电视除外）
空调	根据季节，温度可适情况调整。预订房提前开启
热水器	早班：8:00am 开启　　　　　　中班：22:00pm 关闭
消毒柜	消毒程序完成后断开电源
毛巾柜	使用时提前半小时开启准备，其他时候断电
电梯	客用电梯：禁止使用（特别事宜需经经理同意） 员工电梯：三层楼之内且没有携带重大物品步行
清扫 用水	禁止出现长流水现象 禁止用热水做卫生清洁（除冬季） 清洗一件物品开启一次水源，清洗完毕立即关闭
清洁剂	清洁剂使用由库管员按标准提前进行配制，使用时另用小瓶装，避免超量使用带来的用水量增加和清洁剂副作用 所有洗涤用品均按标准使用 使用完毕以空瓶更换或用空瓶来领取（禁止使用矿泉水瓶盛装）
客用水	中班开夜床放环保卡，提醒客人环保，减少床单的洗涤频率，降低水污染、洗涤用水量和原料成本 通过管井开关控制、降低面盆冷热水单位出水量 卫生间放环保提示卡，引导客人少用或多次使用巾类，减少洗涤频率，降低水污染、洗涤用水量和原料成本
工作间水池用水	水龙头随开随关，对水节约利用
低值易耗品	拖鞋： 　　清扫住客房时客人用过的拖鞋不给予更换，把用过的拖鞋整齐摆放于床边方便并促使客人再次使用。客人退房后，将拖鞋回收清洗后挑选再利用 矿泉水： 　　清扫住客房时客人打开的半瓶矿泉水不给撤出，直到客人退房。退房后用半瓶矿泉水养竹子 其他用品： 　　清扫住客房时客人使用过的香皂、牙具、梳子不撤掉，只把新的配在一边，促使客人仍然使用用过的一次性用品，从而做到节约 　　在清理退房时，如发现能有价值的一次性用品（洗发水、沐浴液、润肤露、纸张等）要进行回收 　　服务员禁止使用客用纸和笔，杜绝浪费 　　服务员禁止带包上下楼
棉织品	严格按库存配备，每日清点、交接，如丢失则需赔偿 对于住客房的床上布草，可视清洁情况稍作整理，不脏的不予更换，对长住客的床上布草，可视情况三天更换一次 引导住客客人环保，悬挂起的巾类不予更换

记忆力

一、选择题

1. 对下列不同房态：①空房；②VIP房；③普通住人房；④走客房；⑤请即打扫房，旺季时清扫顺序排列正确的是_____。

    A. ⑤②④③①   B. ②④⑤③①

    C. ④⑤③①②   D. ⑤①④②③

2. 下列不属于客房清扫基本方法的是_____。

    A. 从上到下   B. 从里到外

    C. 环形清理   D. 先卫生间后卧室

3. 下列空房整理做法不对的是_____。

    A. 每天进房开窗、开空调进行通风换气

    B. 用干净的抹布除去家具设备及物品的浮尘

    C. 每天将浴缸和脸盆的冷热水及便器的水要放流1~2分钟

    D. 如果客房连续几天空房，则要进行彻底清扫

4. 客房擦拭中需要干湿分开，_____应注意使用干抹布，切勿使用湿抹布擦拭。

    A. 房门   B. 酒柜   C. 梳妆镜   D. 灯具

5. 马桶清洁剂属于_____。

    A. 酸性清洁剂   B. 碱性清洁剂   C. 中性清洁剂   D. 溶剂

二、填空题

1. 卫生间的主要卫生设备有_____、_____和_____三大件。

2. VC房是指干净的空房，可直接出售，安排客人入住，也称为_____。

3. 客房服务员去客房清洁房间，敲门后需等待_____秒，以便客人有一定的反应时间。

三、判断题

1. 客房服务员在清洁卫生间时，可以用卫生间的脏布草作为抹布使用。（   ）

2. 选择清洁剂，不能仅注意清洗效果一面，还应考虑到对建筑材料和环境的影响。（   ）

3. 为使床垫各处的磨损和受力均匀，一般应每周定期翻转床垫一次。（   ）

分析力

一、简答题

1. 客房清洁剂使用中应注意哪些问题？

2. 住客房清洁过程中应注意哪些事项？

3. 如何做好客房的计划卫生？

4. 如何进行客房卫生质量控制？

二、论述题

1. 试述走客房的清洁程序。

2. 建设绿色客房有什么重要意义？谈谈你对绿色客房建设举措的思路。

三、分析题

1. 在我国饭店业刚刚兴起时，主要采用西式做床，而目前绝大多数饭店则开始采用中式做床，二者有何区别，为什么西式做床逐渐被淘汰？

2. 如果两间房间同时挂"请即打扫"牌，而此时只有一位服务员时，怎么办？

3. 如果你按正常程序敲门入房，发现客人刚好从床上起来，你将如何处理？

🔍 实 训

项 目 一：中式做床
实训目的：通过训练能够熟练地进行客房清洁服务工作中的中式做床
实训内容：甩单、包角、装枕与装被
实训考核：对每位同学进行实训效果考核

《中式做床》考核表

班级_____ 姓名_____ 学号_____ 时间_____

考核项目：中式做床

姓名	床体调整(1分)	站立位置(1分)	甩单(2分)	包角(2分)	装枕(1分)	装被(2分)	整体效果(1分)	得分(总分10分)

考核教师_____

项 目 二：卫生间清洁
实训目的：通过训练能够熟练地进行客房清洁服务工作中的卫生间清洁
实训内容：对卫生间的浴缸、恭桶与面盆进行全面清洁
实训考核：对每位同学进行实训效果考核

《卫生间清洁》考核表

班级_____ 姓名_____ 学号_____ 时间_____

考核项目：卫生间清洁

姓名	面盆(1分)	恭桶(2分)	浴缸(2分)	用品摆放(2分)	墙面(1分)	地面(1分)	整体效果(1分)	得分(总分10分)

考核教师_____

第五章 公共区域清洁与保养

学习目的

● 了解公共区域清洁与保养的方法
● 熟悉公共区域清洁与保养的工作流程
● 掌握各类公共区域清洁与保养的工作步骤
● 掌握公共区域服务的内容

学习要点

● 公共区域清洁卫生的范围
● 公共区域清洁工作流程
● 大堂的清洁与保养
● 公共卫生间的清洁
● 公共区域服务

关键词： 公共区域　清洁保养　PA服务

第一节　公共区域概述

饭店公共区域（Public Area，PA）就是提供给住店客人共有共享的活动区域，主要包括大堂、楼道、楼梯、电梯、公共卫生间、楼外广场、停车场（库）等，这些部位的卫生清洁也是饭店为宾客服务的重要工作内容。饭店客房部一般下设PA部（或称为PA组），主要负责饭店公共区域的清洁、保养与服务工作。

一、公共区域清洁卫生的特点

（一）管辖范围广，对饭店声誉影响大

由于公共区域涉及的范围相当广，包括大堂、会议室、楼道、楼梯、电梯、公共卫生间、楼外广场、绿地、外墙立面、停车场（库）、娱乐场所等，公共区域的客流量非常大，客人活

动频繁，这就给公共区域的清洁工作带来不便和困难。

（二）工作繁杂琐碎，不易控制

公共区域的清洁工作烦琐复杂，工作时间不固定，人员分散，因此，造成其清洁卫生质量不易控制。

（三）劳动条件艰苦，人员变动大

下榻饭店的人员，来自社会的四面八方和世界各地，对所提供的服务有着很高而不同的需求，PA组应尽量满足不同客人对公共区域清洁卫生的不同需求，使客人下榻到饭店能够感受到一种"到家"的感觉。这就要求PA人员做到观察细致，时刻掌握客户的需求。所以，对饭店PA人员来说，应具有较高的素质。

二、公共区域清洁卫生的范围

（一）大堂清洁

大堂地面的清洁，扶梯、电梯清洁，大堂家具清洁，铜器上光等是由客房部PA组所完成的，由于饭店大堂是饭店的门面，因此大堂清洁是PA组工作的重中之重。

（二）门庭清洁

饭店大门前要不停清扫。门前清扫通常应先喷洒适量水后再清扫，以防起灰尘；对汽车带到门前泥沙、污渍及时清理，门前的花盆、花槽、防滑地面毡下的泥沙每天要清理两三次，地毡要定期换洗，门前的地面也要定期用水冲洗，一般每星期应冲洗一两次。

（三）餐厅、酒吧、宴会厅清洁

饭店内餐厅、酒吧、宴会厅以及一些其他营业部门的公共区域也属于PA组的工作范畴，PA组必须保证这些场所清洁卫生，以使客人对这里的环境有一个良好的印象。

（四）绿化布置

做好饭店室外庭园、花坛、绿地、喷水池、屋顶花园、屋顶平台及其他所有室外健康娱乐场所等的绿化养护工作，及时修剪草木，定期去除杂草；做好饭店室内外公共区域、高级客房的绿色植物摆放、更换工作，以美化环境；对于草地、盆景、花木等应按规定进行浇水、施肥、修枝整形、除草灭虫等工作；庭院、花园的地面一般每周应用水冲洗一两次。

（五）停车场

停车场地面，每天应用扫帚清扫，及时除去地面上的垃圾，同时停车场还应用拖把定期擦洗。

（六）饭店外墙清洁

饭店外墙应定期清洗，既可由饭店自行清洗，也可委托专门的清洁公司进行。

三、公共区域清洁卫生的质量控制

公共区域清洁卫生具有涉及面广，工作项目烦琐，人员变动较大等特点，为保证其工作质量，提高工作效率，必须实行相应的控制措施。

（一）严格制度

为了保证卫生质量，控制成本和合理调配人力、物力，必须对公共区域某些大的清洁保养工作，采用计划卫生管理的方法，制定计划卫生制度。如墙面、高处玻璃、各种灯具、地毯洗涤、地面打蜡等，不能每天清扫，需要像客房计划卫生一样，制订一份详细、切实可行的计划，循环清洁。清扫项目、间隔时间、人员安排等要在计划中落实，在正常情况下按计划执行。对交通密度大和卫生不易控制的公共场所卫生工作，必要时应统一调配人力，进行定期突击，以确保整个饭店的清新环境。

（二）责任到人

由于公共区域卫生工作面积大，工作地点分散，不易集中监督管理，且各类卫生项目的清洁方法和要求不同，很难统一检查评比标准，所以不仅要求每个服务人员具有较高的质量意识和工作自觉性，同时也要做到分类管理，定岗定人定责任。可将服务员划分成若干个小组，如楼道组、花园组等。注意做到无遗漏，不交叉。

（三）加强管理

公共区域管理人员要加强现场巡视，要让问题解决在可能发生或正在发生时，因为一旦清洁卫生遗漏、失误或欠缺已成事实，首先感知的往往是公众。所以公共区域各类清洁项目应有清楚的检查标准和检查制度，以及制作相应的记录表格。管理人员要对清洁卫生状况进行密切监督，定期或不定期的检查和抽查，才能保证公共卫生的质量，才能维护公共区域的形象。

第二节　公共区域清洁与保养工作流程

一、公共区域清洁与保养的准备工作

（一）安排好清洁与保养时间

饭店的公共区域是饭店的客人活动频繁的场所，在对公共区域进行清洁与保养前，应根据客人活动的时间规律，安排好不同区域的清洁与保养时间，原则上应不影响客人的活动和各部门的正常营业，一般日常清洁可在营业时或客人活动的间隙进行，而彻底的清洁与保养则应在营业结束后或基本无客人活动时进行。

（二）领取工作钥匙和有关工作报表

清扫卫生前，服务员应先到领班处领取某些公共区域如餐厅、酒吧、商场、歌舞厅等处的工作钥匙和有关的工作报表，同时应听取领班对当天工作任务的安排和要求。

（三）准备好清洁器具和清洁剂

1. 准备清洁器具

清扫公共区域卫生前，先根据不同的清洁区域和清扫任务，准备好相应的清洁设备和各种清洁器具。

（1）清洁高处卫生应准备好梯子等用具，使用前先检查是否完好，有无损坏。

（2）清洁地面卫生，应准备好吸尘器，洗地毯机、打蜡机、拖把、尘推等。清洁器具应保持干净，完好无故障，若发现机器设备有漏电等异常现象，停止使用并及时报修。

（3）清洁其他场所的卫生，可根据情况准备好玻璃清洁器、抹布、胶皮手套、扫帚、簸箕等。

2. 准备清洁剂

根据被清洁对象的物性及要求，准备好各类清洁剂，并按规定进行稀释，放在特定的容器中。

（四）做好公共区域场地的准备工作

清扫公共区域卫生前，应根据清洁任务要求的不同，对某些场地做些准备工作。如地毯吸尘前，最好把家具先挪开，等吸完尘再放回去，可以取得更好的吸尘效果；清洗地面前，应先把家具等搬开，等清洗完地面后，再放回去。

（五）检查仪容仪表

服务员的仪容仪表不仅体现员工的个人素质，而且反映饭店员工的精神面貌，体现饭店的服务标准，是对客服务质量的组成部分。PA组员工在从后台进入服务区域之前，应先检查仪容仪表。具体要求如下：上岗必须穿饭店规定的制服以及鞋袜，男员工穿黑色袜子，女员工穿肉色丝袜；服装必须熨烫平整，纽扣齐全，干净整洁，证章端正地佩戴在左胸处；皮鞋保持清洁光亮；面容清洁，男服务员每天修面，不留胡须，女服务员化淡妆，口红、眼影、指甲油、香水的使用一定要适量，不可浓妆艳抹；发型美观大方，经常梳理，男服务员发脚侧不过耳，后不过领，女服务员长发须用黑色发结束起，不得加其他头饰。

二、大堂的清洁与保养

大堂是饭店的"门面"与"窗口"，是给客人留下第一印象和最后印象的地方，大堂的卫生清洁与否从一个侧面反映着饭店的管理水平和服务水平。大堂日夜使用，需要日夜不停地进行清洁与保养。

（一）饭店大堂清洁与保养的标准与程序

1. 标准

（1）饭店大堂和入口处要随时保持清洁；

（2）保持大堂内外大理石地面光亮；

（3）保持大堂各处告示牌、各种家具光亮无积灰；

（4）保持立式垃圾桶、烟灰缸清洁；

（5）保持大堂整个区域的周围环境清洁、整齐。

2. 程序

（1）领取清洁设备物品。从公共区域仓库或客房部仓库领取所需的所有清洁设备，主要有吸尘器、拖把和拧干机、除尘推、簸箕和扫帚、清洁布和清洁剂、垃圾桶或垃圾袋以及梯子等。

（2）大堂地面除尘。进行大堂地面除尘工作时，注意以下程序。

①首先准备好尘推（已喷过牵尘剂）；

②推尘时，握杆的手靠在腹部，尽量保持直线向前，从一头开始推进，平行地来回往复，行进中尘推紧贴地面，不能抬起，以免灰尘飞扬；

③拐弯时，尘推应做180°转向，始终保持将尘土往前推，尘土积到一定程度时，应将尘土推至一边并用扫帚或吸尘器除去；

④尘推积尘过多应及时更换，以达到较好的推尘效果；

⑤尘推用完后放回工作间应将尘头向上摆放；

⑥擦亮大理石地面。

（3）用吸尘器为地毯吸尘。

（4）台阶的清洁。进行台阶的清洁时，注意的操作程序如下。

①如有大的脏物或砂粒须用扫帚轻轻扫起；

②地脚线（防滑条）内脏物，必要时须用铲刀清理然后扫起。

（5）打扫进出口的外面。

（6）告示牌的清洁。清洁告示牌时，应注意以下程序。

①各欢迎牌、留言牌、指示牌、广告牌等不定时用湿布擦拭浮灰；

②注意告示牌的位置，随时摆放整齐；

③擦窗户和镜子。

（7）家具抹尘。用抹布擦拭大厅内摆放的所有家具上灰尘及手印，并适时打家具蜡，保持光亮。

（8）打扫电梯。仔细打扫、擦拭电梯门、门壁、保持电梯的洁净。

（9）擦亮铜和不锈钢制品。干花台面、玻璃扶手等均需每日擦拭多次，做到上面无浮尘。

（10）清洁墙壁。可用抹布将墙壁进行擦拭、除尘、保持其干净。

（11）立式烟灰缸、垃圾筒的清洁。清洁立式烟灰缸、垃圾筒时，应注意如下操作程序。

①经常查看大堂公共区域的垃圾筒和烟灰缸，发现有烟头及时清理，烟头最多不超过3个；

②经常查看立式烟灰缸上的砂粒，有脏物及时清理，如砂粒结块，应挑出后，集在一块然后去清洗，晾干备用；

③每日擦拭立式垃圾筒数次，筒身金属处须上护理液，擦拭至光亮；

④经常倾倒客休处烟灰缸里面的烟灰，替换时先把干净的烟灰缸盖在脏的烟缸上面然后一起撤出，再把干净的放在桌面上。

（12）将清洁设备用品归还到仓库。

如图 5-1 所示是 PA 组员工正在进行大堂清洁。

图 5-1 大堂清洁

（二）大堂清洁与保养计划

1. 大堂日清洁

（1）推尘。饭店大堂一般是硬质地面，并且客人白天活动频繁，必须不停地进行推尘，使地面保持光亮清洁。雨雪天时，应在大厅入口处铺上踏垫和小地毯，放上存伞架。

（2）清理烟灰缸和沙缸。公共区域的烟灰缸应及时替换，烟头不得多于饭店规定的数量标准。替换时，必须用托盘盛放干净的烟灰缸，先用干净烟灰缸放到脏烟灰缸上面一起拿掉，放到托盘里，然后将干净的烟灰缸换上。若此时有客人正在使用烟灰缸，则应把干净的烟灰缸放回原处，以方便客人使用。若发现沙缸内有烟头、纸屑等杂物亦应及时清理掉。

（3）整理座位。大厅休息处的沙发、茶几、台灯等，由于客人使用频繁，必须随时整理归位，地面上，沙发、茶几上若有果皮、纸屑，应及时清理，对倚在扶手靠背上的客人应劝其坐在沙发座上，不允许在沙发上睡觉。

（4）除尘。负责大厅清洁的服务员必须不断地巡视大厅各处，抹去浮尘，包括大厅内各种指示牌、公用电话机、总服务台、台面灯座、电梯厅、花盆（拣去烟头、火柴梗等）和大厅玻璃门等。

（5）其他工作。大厅休息处若铺有地毯，服务员应定时吸尘，定时用酒精清洁公用电话，还应清洁大厅公共洗手间，经常用抹布擦拭大厅区域绿色植物枝叶上的浮灰，清理过道地面等。

上述工作，一般在日间进行，服务员应根据客流情况，一般要求 1h～2h 循环一次，进行上述工作时应尽量不影响客人和其他员工。

2. 大堂晚清洁

大厅进一步的清洁与保养工作，一般在晚间进行，因为那时人流量减少，影响较小，夜间大厅服务员的工作内容主要有吸尘，清扫地面，用拖把拖洗大门外的地面，洗刷地毯，家具除尘，倒净并擦净烟灰缸和污物筒，擦净墙上、木器上、金属面上、门上、把手上等处的指印或污点，用铜油或不锈钢清洁剂擦净擦亮所有铜器、不锈钢器具，洗净擦亮所有的玻璃门和镜面。

经典案例

某饭店，PA服务员小张在晚上12：00开始了对大厅地面的清洁工作。她先把清洁剂洒到地面准备拖地，突然想到没有放置安全警示牌，她先用抹布把洒有清洁剂的地面围起来，急忙去拿警示牌。正在这时两位在饭店夜总会消费后离店的客人出现在大厅里，小张正想提醒客人注意安全，不想客人已经走到洒有清洁剂的地面，一位客人摔倒在地。客人极为不满，向饭店大堂副理进行了投诉，饭店免费为客人清洗了弄脏的衣物，并赔付了一定的医疗费。

案例点评

该案例显示PA服务员没有按照清洁程序工作，先放置安全警示牌，后进行清洁操作，尽管是在客人较少的深夜工作，但仍然不可避免地有客人突然冒出，导致对客人形成伤害，造成饭店的损失。

3. 大堂周清洁

大厅、电梯厅等公共区域每周一次的清洁与保养工作如下。

(1) 清洁电话间与电话亭；
(2) 木器家具的蜡上光；
(3) 清洁窗台；
(4) 对百叶窗进行吸尘；
(5) 用装有长吸管的吸尘器对天花板通风口除尘；
(6) 用装有清洁缝隙设备的吸尘器对踢脚板进行吸尘；
(7) 大厅地面清洗并打磨抛光；
(8) 擦拭应急灯等设施；
(9) 清理各处死角的卫生；
(10) 公共卫生间的彻底清洗。

4. 大堂月清洁

(1) 对软面家具和窗帘进行吸尘，如灰尘堆积得很快，则应根据需要及时吸尘；
(2) 对灯座及各种装饰性摆设进行清洁、打蜡，减少灰尘堆积；
(3) 清洁干洗休息处地毯；
(4) 窗户每月轮洗一次，平时若有脏迹应及时清洁；
(5) 对门框及门锁进行除尘；
(6) 公共区域尤其是大厅的墙面进行清洗；
(7) 走廊灯、吊灯和吸顶灯的清洁；

（8）金属、石材或本制家具的清洁、打蜡。

5. 大堂季清洁

（1）坐椅的坐垫，靠背与扶手的清洗；

（2）帷幔与软墙体的清洗；

（3）湿洗地毯等。

三、电梯的清洁

饭店的电梯包括客用电梯、职工电梯、餐梯、货梯等几种，而客用电梯也和大厅一样，是客人使用频繁，需经常清理地方，现代饭店多使用自动电梯，其清洁保养难度更大。

对客用电梯的清洁一般分午、晚、深夜三次进行，清洁项目主要是天花板、灯、墙面、镜面、电话机除尘及地面吸尘，要特别注意对金属部分或镜面的除渍保养，对电梯按钮也要不时用干抹布擦拭，以保持清洁。

电梯内的地毯整天都受到踩踏，十分容易受损，有条件的饭店可采取每天更换"星期地毯"的办法来解决电梯地毯特别容易脏的问题，应注意的是"星期地毯"应在每日零时准时换好。

对饭店的其他电梯也应参照客用电梯的清洁方法进行清理保养，以保证饭店所用电梯的清洁卫生质量。

四、公共卫生间的清洁

（一）公共卫生间清洁的标准与程序

1. 标准

（1）公共区域的卫生间必须经常打扫；

（2）必须随时保持清洁和消毒；

（3）至少每周彻底清洁一次；

（4）台面、镜面、地面无水珠；

（5）地面、墙壁无灰尘，无污迹；

（6）马桶、立式便池无污水迹，无发丝；

（7）洗脸盆无污迹，无发丝，无杂物；

（8）卫生间门清洁无灰尘；

（9）不锈钢设备光亮，不发黑；

（10）如有设备损坏，应及时报修。

2. 程序

（1）首先把告示牌放在即将清洁卫生的洗手间门口，再把提前准备好的药水、工具（如干净毛巾、玻璃清洁剂、不锈钢护理液、厕所去污剂、马桶刷、全能水等）；

（2）向所有马桶内喷入洁厕剂，放置一段时间，使化学药剂充分起反应；

（3）收集所有的垃圾，装入垃圾袋内，向垃圾箱上喷洒多功能清洁剂，用海绵清洁擦干并更换塑料垃圾袋，从卫生间撤出垃圾桶脏物及烟灰缸烟头；

（4）清洁墙面；

（5）擦镜子；

（6）清洁面盆（洗手池），喷上多功能清洁剂，冲洗并用海绵擦净，水龙头清洁后要用干布擦干；

（7）清洁便池，从内部开始，尤其是边缘，用马桶刷或拖把，清洁外部和后部，擦亮金属部件；

（8）小便器的清洁也需要使用洁厕剂浸泡冲洗，注意清洁外部的最下沿；

（9）清洁地面，先湿拖再擦干；

（10）补充消耗品（如手纸、香皂），物品摆放整齐；

（11）检查设施情况（如马桶是否下水，便池是否有感应，灯泡有无破损等），查看原有设施设备是否有丢失，损坏及时报修，若发现是故意损坏应及时上报部门或保安。

（二）公共卫生间的小清理

一般要求每隔一小时小清理一次，每日夜间及下午 15：00～16：00 客人活动低峰时，各安排一次彻底清洁，使公共卫生间始终保持清洁、干净、无水迹、无污渍。

（1）检查卫生间设备有无损坏；

（2）倒空所有垃圾桶，换上干净垃圾袋；

（3）放水冲净马桶、便池等，将座厕清洁剂倒入；

（4）戴上橡胶手套，用经消毒剂浸泡过的抹布擦拭马桶、污迹；

（5）用清水冲净漂清消毒剂残留液，再抹干，要不留水迹，污迹；

（6）用柔软的平纹抹布擦净擦亮镜面、金属器件；

（7）用马桶刷清洁马桶，用经消毒剂浸泡的抹布擦拭马桶座圈、外壁及水箱，再洗净、抹净，刷洗便池；

（8）配齐肥皂、卷纸等物品；

（9）拖净或擦净地面，使其无水迹，无污渍。

五、经营场所清洁

经营场所包括餐厅、酒吧、多功能厅、歌舞厅、商场、会议室及康乐区域等。其正常清洁工作一般由各营业点自行承担，而客房部的公共区域组则负责其彻底的清洁与保养，但应根据其地面材料、营业时间等的不同分别进行。

1. 标准

（1）经营前完成清洁工作；

（2）营业区域的清洁要根据营业时间合理安排，并在中间进行小清洁；

（3）营业区域的总清洁应在每天半夜进行。

2. 程序

（1）从仓库领取所需的清洁设备用品，主要如下。

①吸尘器、抛光机；

②拖把、挤水桶和湿地板标志；

③除尘推、簸箕和扫帚；

④清洁布和清洁剂；

⑤垃圾桶或垃圾袋；

⑥簸箕和扫帚等。

（2）尽可能挪开桌子、椅子和沙发。

（3）为地毯吸尘并进行点清洁。

（4）从门口开始，以顺时针方向，从上到下进行抹尘。

（5）拖地板。

（6）从里到外用抛光机擦亮地板。

（7）检查。

（8）将工具送回仓库。

六、地面的清洁

（一）地毯

1. 去除地毯上的污渍

（1）去除地毯上的污渍标准主要如下。

①定期检查地毯的状况看是否有污渍需要清理；

②避免使用酸性或碱性过高的清洁剂；

③不要将太多的清洁剂置于地毯上。

（2）去除地毯上的污渍主要程序如下。

①用吸湿性强的抹布吸干液体或溅出物；

②分块使用苏打水，并停留一段时间使其产生作用；

③只在有污渍的范围进行擦刷；

④坚持在污渍范围内从外到内进行工作；

⑤用刷子轻轻地刷，使地毯上的毛直立起来；

⑥不同的污渍使用不同的去渍剂和不同的处理方法。

客房服务员

污渍	处理方法
油渍 乳酪、圆珠笔印、钢笔墨水等	移开上面的物品，用一种干洗液清洁 烘干地毯 地毯干燥后轻刷软毛
油性食物、动物油 咖啡、血渍、茶渍、色拉油、奶渍、肉汁、巧克力、鸡蛋或呕吐物等	移开上面的物品，吸干液体和半流体的碎屑 使用苏打水清洁 烘干地毯 地毯干燥后轻刷软毛

污渍	处理方法
食物、浆、糖 糖、软饮料、酒精饮料、果汁、可洗涤墨汁、大小便等	吸去液体或刮去半流体 使用清洁剂——醋水溶液清洁 烘干地毯 地毯干燥后轻刷软毛
较重的油脂、口香糖 口香糖、油污、口红、油漆、焦油、蜡笔等	移开上面的污物，使用干洗液清洁 烘干地毯 地毯干燥后轻刷软毛

2. 全面清洗地毯

(1) 全面清洗地毯的标准如下。

① 定期检查地毯的状况看是否需要全面清洗；

② 避免使用过热或过冷的水清洗地毯；

③ 不要将太多的清洁剂置于地毯上。

(2) 全面清洗地毯的程序如下。

① 准备好吸尘器、洗地机、地毯清洗机、吸水机和烘干机、板刷等；

② 准备好按照规定比例稀释的清洁剂；

③ 将稀释好的清洁剂倒入清洗机里；

④ 将清洗区域的家具和物品搬开；

⑤ 用吸尘器首先对地毯吸尘；

⑥ 从里到外进行清洗，清洗时注意是否有磨损的地方；

⑦ 对机器不能清洗干净的地方进行手工清洗；

⑧ 使用烘干机烘干地毯；

⑨ 地毯干燥后，使用板刷使地毯上的软毛直立起来；

⑩ 将所挪动的家具放回原位；

⑪ 将机器和工具送回仓库。

(二) 木地板

木地板的清洗程序分为扫地、推尘、湿拖、上蜡四个步骤。

(1) 扫地。扫地时，首先准备好扫把、垃圾铲和扫地机；然后使用扫地机一般以来回运行进行操作。

(2) 推尘。推尘时，首先准备好尘拖和吸尘剂；然后将尘拖放在地上，以直线方向推尘，尘拖不可离地。注意若尘拖失去粘尘功能，需用吸尘剂处理后再用。

(3) 湿拖。湿拖时，注意以下主要内容。

① 准备好地拖、地拖压干机、水桶及清洁剂等设备物品；

② 将需要湿拖的地方先扫干净；

③依照要求将适量清洁剂配入水桶中；

④使用在水桶中浸泡过的地拖拖地；

⑤将湿拖把置于压干机内压干水分；

⑥用干拖把将地面拖干；

⑦清理顽劣污渍；

⑧重复上述拖地步骤，直到地面清洁干净。

（4）上蜡。上蜡时，注意以下主要内容。

①准备好地拖、蜡拖压干机、水桶及蜡水或液体蜡；

②使用尘拖拖地；

③将蜡水注入蜡拖内，用直线方法将蜡落于地面；

④待蜡面完全干后（约 30min），再重复上述方法。

（三）大理石地面

1. 日常清洗

（1）对推尘去除不掉的蜡面局部脏迹和一些走动较多的，有磨损印或鞋跟印的地面，喷上蜡后，用抛光机加上百洁垫进行抛光，也可以将落下的面蜡屑带入百洁垫内，而且抛光后，会在地面留下一层薄薄的新蜡起到光洁地面的作用；

（2）抛光时，先对机器前方地面喷蜡，然后再用机器抛光，同时喷蜡要均匀也不可太远，以免机器未抛到时蜡已干了；

（3）抛光蜡勿喷到墙面上、家具上或其他物品上，一般距离物品约 70cm 即可；

（4）在进行抛光时，若百洁垫沾满脏物应及时清理或更换；

（5）抛完后，用尘推将被磨散的蜡屑和灰尘推走；

（6）最后将百洁垫清理干净备用。

2. 定期清洗

当推尘和抛光无法去除地面的脏迹和磨损或不能恢复光滑的状况时，可进行彻底的清洗上蜡。

（1）清洗地面前，将所有物件撤离，准备好适用的清洁机器和清洁剂，并树立告示牌或围起，提醒行人注意安全。

（2）推尘，除去地面浮尘。

（3）如有旧蜡应先去蜡。

①用拖把把起蜡水均匀地布于待洗地面上；

②用擦地机清洗，清洗后，用吸水机把起蜡液吸走，若洗涤面积较大，可分区域起蜡；

③旧蜡完全除去后，检查地面是否干净，如未干净须过水一遍，再用吹风机吹干地面。

（4）打蜡。打蜡的程序主要如下。

①用干净的棉拖或专用的落蜡工具将第一层封地蜡均匀地涂在地面上，操作时应避免前后动作，易使蜡起泡，影响蜡面美观；

②待蜡层风干 20min～30min 后，上第二层蜡（通常为面蜡）；

③上第三层蜡（面蜡）并抛光，刚上过蜡的地面不宜立即踩踏，最好是上完最后一次蜡 2h 后让人行走；

④完成上蜡后，撤除围栏或告示牌，其他物件复位；

⑤及时检查，清洁各种清洁器具，妥善存放备用。

七、其他部位的清洁

(一) 玻璃、镜面清洁

玻璃、镜面清洁的标准及程序主要如下。

1. 标准

(1) 定期清洗和擦干饭店窗户玻璃；

(2) 使用正确浓度的玻璃清洁剂，以避免损伤玻璃；

(3) 擦洗时应叠盖操作。

2. 程序

(1) 准备玻璃清洁工具和清洁剂；

(2) 在一桶内配比清洁剂（视脏的程度），同时准备好一桶清水；

(3) 用玻璃抹水器蘸上玻璃清洁剂（已配比好）从玻璃上部开始不断地从左至右擦洗，然后反过来从右到左一直擦洗到底部，横向擦洗之后，再从左边起上下擦洗直至右边，若大块玻璃或镜面则将玻璃抹水器伸缩杆拉长，按在玻璃顶端从上往下垂直擦洗；

(4) 用玻璃刮水器将玻璃上的溶液刮净，可采用左右横向刮擦的方法，可先把橡皮刮头放在玻璃左上方，向右刮擦，在半途停下，再用同样的方法从右往左刮擦，刮擦时应及时用干净的抹布除去刮把上的水分，并用这种方法刮至玻璃底部，若是大块玻璃或镜面，则用橡皮刮从玻璃顶端从上向下垂直刮去溶液；

(5) 用玻璃抹水器蘸上清水将整个已洗玻璃清洗一遍（过水）；

(6) 用玻璃刮水器将玻璃上的水全部刮净；

(7) 用抹布将玻璃边框架上的污水抹净；

(8) 如仍有斑迹可在局部用清洁剂重新擦洗，也可用小铲刀轻轻刮去切勿重刮，否则会刮伤玻璃表面；

(9) 如有重污点须先用铲刀清理后再清洗；

(10) 清理好各种工具和清洁剂放回工作间。

(二) 吊灯的清洁

吊灯的清洁程序主要包括以下内容。

(1) 准备清洁工具、清洁剂和备用品，准备好专用的登高工作台或高空架和滑轮升降梯；

(2) 配比好清洁剂，同时准备好清洁用的清水；

(3) 装配好高空台架或滑轮升降梯，在地面铺上一层塑胶纸或垫布（维护蜡面）；

(4) 切断电源，撤下用过的灯泡；

(5) 用海绵蘸上少量清洁剂逐一擦洗吊灯的灯座、灯管等；

(6) 用抹布擦拭吊灯各处的清洁溶液；

(7) 用海绵蘸上少量清水逐一擦拭吊灯各个部位；

（8）先用抹布把吊灯上的水迹擦干，然后用干抹布把吊灯各处逐一擦亮；

（9）全部换上新的灯泡，所有的灯泡一次性更换比每天晚上搭台去换一两个烧坏的灯泡要省事和经济（换下来的未烧坏灯泡可再使用）；

（10）接通电源检查灯泡是否都完好，若有故障应及时更换或维修；

（11）吊灯各处清洁完毕后检查是否有水印和痕迹，如有则及时清理；

（12）做好收尾工作，清理好各种工具和设备，放回指定处。

（三）大理石墙面清洁

大理石墙面的清洁程序主要包括以下内容。

（1）大理石墙面日常用软布擦拭即可，定期清洁程序同清洁玻璃程序；

（2）清洗完后要上蜡；

（3）先把蜡装在喷壶里均匀地喷洒于墙面上，然后用抹水器把蜡均匀地擦拭在墙面即可。

如图 5-2 所示是饭店 PA 清洁员正在清洁饭店的花园地面。

图 5-2　清洁花园地面

客房服务员

饭店 PA 新观念

轻轻地，我走了，带走了一片白云，为您留下了一片湛蓝的天。

——抹尘

环道外，包房边，地毯碧连天；天之涯，海之角，纸屑半零落，一碗泡面尽余欢，今宵更漫长。

——吸尘

我有一支笔，他不能写字，不能作画，不能表达我丰富的情感，但是每个人看见他从眼前划过的时候，都会带给人美好的印象。

——拖地

墙面、地面、黑边死角；正门、后门、防火楼道；车道、花草、环保树；玻璃、铜件、绿植物；烟灰缸、电梯、卫生间。

——PA 白班

我时常看见自己的微笑，挂在另一张嘴上，窗外的风景在幻想中延绵，而自己的影子却视而不见，我时常挥手，在这漫长的过程中，像是无数次和自己说再见。

——擦玻璃

在那些想见你却见不到你的寂寞的夜里，身处在星空筑起的屋顶下，我明白了什么叫属于情侣的忧伤。

——筒灯清洁

面对人们走过的足迹，我仔细寻找岁月留下的伤痕，在无数次的重复过程中，渐渐抹去了模糊的身影，眼前展现出了无限光明。

——地面抛光

第三节 公共区域服务

不论什么类型的饭店，客房部中都包含着公共区域服务的工作内容。公共区域的保洁工作是饭店客房部工作中不可缺少的、较为重要的一项具体工作。公共区域的保洁工作是客房部管理下一项单独的工作内容，公共区域清洁工作的优劣直接影响到客房部的工作，乃至影响到宾馆和饭店的全面卫生工作。

一、公共区域电话服务

根据国家《旅游饭店星级的划分与评定》（GB/T14308—2003）的相关规定，饭店在公共区域应"有公用电话，并配备市内电话簿"。

（1）设立公用电话（如图 5-3 所示）就必须完善相关的配套服务，提供《市内黄页电话号码簿》，方便客人查询电话号码或客户单位信息；提供充足的便签、笔等文具，方便客人随手记录信息。

（2）如配备 IC 卡电话，必须在明显处提示客人在哪里（商务中心等）可以买到 IC 卡；增加客人接听电话的隐秘性，改变原有公用电话处于开放式的状态，改为半封闭式（这也方便客人接听手机，特别是在餐饮等环境相对嘈杂的场所）。

（3）将内线电话设置为快速接线服务，即客人拿起听筒时，自动连线总机话务员（更好地为客人拨打客房电话提供服务，同时也避免客人拨错号码而意外骚扰其他客人）。

（4）楼层公用电话设置为快速接线服务，同时只提供呼出功能，限制呼入（避免服务人员内部使用产生振铃音，影响楼层安静，打扰客人等）。

图 5-3　饭店大堂提供给客人使用的公用电话

二、衣帽间服务

在饭店的一些公共区域为了方便客人存放衣物，一般会设置衣帽间，如在会议厅、多功能厅等处，这些衣帽间多归属客房部 PA 组管理。衣帽间服务主要有以下内容。

（1）每天将衣帽间抹尘并吸尘。

（2）用抹布将整个衣帽间的挂件架、衣架及存衣牌擦拭干净，确保无尘。

（3）寄存衣帽时，要当着客人的面检查衣袋里有无其他东西。如果有贵重或易损的物品，请客人拿走，如果是一般物品，登记时加以说明。

（4）要特别留意头巾、围巾和手套等容易遗失的物品，请客人将这些物品放进客人寄存的衣袋里。

（5）将客人寄存的衣服用衣架挂在衣帽间的衣柜里或衣架上，大衣要顺着同一方向挂，要经常检查是否有物品掉在地上。

（6）衣帽寄存号码牌交给客人之前，应再次核对是否与衣帽上的号码牌一致，再交给客人。

（7）衣帽等物品交给客人时，必须同时收回存物牌，核对存牌号码无误后，才能将物品交给客人，并向客人道别。

（8）如果客人将存物号码牌遗失，应立即向主管报告，与主管一起查对客人身份，向客人询问有关寄存物品的详情，如与寄存物品一致，就归还给客人，同时请客人在记录簿上填写物品件数及姓名、住址、电话等，处理这种事要注意自己的措辞和态度，避免引起客人的不快。

（9）清理无用的杂物，检查有无遗留物品，关掉不必要的灯并锁门。

三、公共卫生间的服务

公共卫生间是客人最挑剔的地方之一，因此饭店必须既要保证公共洗手间的清洁卫生、设备完好，用品齐全，还有做好服务工作。热情向客人微笑问好、为客人拉门、递送小毛巾等。

经典案例

PA组小王正在8楼电梯口清理垃圾桶内的垃圾，这时，从客房通道上走过来一位打扮时髦的女士，她边走边拨弄手中一只极像向日葵样的瓜子盘，来到电梯口，她按了下楼的电梯之后，从向日葵样的瓜子盘上抠出几粒葵花子，放入嘴中，嚼了几下，扑嗤！女士将嘴中的葵花子壳吐到了小王面前的地毯上，小王看了一眼女客人，嘴巴微动一下，想说点什么，但是还是忍住了，他蹲下身子，将女士吐出的几个葵花子壳捡了起来，放入垃圾桶内，时髦女客人也意识到了这些，她脸一红，微笑道："哦，不要这样，你说一下我就会注意了。"

小王鄂然，他没有想到自己的行为给女客人带来难堪，他脑子飞转如何回答客人的话，一刹那，小王的脑子里有了几种回答的方式：

第一种回答是："哦，您是客人，我怎么可以说您呢。"但又飞快地给予否定，因为这样客人将更难堪。

第二种回答是："不、不、不，这是我应该做的。"但是这种回答更不行，因为，这样会让客人看轻自己，他又给予了否定。

第三种回答是："不用客气，我想您也不是故意的。"对！就这么回答。

此时，电梯到了，小王按住电梯，微笑着向女客人道别："不用客气，我想您也不是故意的，电梯到了，您请走好。"

时髦女客人，面带微笑乘电梯下楼了。

又过了几天，PA组小王在电梯边又碰上了那位时髦的女客人，今天她是上电梯，她手中依然拿着一个向日葵样的瓜子盘，嘴巴依然在嗑着葵花子。细心的小王发现，女客人把嗑完后的葵花子壳都吐在了手中，见了小王，她微笑着朝小王点点头，将手中的瓜子壳扔进了垃圾桶。

这时，小王的脸红了，他没有想到女客人还记着自己，他慌忙朝客人点头，微笑道："电梯到了，您请走好。"

案例点评

本案例中小王非常巧妙的回答既避免了客人的尴尬，又不失尊严，很好地体现了饭店优质服务的理念，也可以看出PA清洁员的工作不仅仅是完成自己本职的清洁工作，还承担着对客服务的职责。

记忆力

一、选择题

1. 下列区域不属于PA清洁与服务范围的是_____。

　　A. 大堂　　　　　B. 电梯　　　　　C. 公共卫生间　　　　D. 客房

2. 下列不属于大堂日清洁范围的工作是_____。

    A. 推尘   B. 清理烟灰缸

    C. 整理座位   D. 地面清洗与抛光

3. PA服务员需要经常查看公共区域的垃圾筒和烟灰缸，发现有烟头及时清理，烟头最多一般不超过_____。

    A.1个   B.2个   C.3个   D.5个

4. 下列不属于公共卫生间清洁标准与要求的是_____。

    A. 必须随时保持清洁和消毒

    B. 至少每月彻底清洁一次

    C. 地面、墙壁无灰尘，无污迹

    D. 马桶、立式便池无污水迹，无发丝

二、填空题

1. PA是英文_____的缩写，是指饭店公共区域的意思，也就是提供给住店客人共有共享的活动区域。

2. 根据国家《旅游饭店星级的划分与评定》（GB/T14308—2003）的相关规定，饭店在公共区域应"有公用电话，并配备_____"。

三、判断题

1. 为了使公共区域更加清洁卫生，在清洁保养工作中清洁剂的用量越多越好。（ ）

2. 饭店大堂日间客人出入频繁，为了保证不给客人设置障碍，不打扰到客人，因此PA组白天不需要清洁大堂。（ ）

3. 饭店内餐厅、酒吧、宴会厅以及一些其他营业部门的公共区域不属于PA组的工作范畴。（ ）

分析力

一、简答题

1. 饭店公共区域清洁工作有哪些特点？

2. 公共区域清洁卫生的范围是什么？

3. 如何安排大堂清洁保养计划？

4. 如何进行公共区域清洁卫生的质量控制？

二、论述题

1. 试述饭店大堂清洁与保养工作的标准与流程。

2. 试述公共卫生间清洁的标准与流程。

3. 公共区域的服务有哪些？如何做好这些服务工作？

三、分析题

1. 有些客人素质比较低下，经常随手把嚼过的口香糖丢在地上，如果你在清洁地毯时发现有黏着的口香糖，如何进行处理？

2. PA员工在工作过程中，经常会遇到一些素质比较低的客人随地乱扔东西，如何处理才能既可以保持公共区域的清洁，又不伤害客人的颜面？

实 训

项 目 一：地毯清洁
实训目的：通过训练能够进行地毯清洁
实训内容：地毯吸尘与去污
实训考核：对每位同学进行地毯清洁操作考核

《地毯清洁》考核表

班级_____ 姓名_____ 学号_____ 时间_____

考核项目：地毯清洁

标准	分值	扣分	得分
吸尘器使用	3		
清洁剂选用	2		
污物处理	2		
清洁效果	3		
总分	10		

考核教师_____

项 目 二：木地板清洁
实训目的：通过训练能够掌握木地板打蜡操作
实训内容：木地板去污、打蜡与抛光
实训考核：对每位同学进行木地板清洁操作考核

《木地板清洁》考核表

班级_____ 姓名_____ 学号_____ 时间_____

考核项目：木地板清洁

标准	分值	扣分	得分
打蜡器使用	3		
污物处理	2		
地板抛光	2		
打蜡效果	3		
总分	10		

考核教师_____

项 目 三：大理石地面清洁
实训目的：通过训练能够进行大理石地面清洁
实训内容：大理石地面的打蜡、抛光与去污
实训考核：对每位同学进行大理石地面清洁操作考核

《大理石地面清洁》考核表

班级_____ 姓名_____ 学号_____ 时间_____

考核项目：<u>大理石地面清洁</u>

标准	分值	扣分	得分
工具准备	2		
清洁剂选择	1		
打蜡抛光	3		
污物处理	2		
清洁效果	2		
总分	10		

考核教师_____

第六章 洗衣房与布草房的运行

学习目的

- 了解洗衣房的工作内容
- 掌握客衣洗涤的工作流程
- 掌握布草洗涤的工作流程
- 掌握员工制服管理的工作步骤
- 了解洗衣房各种设备的操作方法

学习要点

- 客衣洗涤的工作流程
- 布草洗涤工作的工作流程
- 员工制服服务的工作流程

关键词： 客衣　布草　员工制服　洗衣房　布草房

第一节　洗衣房运行

一、洗衣房概述

洗衣房是客房部的一个重要分支机构，主要负责住店客人衣物、饭店各营业部门所使用的布草以及员工制服的洗涤与熨烫工作。

(一) 洗衣房的业务范围

1. 客衣洗涤

洗衣房的一个重要工作职责就是承担饭店所有住店客人所委托的洗衣服务。由于客人衣物材料、质地有很大的差异，在选择洗衣方式及洗涤剂时要特别慎重，以免出现差错，损坏客人衣物，造成客人投诉。

2. 布草洗涤

洗衣房还要承担饭店各个营业部门所使用的布草的洗涤、熨烫与管理工作。洗衣房要有效地去除布草上的污渍，保持被洗布草原有的外观及手感，降低损伤度，延长其使用期限，以降低饭店经营成本。

3. 员工制服洗涤

所有饭店员工的制服也是由洗衣房来进行洗涤的。员工衣着整洁、美观与否，直接影响到饭店在住店客人心目中的印象，是饭店服务水平的一种体现，因此洗衣房应加强对员工制服洗涤工作的重视程度。

（二）洗衣房的设置

1. 洗衣房设置的原则

在饭店规划设计中，洗衣房的设计应从服务流程、经营管理、安全方便等多方面进行考虑，一般应遵循的原则有以下几点。

（1）洗衣房应与客房隔离或设置在离饭店公共区域较远的部位。这是由于洗衣设备（如水洗机、空压机、通风设备等）运行中的噪声，洗衣房内有较多的洗涤剂、去污剂等化学品气味可能会影响到客人。

（2）洗衣房应设置在距各设备机房较近的区域。洗衣工作涉及冷水、热水、蒸汽、排水、电力、通风、抽排风等各个环节，靠近各设备区域，便于各项设备的连接、安装、供应和使用。洗衣设备靠近设备区域，还有利于设备的管理和维护，能有效降低管道线路之间的能耗。

（3）洗衣房应设置在物料流通、人员通行比较方便的部位。因为，首先要满足与客房、厨房等营业部门进行布草交接、分发的需要；其次员工制服需要每天更换，从而导致较大的人员流通量；最后饭店楼层客衣和对外洗衣工作较多。

（4）洗衣房的设计应便于排水、通风、除尘等设备的安装。洗衣设备用水量比较大，对排水设施的要求较高，如果安装在地下室，就必须设有污水井和抽水泵。另外，如果污水中的洗涤剂含量超过了排放标准，则不能直接将污水排到室外管道，需按照环保要求安装污水处理设备。布草在洗涤过程中，会产生较多的织物纤维，因而需要安装抽风、除尘设备，以减少对饭店周围环境的污染和洗衣房员工对浮尘的吸入量。

（5）洗衣房及其设备的设置、安装应符合消防规范。饭店洗衣房大多数设置在地下室或附属楼内，因此，设计、安装各系统设备时须符合各项消防规范。洗衣房内温度相对较高，布草等织物纤维较多，应安装配套的消防设备。

（6）洗衣房内可分为客衣服务区、布草收发存放区、布草分拣区、水洗区、干洗区、整烫区等若干区域。

总之，根据饭店整体规划设计进行洗衣设备选择和洗衣房平面及功能设计；根据洗衣机房的设计进行洗衣房配套系统（如冷水、热水、排水系统，蒸汽供应系统，动力用电、照明系统，空调通风系统、消防系统等）的设计和施工。洗衣房的设计和规划还必须符合建筑、安装、环保、消防等各项规范，以利于饭店的经营管理和饭店员工的身体健康。

2. 洗衣房规模

洗衣房规模根据饭店客房、餐厅接待能力大小确定，设在饭店内部或附近。建筑结构合理，装修良好。内部建有收发室、洗衣车间、熨烫车间。洗衣间、熨烫间高大宽敞，通道畅通无阻，能够适应饭店洗涤业务需要。

3. 洗衣房机构设置

（1）洗衣房组织机构设置。洗衣房一般设有收发班、洗涤组、熨烫组、缝纫组等机构。工种比较齐全，岗位职责明确。洗涤程序、管理要求、规章制度健全，内部分工明确，工作程序和规章制度能够切实得到贯彻实施。

（2）洗衣房人员。洗衣房配有经理和主管两个层次的管理人员，洗衣房各班组员工熟悉饭店规章制度和员工守则，熟练掌握设备性能、操作方法、工作程序以及干洗、湿洗、熨烫、折叠等专业知识；熟悉各种洗涤剂的性能、用途、使用方法，具有一定实践能力，遵守操作程序和技术程序，无违章作业现象发生。

二、洗衣设备及使用

（一）干洗机

1. 特点

干洗机（如图 6-1 所示）适用于洗涤棉、毛、呢、绒、化纤（氯纶、人造革、金丝绒除外）、毛毯、裘皮及羽绒、皮毛等。现今的干洗机均使用计算机控制，自动化程度较高。阀门大多采用气动或电动控制，可实行加液、循环过滤、排液、脱液、烘干等全过程的自动化。内部结构如干洗机缸体、滚筒等多用不锈钢制造。

2. 操作规程

（1）每天使用干洗机前，应对其各种开关、管道、传动皮带、纽扣收集器、绒毛补集器等进行检查并擦拭机器。

（2）打开总电源开关，开启机内电源开关，打开供水开关和压缩空气开关。

（3）打开蒸汽阀（一半），同时按下烘干蒸汽电磁阀控制键和开启蒸馏缸蒸汽开关，再打开蒸汽阀 5min～10min，待管道及机内热交换器内的积水排清后，再全开蒸汽阀，同时关闭旁通阀。蒸汽电磁阀控制键复位，关闭蒸馏缸蒸汽开关。

（4）检查面板上各功能控制键是否正常工作，同时观察机内各气动阀是否正常工作。

（5）衣物布料洗涤量是机器容量的 70%。

（6）手动操作时，在各步骤进行时应注意时间的控制和烘干温度的调节。

（7）选用自动程序时，应针对被洗衣物、布草选择合适程序。

（8）在干洗机运行期间，操作者应密切注意机器各系统的运行情况，若有异常情况，应马上切断电源、汽源。

（9）制冷系统工作时，应注意制冷剂的高低压指示表的数据显示是否符合。

（10）在烘干阶段和溶剂蒸馏期间，冷却水应足压供给。

（11）在洗涤期间，必须把滚筒内的溶剂尽量排至储油缸或蒸馏缸后才可进行高速脱液处理，切不可溶剂未排清就进入脱液阶段。

（12）溶剂蒸馏时，蒸馏缸内溶剂装载量应低于观察镜底边。在蒸馏过程中，应注意控制蒸汽的供给量刚好满足沸腾即可，蒸馏前，应对蒸馏缸和保险阀做检查。

（13）蒸馏完毕后，应保持继续供水 10min，冷凝器冷却后方可关闭。

（14）冷却水水温不应高于 22℃，最好是软水。

图 6-1　饭店洗衣房使用的干洗机

（15）在制冷系统工作时，冷却水出水口水温不应高于 40℃，在蒸馏时，冷却水出水口水温不应高于 45℃。

（16）当离心式过滤器压力计指示为 1.2Pa 时，应作再生处理（即过滤器保养）。

（17）每天干洗机使用完毕，应关闭电源、蒸汽系统、供水开关、压缩空气开关。

（二）水洗机

1. 特点

水洗机（如图 6-2 所示）适用于客房床单、毛巾、地巾、窗帘布艺、餐厅台布、餐巾、厅房布艺、员工制服、服务清洁用布艺等的洗涤。自动洗衣脱水机由可编程微计算机自动控制，自动化程度较高。缸体采用全悬浮结构，机体震动较小，具有安全稳定、抗震动性能好等优点。可自动、手动控制洗衣机水位、洗涤周期、过清次数和脱水时间。各种阀门采用气动控制，动作迅速可靠，方便维修。

2. 操作规程

（1）每天使用洗衣机前，对洗衣机的机门、滚筒、洗涤用品加注器、传动皮带等进行目视检查；

（2）打开冷、热水开关和蒸汽阀；

（3）打开总电源开关，然后开启机内电源开关；

（4）检验洗衣机性能，包括正反转、高速脱水功能、高低水位、温控装置等，进水 1min，用蒸汽加热，正反转洗涤 2min，以达到清洗内胆、排清水管内滞留水和管道内的可能积垢；

图6-2 饭店洗衣房使用的水洗机

(5) 洗涤布草或衣物的装载量是洗衣机设计容量的 85％，不得超负荷；

(6) 手动操作洗涤，在各步骤进行时，应注意时间的控制和温度的调节，选用自动洗涤程序时应注意选择好使用程序并观察其运行情况；

(7) 机器运行期间，应注意观察其工作情况，若有意外应马上切断电源、水源、汽源；

(8) 每天洗衣机使用完毕，关闭机内电源开关，目视或手触检查电动机及传动系统是否有异常，关闭蒸汽阀、冷热水开关、总电源开关。

(三) 干衣机

1. 特点

干衣机适用于洗涤脱水后的各类型布草、制服等织物。它能自动控制烘干时间，自动正反运转烘干，到时自动停止并发出信号。配有较大的钢化视镜玻璃，可随时查看衣物烘干情况。自动干衣机多为立柜式，结构紧凑，占地面积较小。

2. 操作规程

(1) 每天使用干衣机前，应对其上下四周进行目视或手触检查，包括上方的热交换器、空气过滤网、下方的过滤网、滚筒等；

(2) 打开蒸汽阀（开一半）接着打开旁通阀 3min～5min，待管道及热交换器内积水排清后，再全开蒸汽阀，并关闭旁通阀；

(3) 打开电源开关，开启机内电源开关，合上机门，调加热时间 1min，温度 45℃。开启机器观察情况，包括正反转，温控器是否对加热电磁阀进行有效控制、自停等；

(4) 布草烘干量是干衣机设计容量的 70％，不可超载；

(5) 任何易燃物质不得放进烘干机，机器附近不得放置任何易燃、易爆物及氧化剂、酸、碱等物质；

(6) 干衣机工作期间应注意其工作情况，若有意外，应马上切断电源、汽源等；

(7) 毛屑过滤器应勤于清理，一般每烘一机次用毛巾清理一次，下班前必须清理干净；

(8) 热交换器、空气过滤器每 3 天清理一次；

(9) 烘干机每天使用完毕，关闭机内电源开关，目视或手触检查电动机和传动系统是否有异常，然后关闭蒸汽开关、总电源开关。

（四）熨平机

1. 特点

熨平机（如图6-3所示）适用于客房床单、被面、餐厅台布等织物的洗涤。熨平机采用变频调速技术，有蒸汽和电加热两种功能，可根据不同织物的需要及熨平状况选用合适的熨烫速度及方式。它具有抽湿装置及正反运转功能。此外，饭店也可选择具有熨平和折叠功能的熨平机。

2. 操作规程

（1）每天使用平烫机前，对烫平机传动皮带（钮）、蒸汽管、阀、外表电气线路等进行目视或手触检查，看是否有机件断裂、离位等现象；

（2）打开蒸汽阀（开一半），接着打开旁通阀3min～5min，待管道及滚筒内积水排清后，再全开蒸汽阀，并关闭旁通阀；

（3）打开总电源开关，开启机内电源开关（指示灯亮）；

（4）当温度到达时，按启动开关，使滚筒转动，并调节转速；

（5）检查机前后及进布护板应急开关是否反应灵敏；

（6）调节滚筒转速至最慢速度，通过传动带把蜡布及蜡带入机内上蜡，清洁滚筒及传送带若干次；

（7）再把滚筒转速调节至待烫布草所需的速度，床单25m/min，餐饮布草15m/min；

（8）操作者把织物展开平放在传送带上，经过加热滚筒进行压烫；

（9）当织物被滚筒滚动压烫后，传出机器尾端被接布板接住，操作者取出折叠；

图6-3　饭店洗衣房使用的熨平机

（10）在工作中，若烫平机暂停使用，应关闭蒸汽阀，机器保持运行状态；

（11）每天烫平机使用完毕先将蒸汽阀关闭，再将转速调至低速运行状态，待机器冷却后方可关闭。

（五）夹烫机

1. 特点

夹烫机（如图6-4所示）用于对羊毛、合成纤维及毛织料的裤缝、衣领等的定型熨烫加工，同时也可以烫平小面积台布、餐巾、手帕等物品，主要用于干洗后织物的熨烫处理。

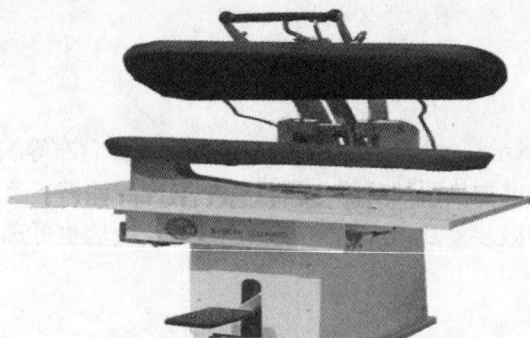

图 6－4　饭店洗衣房使用的夹烫机

2. 操作规程

（1）使用前，应目视或手触检查其管道及传动装置等情况；

（2）打开蒸汽阀（一半），接着开旁通阀 3min～5min，待管道内和加热板内管的积水排清后，再全开蒸汽阀，关闭旁通阀；

（3）擦拭机器表面污尘和传动部分油垢，加热板上若有污垢应清除，但不可使用锐器；

（4）按动控制器使压垫压下，看是否与底垫吻合，调整压垫的压力不可太大或太小（在压下的压垫与底垫之间放一张 A4 无规格的复印纸使用 1kg 的拉力能拉出，证明压力可以）；

（5）在使用中，若发现有漏气或异常声音，应停止使用并马上切断蒸汽；

（6）加热板温度在 140℃～160℃，不可直接熨烫不能承受这个温度的衣物，如某些易熔化的纽扣和饰物，以免引起衣物的损坏和损害加热板；

（7）使用时应集中精力，注意安全，两个人同时操作应配合良好；

（8）每天机器使用完毕，关闭蒸汽阀。

（六）人像机

1. 特点

人像机（如图 6－5 所示）用于各种制服的整型、定型等。

图 6－5　饭店洗衣房使用的人像机

2. 操作规程

(1) 在机器使用前，检查其外观，包括人形布袋的胸部、腰部、肩部控制调节是否灵活等；

(2) 打开蒸汽阀（一半），接着打开旁通阀 3min～5min，待管道及机内加热器盘管积水排清后，再全开蒸汽阀，关闭旁通阀；

(3) 打开电源开关，开启机内电源开关；

(4) 手动开启机内蒸汽控制开关，观察蒸汽在人形布袋内的溢出是否正常，手动开启送风系统，观察风力是否充足及风流量、温度是否合适；

(5) 检查自动蒸汽及热风系统是否工作正常；

(6) 弹力、纤维、破旧衣物和容易掉色的衣物等不要在人像机上处理；

(7) 在人像机上处理西服、中山装，应套入袖架整型；

(8) 机器使用时，应注意观察有否异常情况，若有应马上切断电源和汽源；

(9) 每天机器使用完毕，关闭电源和汽源。

（七）自动折叠机

自动折叠机与自动熨平机配套使用，适用于客房床单、被面、餐厅台布等，能极大地提高工作效率。计算机控制，纵折和横折次数可按织物幅度、厚度自由编辑，可双倍提高小型布草的熨平折叠能力，降低能耗。具有自诊断、安全保护、检测点自保养等功能。

（八）其他设备

去渍机具有真空抽湿功能。采用蜗壳式风机，并配有去渍枪、水喷枪、空气喷枪、蒸汽喷枪等，以达到去除各种不同污渍的需要。

工衣夹机用于纯棉、混纺织料的裤缝、衣领等的定型熨烫加工，同时也可以烫平小面积台布、餐巾、手帕等物品，主要用于水洗后织物的熨烫处理。

三、客衣洗涤

（一）客衣收取

1. 收取客衣

(1) 准备工作如下。

①保持良好的个人仪容仪表；

②准备好清洁过的取衣车；

③准备好收衣记录表；

④到客房服务中心接受取衣指示。

(2) 进客房收取客衣的程序如下。

①按照进房程序，敲门三下，并报"洗衣服务"（Laundry Service）。

②若客人在房间内，客人开门后，主动问候客人；核查洗衣单与衣物是否相符，衣物有无破损，核对客人姓名、房号、日期是否相符；与客人道别，离开房间；登记收衣记录表。

③若客人不在房间，按照敲门程序敲门后房内没有回应；请楼层服务员帮忙打开房门，

这时应严格遵循进房程序，再次确认客人不在房间，进入客房收取客衣；按照收取客衣要求进行严格检查。

④若遇到房间挂有"请勿打扰"牌时，需请客房服务中心与客人电话联系，经客人同意，再敲门取衣。

（3）洗衣袋挂在房门外。核查洗衣单与衣物是否相符，衣物有无破损，核对客人姓名、房号、日期是否相符；与客人道别，离开房间；登记收衣记录表。在收衣记录表上做上标注："该房衣物在房门外收取。"

（4）工作间取衣的程序如下。

①核查洗衣单与衣物是否相符，衣物有无破损，核对客人姓名、房号、日期是否相符；

②如发现差错，应立即请楼层服务员进房确认；

③同时在收衣记录表上做上标注："该房衣物从工作间收取。"

（5）返回洗衣房的程序如下。

①收齐客衣后，应立即返回洗衣房，不得在任何地方逗留；

②应及时将快件客衣送洗。

2. 点数

（1）核实房号。从洗衣袋中取出洗衣单，检查洗衣单是否填写清楚、完整，房号是否正确。

（2）核实数目。对照洗衣单上的数字进行清点，察看与实物是否一致。

（3）核实种类。清点时注明衣物的颜色与种类。

（4）核实洗涤方式。检查洗涤要求与服装本身质地是否相符。若出现差异，则要迅速与客人联系，以进一步确定洗涤要求。

（5）检查有无特殊要求。有特殊要求的客衣，应在洗衣单上注明。

（6）检查衣物有无异常。检查衣物有无破损，口袋内有无物品，是否有褪色、掉扣等现象。

3. 检查

（1）上衣的检查程序如下。

①衣身是否有破损、褪色，是否有缺扣、实物不全现象；

②衣袖袖口是否有磨损；

③垫肩是否完整；

④内衬是否有脱落，破损；

⑤衣袋正面是否有破损，里面是否有漏洞，是否脱落；

⑥拉链是否完好。

（2）裤子的检查程序如下。

①裤身是否有破损或污渍；

②裤腰商标是否脱落；

③内衬是否完好；

④裤腿是否有磨损或污迹；

⑤拉链是否有损坏。

（3）丝绸衣物。丝绸衣物是否有破损，有挂丝现象（丝绸类衣物比较容易受到损坏，检查时应更加认真仔细）。

★ 经典案例 ★

一日，管家部经理接到一个来自房客的电话投诉，律师住客以极其清晰的逻辑思维，有条理地将发生在其身上的事情，并对饭店的服务运作中的不足之处陈述了个人意见。

清早8点多，服务员从律师的房间收取一件需干洗的女式长裤；大约11：00，布草房在作例行的检查中，发现裤脚有两处轻微破损，由于当时住客不在房间且无任何联络方式，布草房员工只好将裤子暂缓送洗，以便待客人回房后与其确认；可直到当晚23：00，住客仍未返店。为不耽误住客的第二日行程，管理部便决定将裤子送洗，并随后在房间给住客摆放了关于洗衣问题的留言。但是至翌日离店时律师房客还没有发现留言的存在；同时，管家部也没就事件作进一步的落实跟进。第二日下午，客人收拾行李准备退房时，发现刚送回的洗衣有破损，便立即致电管家部寻个究竟。员工在收到电话后礼貌地向客人作出详细的解释，但同时也强调了当时已将衣物破损的细节填写于洗衣单上；客人对此不予认同。

★ 案例点评 ★

本案例反映了饭店以下三个方面工作存在纰漏：

一是员工未征求客人意见是否需当面检查送洗衣服务。因为此举除保证对住店客人的尊重外，也是对客人及饭店利益的双向保障。

二是发现客人衣物破损，未及时与客人当面陈述此事实，无形中将客方的责任问题带给了饭店方，致使问题复杂化。更何况破损的衣物在被送还时，饭店方只字未提之前一系列问题，直到客人自己发现时才被告知。此行为令住客主观认为整个过程中饭店有欺瞒住客的行径，似乎饭店未主动联系住客是为掩饰问题，有想瞒天过海之嫌。在消费权益上，无论其所持有物品好与坏，都应在第一时间通知到客人。对于一家五星级标准的饭店来讲，二十四小时运转是必然可行的，即使不能及时取得联系，饭店亦应于送回裤子的同时知会客人，以此获得客人的理解认同。

三是破损现象由员工注释于洗衣单上，但此单未曾留于客人；且洗衣单原为住客亲自填写，饭店理应无权附加任何未经客人认可的内容来作为解释的理据，这是一个通行的国际惯例，至少客人所持有的单据应如此。如饭店有任何注释则应填写内部单据而非填写已有住客签名的客用单据，否则住客会联想为饭店以其名义作单据的改动，掩盖失误。同时饭店对所有有利的口头证据的肯定态度，在与其解释协商的同时令其深感有被欲以强加之感，也是饭店对其人格的怀疑及间接否定。但实际上饭店并无任何足以证明此衣物破损为先前住客所为的有力证据。

案例所反映出的现象则值得深思。在今天不断讲求个性化服务的饭店行业里，它所服务的"上帝"已在潜移默化中更多地强调消费权益和主观的合理了。

（二）客衣洗涤

1. 打码

（1）准备工作如下。

①接通打码机（如图6-6所示）电源预热几分钟；

②检查打码机是否能够正常使用，打码色带是否需要更换；

③准备其他所需物品；

④调整好当日使用的号码。

（2）打码程序如下。

①识别衣服面料，判断是否可以承受打码热度，若不能则用栓号带打码后别在衣服上；

②根据洗衣单上的房号在打码机上拨号，同时把水洗或干洗代码拨上；

③对不同类别的衣物号码要打在不同的部位，如衬衣打在领口商标处，西裤打在裤袋上，应坚持以不能影响衣物外观为原则；

④每次只打开一个洗衣袋，避免弄混；

⑤贵宾衣物、高档衣物以及薄面料衣物要采用别码。

（3）结束的程序如下。

①打码结束后切断电源；

②清理打码机以备下次使用；

③做好打码机防护，盖上防尘罩。

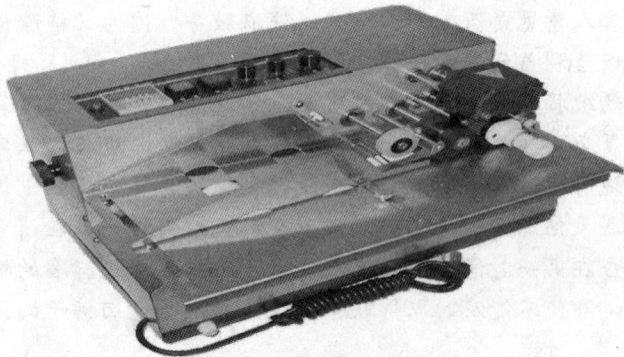

图6-6　洗衣房所使用的打码机

2. 衣物去渍

（1）准备。准备好去污剂和去污工具（喷枪、毛刷、小刷板等）。

（2）判断的方法如下。

①判断污迹种类，主要的识别方法有看外观、摸感觉、闻气味；

②污渍种类繁多，不同的污渍需要使用的去污剂不同，要仔细辨别，准确断定。

（3）选择的内容如下。

①准确选择去污剂；

②熟悉各种去污剂的用途和使用方法；

③根据污迹的种类选择正确的去污方式。

（4）去污的内容如下。

①辨别衣物布料，注意衣物色彩，防止掉色；

②有污迹的四周向中心擦拭，以防止污迹扩散；

③对时间较长的污迹采用每次少用去污剂，反复使用的方法；

④使用两种去污剂时，要先将第一种洗干净后，再使用第二种，以防止去污剂起化学反应；

⑤不熟悉的面料或不曾接触过的污迹，先在边角位置做试验；

⑥去污时，污迹面要向下；

⑦去污后要及时将衣物上的去污剂清洗干净，以防止损害衣物。

（5）结束工作后，把去污剂与工具及时归位整理，以备下次使用。

3. 干洗

（1）准备时打开干洗机的电源、蒸汽、压缩空气、冷却水。

（2）检查工作的内容如下。

①检查衣物的纤维材料，在干洗的条件下会不会被破坏，特别要注意以下两点：A. 有些衣物整体的材料没有问题，但局部会有人造革之类的镶嵌材料，碰到干洗溶剂会发硬甚至脆裂；B. 现在的衣物有很多是有内涂层或者外涂层的，有些涂层接触干洗溶剂会起不良反应。

②检查衣物兜内有无顾客没掏干净的物品。

③检查衣物的色牢度，可用一块干毛巾蘸少许溶剂在边角处用力擦拭，依此可以确定在干洗条件下会不会有严重的褪色情况出现。

④检查衣物的脏污情况，看有没有需要作去渍或者前处理的，因为不是所有的污渍都可以在机器洗涤的过程中被完全去除。

⑤衣物上装饰品的检查。有的塑料纽扣会被干洗溶剂溶解，在洗之前要先拆下，洗好后再钉上；有的装饰物会磨损或者勾坏衣物的纤维，需要用纽扣保护套之类的用具事先包好；有的装饰物是用胶粘在衣服上的，要判断该胶是否会在溶剂中溶解等。

（3）分类的内容如下。

首先，挑出需要特殊程序洗涤的衣物（例如皮衣如果要用四氯乙烯机器来干洗的话，就要选择低温短时间单独洗涤），大量可以一块按照普通程序洗涤的衣物按照下一步来分类。

然后，把衣物分成两类，一类是可以直接进干洗机洗涤的，一类是需要做前处理或者去渍以后才可以进机器的衣物。

接下来，按照衣物颜色的深浅程度，把浅色和深色的衣物分开洗，严格一点的话可以分成浅色、灰色和深色三种。如果衣服很多，也可以在分好颜色的深浅之后，在同一类衣服中分轻污和重污来洗，这样可以保证既洗得好又节约成本。

要特别注意容易褪色的衣服要分开单独洗涤，有比较多装饰物的跟容易抽丝的衣服分开洗涤，容易掉绒的衣服跟容易摩擦起电的纤维材料分开洗涤等。

（4）前处理的内容如下。

①四氯乙烯的KB值是90，对油脂的溶解力相当强。一般的衣服都不需要做前处理，除非是特别脏的领口袖口，或者有大片水溶性的污渍，再或者是有油水皆不太容易溶解的需要比较强的机械力才能去除的污垢，这时用四氯乙烯做前处理。处理时先将前处理剂以1：（1~3）的比例兑水，然后刷涂在污渍处，用刷子轻拍。

②石油溶剂的KB值只有30左右，对油脂的溶解力一般。所以除非是特别干净，一般的衣服都需要用石油溶剂做前处理。处理时先将石油干洗前处理剂以1：（5~9）的比例兑石

油溶剂，然后刷涂在污渍处，用刷子轻拍。

要注意有些特别顽固污渍前处理也无法去除的话，就需要专门的去渍过程来完成了。

（5）干洗。现在可以按照先前的分类，把衣服放入机器洗涤了。干洗过程中，为了去除水溶性污垢，消除静电以达到满意的洗涤效果，需要在机器中加入干洗枧油（道理同水洗时要添加洗衣粉是一样的）。根据溶剂的不同性质，有针对四氯乙烯干洗的干洗枧油和针对石油溶剂的干洗枧油。可以往洗涤滚筒或者纽扣捕集器内直接添加，添加比例是干洗溶剂量的 0.5%～1%。

干洗过程中有些条件是可以调节的，可以方便地通过调节这些因素来达到提高洗涤效力的目的：

①洗涤液位。调低液位衣物摔打的力量就强，去污力就强。

②干洗枧油的量。适当增加干洗枧油的量可以增强去污力。

③洗涤温度。升高温度可以增强去污力。

④洗涤时间。延长洗涤时间通常能增强去污力。

（6）后整理的内容如下。

首先要检查一下，是不是所有的污渍都去除干净了，没去干净的要做洗后去渍或者看是不是需要重新洗涤一遍。其次要检查衣服在干洗的过程中有没有损坏（纤维、染料、装饰品等），如果有要做相应的补救措施。最后，视顾客的需要，可以做一些功能性的后整理，像柔软处理、上浆、防水防污整理等。

（7）结束程序如下。

①关闭干洗机的电源、蒸汽、压缩空气、冷却水；

②清洁干洗机，做好保养工作。

4．水洗

（1）准备工作如下。

①检查机器各部位是否漏电、漏水、漏气；

②按安全操作规程接通水洗机电源、冷水管、蒸汽管、空压气客并试机、确认可以正常工作。

（2）检查的内容如下。

①检查衣服是否破损、缺扣、褪色、遗忘物品、饰物不全等；

②确认衣服可以水洗。

（3）分类的内容如下。

①不宜机洗的挑出手工洗涤；

②洗涤前专门刷洗领袖处和有重污的衣服；

③小件（袜子、内裤等）装入网袋洗涤；

④需上浆的衣服单洗；

⑤不同颜色的，要按深色、浅色进行分类。

（4）装机的程序如下。

①衣服装入时，不要互相钩挂，且不能超过洗衣机容量；

②要将门关紧，且不要压住衣服。

（5）预洗。用高水位的冷水预洗 1min，并观察是否有掉色的衣服。

（6）主洗的内容如下。

①用低水位，水温30℃～60℃，加入适量的洗涤剂和漂白剂，洗涤时间10min左右；

②洗涤过程中，操作中要随时观察洗衣情况、机器运转情况，防止意外。

（7）漂洗。采用高水位的冷水漂至少3遍以上。

（8）中和的程序如下。

①加入适量的酸剂；

②棉织品类要加入适量柔顺剂。

（9）脱水的程序如下。

①脱水时操作员不能离岗；

②不同的衣服要用不同的脱水时间。

（10）卸机。将衣物取出装入干净的专用布草车。

（11）结束程序如下。

①检查是否有染色或褪色现象，如有应立即采取补救措施；

②检查衣服是否洗净，未洗净的需马上重洗；

③确认洗好的衣服立即送烘干机烘干或挂干。

（三）客衣熨烫

1. 西装上衣

（1）整型的程序如下。

①将西服套在人像机上；

②用压板压紧前身，用袖弓将两袖撑开，后身如开衩，用夹子夹紧，翻出衣袋盖；

③打开蒸汽开关，冲入蒸汽，同时两手将衣服下拉；

④关闭蒸汽开关，改打开冷气开关冲入冷气定型；

⑤整型后的衣服应大体恢复原来尺码与形状。

（2）熨烫。用万能熨烫机依次熨烫右衣领、后肩、左衣领、左前襟、左下摆、后身、右前襟、右下摆、衣领各部位，用熨烫斗手工熨烫衬里，熨烫好的衣服应符合下列标准：

①前身挺括，无褶、无亮光、无压印、挺括，下摆平整；

②翻领内外表布料无皱、无亮光、无压印，左右翻度一致，翻领呈30°～45°自然流线形位于第一组扣处，让人产生一个环胸的效果；

③后身外表平、挺无皱，无亮光，无衣缝压印、衬里不外露；

④衣袖外表平、挺无皱，袖线曲直，无双袖线，无亮光，袖边与袖口处要烫平，无袖扣压印，衬里不外露；

⑤衣领外表布料平整无皱，无亮光，领边圆平、里领不外露；

⑥垫肩保持原样，无亮光，外表布料无皱；

⑦衣兜兜口内外呈一字形，不露内衬，兜盖方正，无压印、无褶；

⑧开衩无夹板压印；

⑨衬里无死褶，衬里过长的要用熨斗熨齐；

⑩衣缝要劈开烫平衬里，外表不能有衣缝压印。

（3）检查。将衣服挂起，检查是否符合标准，不合格之处应重新熨烫。

（4）交件。将熨好的衣服整齐地挂在成衣架上。

2. 西裤

（1）裤腰。饭店洗衣房用万能夹机熨烫裤腰，熨完的裤腰符合以下标准：

①环腰无皱、自然弯曲；

②后裤兜盖平整无扣印；

③侧裤兜口拉直不露口；

④里裆推平呈圆形；

⑤小裤线长度齐于兜口；

⑥前门平直。

（2）裤腿。饭店洗衣房用万能夹机熨烫裤腿，熨完的裤身符合下列标准：

①大裤线平直自然吻合，无双裤线；

②内接缝劈开压死；

③两腿裤中线对齐吻合；

④两边接缝对正；

⑤用熨斗接裤线并修理机器未熨好的部位。

（3）自查。用衣架将裤子挂起，依据标准自查质量。

（4）交件。将熨好的西裤挂在成衣架上。

3. 衬衫

（1）领袖的熨烫程序如下。

①使用领、袖压机熨烫衬衣的领和袖口（纯棉面料的要先上浆）；

②熨完的领、袖应衣领呈圆形且挺立，领尖光洁无各种印痕，小领直立呈三角形，袖口无褶、无亮光，袖扣要扣上。

（2）肩。使用菌型夹机熨烫衬衣托肩和两条贴边。

（3）双袖前、后身。使用万能夹机依次熨烫前身、双袖、前身、后身，熨后衬衫应符合以下标准：

①衣兜平整无皱，有兜盖的兜盖要平，兜盖扣要扣上；

②前身平整无扣印、无亮光；

③后身平整无亮光；

④衣服肩部及底摆齐整；

⑤无双袖线。

（4）自查。按质量标准自查熨烫质量。

（5）交件。将熨好的衬衣挂在成衣架上。

（6）折叠。折叠的步骤依次是加领条，扣领扣、中扣、底扣，翻转，后身向上铺平放纸板，以纸坂为边折叠，围腰条，放领花，把衬衣放入包装袋，封袋，折叠好的衬衫符合下列标准：

①领口挺直，领圈呈 45°圆形；

②长、宽与纸板相同，双肩宽出尺寸对称；

③腰条放 1/2 处，不过紧或过松；

④衣身平整，衣兜平正；

⑤塑料袋封袋口不松不紧，整个包装呈长方形；

⑥领花向上微翘；

⑦折叠完毕后，要清理干净台面，并依质量标准自查折叠质量。

4. 女装

(1) 整型的程序如下。

①将衣服套在人像机上；

②用压板压紧前身，用袖弓将两袖撑开，紧身类衣服要特别注意不能撑太大，衣兜盖要翻出；

③打开蒸汽开关，冲入蒸汽，同时两手将衣服下拉；

④关闭蒸汽开关，改打开冷气开关冲入冷气定型。

(2) 熨烫的程序如下。

在万能熨烫机上熨烫，由于女装的面料，款式各异，熨烫中要注意衣袖（除非客人有要求，一般不要熨出袖线）、肩部、衣领、开衩等部位；掌握好机械压力，过度的机械压力会损害衣服或产生亮光；掌握好熨烫温度，面料不同承受温度不同，不耐高温的要垫水布熨烫；控制好蒸汽压力，多数纤维均不能长时间承受蒸汽压力。熨烫后的女装符合以下标准：

①装饰物无缺损；

②衣边齐整；

③曲线自然美观；

④衣身平整、无皱、无亮点。

(3) 自查。熨烫完毕，按质量标准自查熨烫质量。

(4) 交件。将熨好的女装挂在成衣架上。

5. T恤衫

(1) 整型的程序如下。

①将T恤衫套在人像机上；

②冲入蒸汽，同时双手下拉下摆，将恤衫拉长扩宽；

③关闭蒸汽开关，冲入冷气定型。

(2) 熨烫的程序如下。

打开万能熨烫机上的蒸汽开关，再次冲蒸汽做进一步拉长展宽整理，恢复T恤衫原来大小，最后将不平整的地方用机器压平。

(3) 自查。按长宽定型良好，衣服无折皱的质量标准自查质量。

(4) 包装。包装的步骤依次是准备好包装T恤用的纸板、腰条；将T恤反面平展于工作台上；加入纸板；沿纸板两边对折，袖子折回；以纸板为边，向上折回领部，多余的反折回里面；围腰条；翻过来将领扣扣上，衣领翻好；把T恤放入包装袋；封袋；按质量标准自查包装质量。包装好的T恤衫应符合下列标准：

①领口平整无皱；

②长、宽与纸板相同，双肩宽出部分尺寸对称；

③腰条放1/2处，不过紧或过松；

④衣身平整，衣兜平正；

⑤塑料袋封口不松不紧，整个包装呈长方形。

（四）客衣送还

（1）检查的内容如下。

①经检查确定无误后送衣，以保万无一失；

②检查洗涤质量，衣物有无破损、缩水、有无褪色等；

③洗衣房送回客衣时，应按洗衣单逐件进行清点。

（2）送还的程序如下。

①在客人要求的送衣时间内送衣；

②不能折叠的衣物需用衣架挂放；

③送客衣进房间，请客人检查验收，清点完毕后向客人道别，如客人不在房间，应按程序进门，把衣物摆放在床上或挂于衣橱内（将衣橱门打开）。

（3）后续。当客人投诉洗衣服务时，应报告上级，查找原因，妥善处理。

经典案例

北京某饭店客房部经理和洗衣房主管如约来到某国际品牌饭店，吸取该店洗衣房的工作经验。接待这两位客人的是饭店客房部陈副经理。

"我建议两位先到我们的洗衣房去看看，也许你们可以从我们日常的操作程序中看出点什么，还可帮助我们总结这些年来的工作情况。"陈副经理很诚恳地建议到。

他们3人来到洗衣房。正好客房服务员送来客人放在袋中的脏衣。一位资深的员工在一一核验客人自己填写的洗衣单和袋中的衣服。

"瞧，8817房的客人也在这一栏里选择干洗和烘干。我们的客人不了解每种面料的正确洗涤方式，他们凭个人生活经验填单，要是我们不帮助他们把好关，洗涤员很可能把客人的衣服洗坏了。"这位姓段的老技师给我们看放在洗衣袋中的重磅真丝衬衫，衬衫有饰物镶嵌。他向我们解释，这种衬衫绝不可以干洗。接着他又一一打开洗衣袋，当他发现另一位客人把一条毛麻织物的裤子写成用水洗法洗涤时，他又对来访者说，他们必须改变洗涤方式。

前来取经的两位客人看了段技师如此认真把好洗衣前这一关，深受感动。

客房部陈副经理又把客人引领到烫衣处，只见每件洗涤物旁都有段技师标明的熨烫温度和时间。

"洗衣房里只有两名技艺出众的技师可使用非蒸汽型熨斗，因为非蒸汽型熨斗对使用者的技艺要求很高。有些薄软织物如果熨烫不当，立刻就会变形或变色，严重的还会烫焦。"陈副经理说。

参观后，3人回到客房部，陈副经理又介绍道："洗衣房里学问也颇多，关键在于管理。既要在设备添置上舍得花钱，又要在工艺程序上严格实行规范化。先进的设备保养不当，很快便会发生故障；要是管理不严，设备有油外泄，弄污了客人衣物，就严重违反了'允许客人失误，不允许洗衣房出差错'的原则。另外，饭店本身还有许多布草，在洗涤前我们都要根据原料、纱支、经纬密度来确定适当的洗涤时间、洗涤剂浓度及用量、烘干和整烫的温度与时间。我们管理得越规范、越严格，布草的使用寿命就越长。"

参观、介绍前后才 2 小时,然而两位客人却满载而归。

案例点评

在饭店客人的投诉中,洗衣房所占比例并不小。其原因主要出于管理不善和技术不佳两个方面。

洗衣房管理的重点在于标准化、规范化。水洗机、干洗机、烘干机、熨平机、压平设备、定型设备等的维修与保养,都需要有标准化、规范化的管理制度保证;技师把关确定洗涤方式和熨烫温度与时间,也要有制度明确规定;员工技能技巧的提高,同样得以制度规定,有了书面的制度还不够,还需要有人督促执行。

在洗涤的各道程序中,时间与温度的标准化是关键。不同的织物对洗涤、熨烫时间和温度的要求大相径庭。要使每个员工明确,操作规范必须不折不扣地遵守。因此饭店培训和客房部、洗衣房负责人须提高员工业务水平,使他们自觉执行规范。

四、布草洗涤

(一)洗涤布草

1. 开机

(1)按安全操作规程接通电源;

(2)接通冷、热水管、蒸汽管;

(3)用测电笔检查电器部位是否漏电;

(4)试机,确认机器可以正常运转。

2. 装车

(1)将检查后需洗涤布草称重,置入机舱内,在"洗涤生产量及洗涤用料日报表"上记录洗涤量;

(2)关门时不能将布草掩住。

3. 洗涤

(1)床单和枕套、毛巾类布草、台布和口布选择不同程序进行洗涤;

(2)布草洗涤步骤为预洗、主洗、漂洗、两次过水、中和、第三次过水、脱水。主洗时要加入主洗剂,漂洗时加入漂白剂,中和时加入酸粉;

(3)毛巾类布草在最后一次过水时要加入柔顺剂;

(4)台布和口布在预洗浸泡时要加入少量洗涤剂,以减少主洗的难度,主洗时除加入主洗剂外,还要加入去油剂,第三次过水时,除加入酸粉,还要加入适量的上浆粉。

4. 卸车

(1)从机器内取出布草,装入干净布巾车;

(2)毛巾类布草送烘干机处烘干;床单、枕套、台布和口布送烫平组;

(3)在"洗涤生产量及洗涤用料日报表"上记录洗涤用料量。

几种布草面料正常机洗的大约使用寿命

①纯棉床单、枕套：130～150 次；

②混纺（棉 35%）：180～220 次；

③毛巾类：100～110 次；

④台布、口布：120～130 次。

（二）烫平布草

1. 准备

（1）清洁平烫机、机下地面和工作桌面；

（2）打开电源，启动平烫机运转 10min，同时检查机器是否运转正常；

（3）汽压合适后，用蜡布上蜡；

（4）选择适宜的烫平速度（根据布草的类型和工作时的蒸汽压而定）。

2. 熨平

（1）由两名烫叠工分立机器前两边，同时捏住布草两角，轻拽拉直，同时对准烫机中线送入平烫机输送带上（小件布草，如枕套，口布可一个人操作）；

（2）布草送入机器后，两位烫叠工分别拉住布草的两边，快到底边时两人一起动作协调地用一只手拿起另外一条布草；

（3）随时观察烫平的布草有无搓折现象，压出的布草应平整舒展；

（4）有污渍的布草应捡出重洗；

（5）另两名烫叠工分立机器后两边，检查平烫效果，接出平烫的布草，同时将平烫后的布草逐件折叠。

（三）折叠布草

（1）准备的内容如下。

①把洗涤熨烫好的布草摆放到折叠设备或手工折叠工作台旁；

②打开布草折叠机器并测试运行良好，或准备好手工折叠所需要的用品。

（2）机器折叠的工作内容如下。

①一般使用机器折叠的布草为被单、枕套、桌布等；

②设置机器速度，一般折叠的速度是：折叠被单的速度是 60～120 英寸/分钟，折叠枕套的速度是 30～75 英寸/分钟，折叠桌布的速度是 30～60 英寸/分钟；

③将折叠好的布草整齐地摆放到布草储存架上。

（3）手工折叠的内容如下。

①一般需要手工折叠（如图 6-7 所示）的布草为浴衣、浴巾、方巾等；

②将需要手工折叠的布草进行分类；

图 6-7 洗衣房员工进行折叠布草

③各饭店都有自己的折叠标准，不一而同，但一般应坚持的原则：店徽朝外，对称折叠，摆放美观，方便顾客使用；

④将折叠好的布草进行捆扎（如图 6-8 所示），整齐地摆放到布草储存架上。

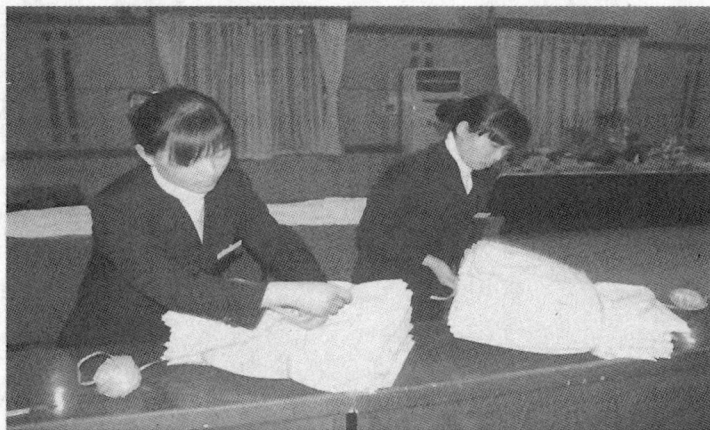

图 6-8 洗衣房员工进行布草捆扎

（4）后续。关闭机器电源，做好保养，以备下次使用；清洁工作台，搞好卫生。

（四）注意问题

1. 做好布草分拣工作

（1）做好洗涤前的分拣工作，包括布草的种类的分拣和杂物的分离。

（2）注意产品分类洗涤。床上用品类包括床单、床罩、被套、枕套类、浴衣。毛巾类产品包括面巾、浴巾、方巾、地巾、浴袍等。餐台用的台布、口布，椅子套、沙发套等。

（3）按污染程度的不同分开洗涤。

（4）按衣物颜色深浅不同分开洗涤。

（5）新旧衣物分开洗涤。旧布草的自然破损与不正常破损应区分对待，新旧布草强度不同脱水时间长短也应有所不同。

（6）不同的面料成分（如纯棉、T/C、真丝），应分开洗涤。

2．注意洗涤方法选择

针对不同的产品选用不同的洗涤方法如干洗、水洗和烫洗，被芯类、枕芯类、毯子类产品就不适合水洗。

3．防止二次污染和人为损坏

经常检查机器，布草的收集和输送要小心，防止二次污染和人为损坏，洗涤时装载量要合适，太多或太少对布草的洗净度和磨损都有影响，并根据产品的洗涤轻重程度不同设置程序。比如毛巾类产品脱水时间要比床单类、口布类产品速度要低些，时间短些。

4．注意检查衣物中有无异物

洗涤前注意检查物品中是否夹有硬物（硬币、锁匙、针剪、打火机之类），以免损坏机器及衣物。空机检查机器滚筒内是否有尖锐、铁质杂物存留。

5．注意本地区水质对洗涤的影响

注意本地区的水质，最好使用软水，如果水质偏硬最好对水质进行处理。

6．恰当选择使用洗涤剂

正确使用洗涤剂，掌握合理的加料时间和温度，了解洗涤剂的基本特性和使用方法，避免棉织品直接接触具有强酸性或腐蚀性的化学品。对顽固污渍应先用温水（约40℃）加对应的除污剂浸泡1h～2h。勿用氯漂的深色衣物，洗涤时勿局部洗涤，须大面积洗涤。

7．特殊布草处理

对易引起钩丝或变形的物件需用洗衣袋装好。

客房服务员

洗涤过程对布草的磨损

为什么毛巾的破损特别严重？这是宾馆（饭店）洗衣房人员经常会碰到的一个典型问题。造成这一现象主要有以下几个方面的原因。

1．物理原因

①洗涤时间过长。毛巾在水洗机中洗涤时，大多数时间是不断地上下翻滚，从而产生搓揉、摩擦运动。这种搓揉、摩擦运动是洗净毛巾的一个重要因素，因为脏毛巾仅浸泡于洗液中是无法洗净的，这种搓揉、摩擦运动既发挥着洗净毛巾的作用，同时也磨损着纤维，降低了毛巾的牢度。因此，控制合理的洗涤时间可以减少不必要的磨损，从而保证毛巾的正常洗涤寿命。

②脱水时多次高脱的速度过高（部分自动洗脱机高脱的速度太快、脱水机转速太高），过强的离心力使毛巾棉纤维拉松，就如我们用手绞干毛巾时用力过度一样，使编织结构松散，这引起毛巾中间部分或整体疏松损坏，而正常损坏一般是从边上开始的。

③烘干时温度过高、时间过长，有的烘干机冷风坏了，都会引起毛巾过度干燥。由于棉纤维的湿强度要高于干强度，纺织厂纺纱车间对空气湿度的控制要求是很高的，空气稍有干燥，纱线就开始断了。因此烘得过干，会引起毛巾牢度的下降。毛巾如果烘得过热还会造成纤维变脆，毛巾牢度明显下降。

2. 化学原因

洗涤过程中过水不清，形成化学品残留于毛巾的纤维之内。

碱性化学品的残留。虽然碱性化学品在洗涤过程中对棉纤维是安全的，不会损伤毛巾的纤维，但过水不清使碱性洗涤剂残留在毛巾纤维之内，毛巾烘干后，会使毛巾发灰变硬，柔软度下降。众所周知，毛巾与台布、床单的实际使用状态是完全不同的，台布和床单是在静态条件下使用，而毛巾是在动态条件下使用的，经常性的折揉、绞拧要求毛巾必须是柔软的，任何原因造成毛巾变硬都有可能会降低毛巾的牢度。

氯漂剂的残留。氯漂剂是洗涤化学品中较强烈的一种，它的漂白功能使大部分布草上的色素在漂洗时可以去掉，但对棉纤维是有一些损伤的，在投放量合理，湿度控制理想的情况下相对来说还是完全正常的。但投放过量，温度控制不当和过水不清，形成氯的残留有时候为了解决因水质不良等原因造成毛巾发灰、发黄时，往往使用力量较强的酸来进行酸洗，以恢复毛巾的白度，但此时毛巾易受到损伤，棉纤维怕酸不怕碱，如经常采用酸洗的话，毛巾的使用寿命可能明显缩短。中和剂是正规洗涤过程中最后一个程序中投放的化学品，投放后能中和前几个洗涤程序及过水后残留于布草中少量（不大于10ppm）的碱性化学品和氯漂剂，并溶解一些水中的金属离子，正确的投放量能使布草的 pH 值调整在 5.5～6.5，与人体皮肤的 pH 值基本一致，是安全的，织物仍将处于正常的使用寿命期。但不适当地大量使用中和剂，会使织物偏酸，从而降低织物牢度。

3. 毛巾自身问题

国家对毛巾的质量是有等级之分的，不同的等级反映了不同的质量。目前市场上毛巾质量良莠不齐。造成毛巾质量问题的原因是多方面、多环节的，如毛巾的生产原料为棉纱，棉纱的原料为棉花。如果棉花管理存在混乱等现象，棉花质量就无法保证。有些饭店曾出现过毛巾质量不好的情况，毛巾没洗几次就坏了。

4. 洗涤设备问题

洗衣机内胆质量是否合格也对毛巾有影响。洗衣机内胆是由不锈钢焊接而成的，围板上冲有小孔，在制造过程中需在孔的背面进行去毛刺处理，但如果此道工序的质量不合格，存留大量毛刺或个别毛刺未处理，这将会引起钩损织物的现象。另外一种可能是由于内胆 V 形筋与围板连接处有间隙，内胆在洗涤时会由于热胀冷缩产生变形。内胆中的一些细小间隙常常会由于加热后扩大，织物在洗涤或脱水时夹入其中引起的，间隙不均匀时，当织物由间隙大处夹入，随内胆转动至间隙小处时受挤压强行通过，就易将织物撕损。

五、员工制服洗涤

员工制服的洗涤程序类似于客衣的洗涤程序，在此不做赘述。不过，在员工制服洗涤过程中应注意以下问题。

（1）将布草房送来的脏制服按照衬衫、长裤、西装、领带进行分类；

（2）员工制服衬衫要注意领子、袖子上浆烫平；

（3）检查脏制服口袋有无尖硬物或有价值的遗留物，特别注意佩挂的名牌；

（4）各类制服分水洗与干洗送至有关组别；

（5）挑出特殊处理的制服，尤其是厨房员工的制服，进行单独处理。

第二节　布草房的运行

一、布草房的工作内容

布草房主要承担饭店各部门使用的布草及员工制服的收发与保管职责，是饭店重要的后勤保障性部门，他们的工作直接影响到饭店各营业部门的正常运转，还会影响到员工能否着装整洁，展现给客人良好的精神面貌。布草房要在日常工作中不断规范布草的收发制度，降低布草报废率，最大限度减少布草的流失。

二、布草管理

（一）布草的收发

1. 工作要点

（1）定点发放。布草的各使用单位都必须从布草房领取相应的布草，布草房是干净布草的归集地点。

（2）坚持以脏换净制度。布草房根据各使用单位送来的脏布草，发放相应的干净布草。同样，布草房根据总的脏布草向洗衣房换取相应的干净布草。图6-9是饭店用于运送布草的布草车。

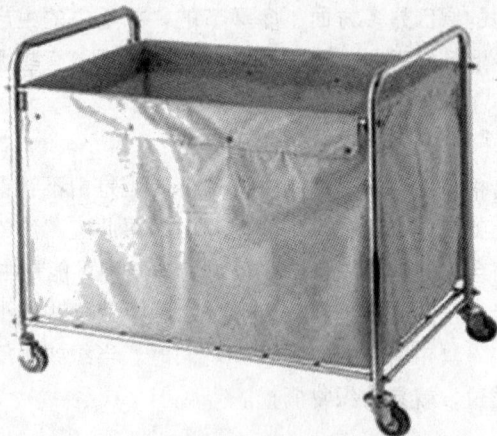

图6-9　饭店用于运送布草的布草车

（3）坚持当面点清、检查布草。布草房收布草时，必须与各使用单位当面清点，如实填写"布草换洗单"，发现有污染、破损的要做好记录，并请对方签字认可；发布草时不得凭印象发放，必须对单发放，且发完后须收回单据；对其他部门污染、破损无法洗净或修补的，不得另发干净布草，必须在接到对方经过财务部批准报损的单据后方可发放。

（4）填写汇总表。布草收发员每天填写"洗衣房布草日汇总表"，一联留底，另三联分别交主管、经理、财务部。

（5）坚持超额领用申请制度。不管是个人或其他部门，要借用布草或超额领用，应填写"借物申请表"并经客房部经理批准，使用完毕后立即归还布草房；同样，布草房发放的布草有短缺，也应开出欠单作为归还凭据。

（6）破损或污迹的处理。布草房应将有破损或污迹的布草分拣出来单独摆放以便处理，但无论破损或污迹布草有多少，布草总数应保持一致。

2. 工作流程

（1）准备。准备好笔和布草更换记录本；清楚未更换布草的部门；填写日期，班次，更换布草的区域名称。

（2）清点。把脏布草进行清理，把其中的遗留物抖出，以便进行洗涤；同时对脏布草进行清点；清点时检查布草有无破损，重污。

（3）归类。将更换的脏布草，归类，投入响应的布草箱后，再发干净的布草。

（4）发放的内容如下。

①脏布草清点完后，双方核对清点数量，准确无误地填写在布草更换表上，如有严重污染的不予更换，请责任部门出具证明，方可更换；

②按照表格上所填数字，发放相对应的干净布草；

③填写领用人，确认送洗的布草并接收。

（二）布草的报废与再利用

1. 布草报废

（1）布草需符合以下原因之一方可申请报废：破损、有无法清除的污迹；规定使用期限已到；统一调整新规格原有布草不适用。

（2）无论哪一种情况的报废，都应核对并填写"布草报废单"，由客房部经理或有关部门审批。

（3）报废的布草应至少保存一个月，须再利用要填写"布草再利用申请单"，并由客房部经理签字。

2. 布草再利用

（1）改制成枕套；

（2）改制成婴儿床单；

（3）改制成工作抹布；

（4）做清洁工作或工程维修的铺垫；

（5）浴巾改制成毛巾。

（三）布草的盘点

（1）布草房员工在休假前后必须与换休人员盘点（如图6-10所示）交接，且须双方签名；

（2）布草员在每日清点布草过程中如发现有多出或缺少现象应立即报告洗衣房主管，以便立即查找责任人，否则，由布草员承担有关责任；

（3）每周五上午协同洗衣房主管、客房部库管员对布草库抽查盘点；

（4）每月 26 日协同洗衣房主管、客房部库管员对布草库全面盘点；

（5）布草盘点时，应停止布草在使用单位的周转，进行分门别类的盘点，了解准确数字，在存、在洗、在用以及报废的布草总数应与账面总数相符，否则应立即查找原因。

图 6–10　布草房员工进行布草盘点

（四）其他工作制度

（1）布草房严禁无关人员进入，做到随出随锁门；

（2）布草码放整齐，干净和须洗布草应严格分开存放；

（3）布草房内卫生应保持清洁，不得存放化学物品、食品和个人物品；

（4）有关工作单据和交接记录应注意保存，须作废时必须经洗衣房主管签字；

（5）拉送布草进出洗衣房原则上由布草员负责，须别人帮助时，可向主管提出申请；

（6）遵守其他洗衣房管理制度；

（7）如因工作失误遗失或损坏布草，按照饭店有关规定进行处理。

三、员工制服管理

（一）发放与回收制服

（1）发放的内容如下。

①查看"制服领取表"，了解需发放的制服情况；

②问清楚员工身高、体重，取出相应尺寸大小的制服，并请员工试穿；

③确保发放的制服型号准确，衣物清洁，无破损，齐全；

④请领到制服的员工在制服领取表上签字确认；

⑤把"制服领取表"送交人力资源部一联备案。

（2）回收的内容如下。

①核对制服发放记录和退回的制服是否一致；

②检查员工退回的制服是否丢失，有无破损，并在制服领取表上记录清楚；

③把收回的制服存放，并送洗衣房清洗；

④把"制服领取表"送交人力资源部一联备案。

（二）更换制服

（1）要求的内容如下。

①以脏制服更换干净制服。更换制服必须按照一换一的程序更换，即交回一套脏制服，换回一套干净的制服。

②员工在窗口外更换，不能进入布草房。

（2）过程的内容如下。

①员工需清楚报出自己所在的部门及制服编号，以便准确地更换制服；

②员工在更换制服时，取下自己的工牌，并将口袋中的物品取出；

③员工更换制服，必须到更衣室更换，不能在布草房更换；

④如有特殊原因借制服，须部门经理签字，客房部经理签字后，方可借到；

⑤员工制服有意损坏、丢失，需员工自己赔偿。

（三）管理制服

（1）送洗。下班前把当日制服更换的数量，种类统计清楚，然后送洗衣房洗涤。

（2）分类。清点洗涤回来的制服数量，制服应按部门逐一分类。

（3）检查的内容如下。

①衬衣，看领口、袖口的污渍是否洗掉，有无开线或掉扣；

②裤子看拉链是否损坏，裤裆是否开线，裤边是否开线或磨烂，口袋是否开襟，熨烫是否平正；

③厨衣上的污渍是否洗干净，如不干净应送回洗衣房特除；

④工程部、公卫制服比较脏，应仔细检查。

（4）挂架的内容如下。

①检查没有问题后，方可挂架；

②制服先挂裤子，然后衬衣，再是外套，从内到外依次上架；

③制服按部门分类后，然后看制服架上的编号，把对应号码的制服挂上即可。

（5）进行统计时要注意。

①填写"每日制服更换表"，把更换过的脏制服放入布草车内，在"每日制服更换表"上填写来更换的是衬衣、马夹、裤子等，填写清楚；

②填写"每日洗涤明细表"，把每日洗涤的制服数量，逐一按部门、种类一件一件，一条一条，按部门从上而下，从衬衣、裤子、马夹认真、准确地填写数量，月底计算出每个部门洗涤的衬衣、裤子、裙子、马夹、外套和椅套、沙发坐垫等的数量。

如图 6-11 所示，布草房员工正在进行员工制服管理。

图 6-11 布草房员工进行员工制服管理

客房服务员

布草房工作规程

1. 每天上班签到后，领取洗衣房、布草房钥匙，查看房内有无异常，并及时上报；

2. 阅读工作交接本，做好晚班遗留工作；

3. 对饭店员工换洗工作服做好点数、检查、登记等工作，按行政规定操作；

4. 对检查出非自然破损之衣物，要做好记录，并让当事人签认，上报；

5. 对各部门送洗布草做好点数、检查、登记等工作，查出破损、重污等要特别说明，以确定其各自责任；

6. 将送洗工作服、布草等督促相关人员及时洗烫出，对未洗净、烫好的衣物要送相关人员重新处理，发现脱线、掉扣等要补好，衣物应成套用衣架挂好，衣物、布草应分类整理、摆放整齐；

7. 做好餐饮、康乐干净布草的发放登记工作；

8. 检查货架摆放是否合理，布草归位是否正确，并及时纠正；

9. 做好每日布草洗衣统计工作；

10. 做好与晚班人员交接工作；

11. 做好布草房清洁卫生，保持房内及物架清洁；

12. 执行其他工作指示（如报损、盘点等）。

（四）缝补制服

（1）检查的内容如下。

①检查制服，发现衣服掉扣，裤边开线应及时处理；

②裤子、裙子、拉链是否需更换；

③裤子长、衣服宽，需改制。

（2）缝补的内容如下。

①根据服装颜色挑选相匹配的线；

②钉扣时需归位准确，衣扣与袖扣统一；

③换拉链时，原坏拉链线头一定要拆除干净，线轨与原拆除线轨一致；

④缝补时力求面积小而无明显补痕。

（3）挂架。所有缝补的制服，经过检查，合格后才能挂架。

记忆力

一、选择题

1. 客衣收发员分送客衣时，对房门上挂有"请勿打扰"牌的房间，可_____。

　A. 打电话到房间　　　　　　　　B. 将衣物送到房间门口

　C. 暂时不送　　　　　　　　　　D. 向领班报告并记录

2. 大多数洗衣房在饭店组织机构中归_____管理。

　A. 客衣部　　　　B. 客房部　　　　C. 餐饮部　　　　D. 后勤部

3. 下列不属于洗衣房的业务范围的是_____。

　A. 客衣洗涤　　　　　　　　　　B. 布草洗涤

　C. 员工制服洗涤　　　　　　　　D. 洗衣设备维修

4. 下列关于洗衣房设置应坚持的原则描述错误的是_____。

　A. 洗衣房的设计应便于排水、通风、除尘等设备的安装

　B. 洗衣房应设置在距各设备机房较远的区域

　C. 洗衣房应设置在物料流通、人员通行比较方便的部位

　D. 洗衣房应与客房隔离或设置在离饭店公共区域较远的部位

二、填空题

1. 负责收洗客衣、洗涤员工制服和各部门所使用布草的客房部门是_____。

2. _____主要承担饭店各部门使用的布草及员工制服的收发与保管职责，是饭店重要的后勤保障性部门。

三、判断题

1. 饭店洗衣房设备的配备与饭店规模和档次有关。（　　）

2. 进客房收取客衣时，要按照进房程序敲门三下，并报"Laundry Service"。（　　）

分析力

一、简答题

1. 洗衣房的设备有哪些？

2. 如何收取客衣？

3. 如何进行布草的收发工作？

二、论述题

1. 试述客衣洗涤的工作流程。

2. 试述布草洗涤的工作流程。

三、分析题

1. 当洗衣房客衣收发员进房收取客衣时，住店客人要求你代为填写洗衣单，你将如何处理?

2. 如果你是洗衣工，当遇到洗衣单上并未写明衣物洗涤方法时，你将如何处理?

实 训

项 目 一：认识洗衣房常用设备

实训目的：了解星级饭店洗衣房常用的洗衣设备

实训内容：观察洗衣房常用设备的特点、功能与操作方法

实训考核：学生随机抽取一种洗衣设备进行描述

《洗衣设备描述》考核表

班级_____ 姓名_____ 学号_____ 时间_____

考核项目：<u>洗衣设备描述</u>

标准	分值	扣分	得分
设备特点	2		
设备功能	3		
应用对象	3		
操作方法	2		
总分	10		

考核教师_____

项 目 二：客衣折叠

实训目的：通过训练掌握各类客衣的折叠程序

实训内容：练习西服、西裤、衬衫等衣物的折叠操作

实训考核：学生随机抽取一种衣物进行折叠操作

《客衣折叠》考核表

班级_____ 姓名_____ 学号_____ 时间_____

考核项目：<u>客衣折叠</u>

标准	分值	扣分	得分
折叠程序	3		
折叠技巧	2		
折叠效果	3		
操作时间	2		
总分	10		

考核教师_____

第七章　客房对客服务

学习目的

- 了解三种常见的客房对客服务模式
- 理解客房优质服务的意义
- 掌握客房服务项目的服务流程与要求
- 掌握客房服务常用语言

学习要点

- 客房对客服务模式
- 各类宾客服务要求
- 客房优质服务
- 客房主要服务项目
- 宾客投诉处理
- 客房服务用语
- 客房服务质量控制

关键词：客房服务　服务模式　服务项目　服务用语

第一节　客房对客服务模式

一、客房常见对客服务模式

客房对客服务的组织模式一般有三种："楼层服务台"模式、"客房服务中心"模式和"既设立客房服务中心，又设立楼层服务台"模式。

（一）"楼层服务台"模式

"楼层服务台"模式即在客房楼层设立服务台，配备专职服务员，服务台后面设有供客房服务员使用的工作间。一般 24h 有服务员值班，为楼层住店客人提供服务，同时与总台保持着密切的联系，处理各种突发事宜。楼层服务台受客房部经理和楼面主管的直接领导，同时在业务上受总服务台的指挥。这种模式是我国客房服务中最基本、最普通、最传统的一种模式。

1. 楼层服务台的职能

（1）楼层服务台是为本楼层客人提供服务的基地；

（2）楼层服务台是客房部与饭店其他部门的联络中心；

（3）楼层服务台是本楼层的安全中心。

2. 设置楼层服务台的优缺点

楼层服务台作为一种传统的接待服务形式，有其弊端，但亦有其优势。其优点主要表现在：

（1）能为客人提供更加热情、周到的服务。这是楼层服务台最突出的优点，也是最能体现、最能代表我国服务特色的优点。楼层值班人员与客人的感情交流更容易使客人产生宾至如归的感觉，有利于增加饭店为客人提供服务的"人情味"（如图7-1所示）。

（2）能为客人提供更加安全、方便的服务。由于每个楼层服务台均有专职服务员值班，因此对楼层中的不安全因素能够及时发现、汇报与处理；同时，客人一旦有疑难问题需要帮助，一出门就能找到服务员，极大地方便了住店客人，使客人心里有踏实感。

（3）能为客人提供更加及时、快捷的服务。对于客人的即时需要，楼层服务台能及时、快捷、准确地提供相关服务。另外，能加快退房的查房速度，避免使结账客人等候过久，产生不愉快感受。

图7-1 饭店楼层服务台

但楼层服务台也有缺点，具体表现在：

（1）劳动力成本较高。由于楼层服务台均为24 h值班，要随时保证有人在岗，因此仅值台一个岗位就占用了大量的人力，给饭店带来较高的人力资源成本。这也是许多饭店淘汰这种服务模式的最主要原因。

（2）管理点分散，服务质量较难控制。分布在每个楼层的服务台势必造成管理难度的加大，台班上的每个服务员的素质水平多少又有些差异，一旦某一个服务人员出现失误，将会直接影响整个饭店的声誉。

（3）占用空间，减少客房营业面积。

（4）易使客人产生被"监视"之感。生活在现代社会的人们，尤其是一些西方客人对自身的各种权利非常重视，特别是个人的隐私权。因此，出入饭店的客人更希望有一种自由、宽松的入住环境，再加上有些饭店的值台人员对客人的服务缺乏灵活性和艺术性，语言、表情、举止过于机械化、程序化，更使客人容易产生不快，甚至感觉出入客房区域受到了"监视"。

客房服务员

客房楼层服务台服务员工作流程

1. 各班人员提前10min到岗，进行交接工作。

2. 员工到岗前，准备好客房房态表、预期离店表、领班查房表、员工清洁房间日报表、员工签到本、领取钥匙表等。

3. 检查交接记录，住客登记表，了解住客情况、会客记录、将夜班做好的房间出租状况表、上一班次发生的重要事情及时上报领班。

4. 检查维修记录，如有维修事项及时通知工程部并做好记录，直到维修项目合格验收。下班前尚未解决的问题在交接时要注明下班跟办。

5. 接听电话，答复客人咨询或要求，及时向有关方面发出并做好记录。

6. 客衣的收取工作，先填洗衣单，然后仔细核对登记，并送洗衣房，次日上午10：00取回，送还，按标准收取洗衣费。

7. 清理服务台及周围的卫生符合要求，并负责对计算机设备的保护及清洁工作。

8. 接受楼层服务员对房间客人耗用酒水情况的报账，输入计算机，与前台保持密切联系。

9. 负责客房钥匙的点收、控制、保管，严格执行借出和归还制度，对因工作过失造成的钥匙遗失负完全责任。

10. 退房时在最短时间内查房，将查房情况及时打电话通知前台，结清所有费用。

11. 负责向客人提供的有关服务设施保管、回收及保养，借入借出必须有完整的记录（插座、变压器、熨斗、吹风机等）。

12. 客人会客详细登记《会客登记簿》备查，夜间巡夜要有记录。

13. 客人遗失物品的登记、保管、发放：

A．在遗失记录本上详细、清晰记录备案，并由服务台经办人及捡拾人共同清点签字；

B．贵重物品直接交予保卫部或大堂经理；

C．在确认是客人物品准确无误时，查验客人有效证件，并请客人在遗留物品登记本上签字，同时记录有效证件号码；

D．客人遗失物品严格按饭店规定执行，及时通知部门与客人取得联系，无人认领的物品根据价值由部门经理决定处理。

14. 小结当班工作，记录备案，交接手续清晰明了。

（二）"客房服务中心"模式

客房楼层不设服务台，而是根据每层楼的房间数目分段设置工作间，工作间不担任接待客人的任务。客人住宿期间的服务要求由客房服务中心统一协调。客房服务中心配备专职联络员，负责客房对服务工作的联络协调。服务中心实行 24 h 值班制，设两部以上电话，联络员接到客人要求提供服务的电话后，进行详细记录，并通过饭店内部的呼叫系统迅速将客人的需求通知有关楼层的服务员，服务员根据有关要求和标准上门为客人提供服务。现代化饭店大多采用客房服务中心模式。

1. 客房服务中心的职能

客房服务中心是现代饭店客房管理的主导模式，是饭店客房管理的神经中枢，主要通过电话的形式为饭店的住客提供周到的服务。客房服务中心的主要职能是对饭店客房进行统一化、综合化和全面化管理。

（1）信息处理。客房服务中心主要负责与宾客和其他部门的信息收发传递。一般情况下，凡是与饭店客房部有关的工作信息，都会在第一时间传达到客房服务中心，然后经过客房服务中心工作人员的初步处理再具体传达给其他工作人员。中心联络员必须按《客房部接打电话服务规定》操作，并填写《客房部中心联络员工作记录》。

另外，客房服务中心需要随时掌握、核准房态信息。中心联络员负责随时与总台和楼层进行房态核对，填写《客房中心联络员工作记录》，并及时将房态信息输入计算机，确保资料与客房实际状态一致。

（2）失物管理。客房服务中心要与楼层服务员做好客人遗留物品交接工作，并做好登记，以备后查。

（3）物资管理。楼层领班每日填写《客房部楼层每日消耗补充单》，由客房服务中心物品领发员按《客房部消耗品管理及发放办法》送往楼层，每月由核算员按《客房部棉织品管理制度》对各楼层棉织品进行盘存。

（4）设备报修。中心联络员根据宾客或者楼层电话申报维修信息填写《维修单》并传递到工程部，由工程部负责实施维修，中心联络员负责记录维修反馈信息，并填写《客房部维修统计表》，确保房间设施设备完好。

（5）物品借用。宾客需要借用物品时，由中心联络员按《客房部租借服务管理办法》提供服务，确保服务周到、细致。

（6）客史档案管理。由楼层领班、服务员负责收集客史档案信息，并填写《宾客历史档案表》，部门经理进行评审，为向宾客提供个性化服务提供信息保障。

2. 客房服务中心的优缺点

客房服务中心模式是从国外引进的一种服务组织形式，客房服务中心在实际运作中也有其利弊，其优点表现在：

（1）为住店客人营造一个自由、宽松的住宿环境。没有楼层服务台可以使客房楼面经常保持安静，减少了对客人的过多干扰。另外，客人的服务要求由专门的服务人员上门服务，这能让客人感到更多的个人照顾，符合当今饭店服务行业"需要时服务员就出现，不需要时就给客人多一些私人空间"的趋势。

（2）客房服务中心管理大大提高了工作效率。从客房管理工作角度来看，采用客房服务中心的模式加强了对客服务工作的统一指挥，提高了工作效率，强化了服务人员的时效观念。服务信息传递渠道畅通，人力、物力得到合理分配，有利于形成专业化的客房服务队伍。

（3）人力资源成本下降。采用服务中心的形式大大减少了人员编制，降低了劳动成本。这在劳动力成本日益提高的今天尤显重要。目前，我国大部分中、高档次的饭店都采用了客房服务中心这一模式。

客房服务中心的缺点表现在：

（1）由于楼层不设专职服务员，给客人的亲切感较弱，弱化了服务的直接性；遇到一些会议客人、团体客人时，他们的服务要求一般较多，让客人不停地拨打服务中心的电话，客人必定会不耐烦。如果有些客人出现一些急需解决的困难，服务的及时性必将受到影响。

（2）采用客房服务中心的形式对楼层上的一些不安全因素无法及时发现、处理，在某种程度上影响了住客的安全感。

（三）"既设立客房服务中心，又设立楼层服务台"模式

除以上两种模式外，还有些饭店采用"既设立客房服务中心，又设立楼层服务台"的综合模式。这种模式可以吸取前两种模式的优点，克服前两种模式的部分缺点。其具体方法有以下两种：

（1）在客人活动的高峰时间安排专职楼层值台服务员负责对客服务。如有些饭店，白天楼层服务台有专职服务员，因为白天楼层事务以及对客服务工作比较多，楼层服务员的工作量也比较大；而在夜间大多数客人都休息，对客服务工作也比较少，一般可不安排专人值台。如果客人有什么服务需要，可由夜班服务员提供。夜班服务员一般在客房服务中心待命，上楼层提供服务时，将电话转移至总机，由总机接听服务电话。

（2）在部分楼层设立服务台，安排专职值台服务员负责对客服务工作。这些楼层主要用于接待内宾或需要特别关照的客人，其他楼层的对客服务工作由客房中心统一调控。

二、对客服务模式的选择和设计

对于一家饭店，客房到底应该选择哪种对客服务模式，是由多种要素决定的，需要综合考虑，影响对客服务模式的因素主要有以下几种。

（一）客源结构

饭店客房采用何种服务模式应根据自己的客源结构区别对待。一方面要考虑客源类型，如果饭店客源结构中外宾、商务散客占绝大多数，由于这些客人不希望经常被打扰，则可以采用服务中心的模式；如果饭店以接待会议团队客人为主，且又以内宾占绝大多数，由于这些客人需要更多的面对面服务，采用楼层服务台的模式更合适；如果客源构成比较复杂，则可考虑将两种模式结合起来，比如白天设楼层服务台，晚上由客房服务中心统一指挥协调，或者在个别楼层设置服务台。另一方面还要考虑客源层次，设立楼层服务台是现在一些豪华饭店提高其服务规格、档次的重要手段；或者是饭店在某些楼层设置服务台专门接待高规格客人，我们把这些楼层称为行政楼层（豪华楼层）。

(二) 硬件条件

首先，要考虑饭店服务用垂直交通能力。新建饭店一般有足够数量的服务电梯供员工工作使用，这时采用客房服务中心模式，服务人员一旦接到服务中心服务指示，能在第一时间赶到客人房间提供服务。而一些建造时间较早的饭店，员工服务电梯或者根本没有，或者严重不足，这种情况下如果采用客房服务中心模式，根本无法实现快速、及时的对客服务。

其次，要考虑饭店服务用通信条件。客房服务员在楼层工作时不断变换地点，因此要想采用客房服务中心模式，先决条件就是要能够在客房服务中心联络员和服务员之间建立一个良好的信息沟通渠道，这就需要饭店建立一套服务用的通信设备。现代饭店通常采用服务寻呼系统或者对讲机系统，现在一些饭店甚至开始使用小灵通或者手机。

最后，还要考虑饭店是否有完善的安全监控系统、锁匙系统。饭店采用楼层服务台模式有一个重要职能就是全面监控楼层客房的安全，而现代化饭店已经开始采用先进的智能监控与锁匙系统，楼层服务台的安全职能已由保卫部监控室全面取代。

(三) 安全条件

考虑到安全需要，是否采用客房服务中心模式，除了看饭店是否有强大的安全设施，还要看当地的社会治安状况。在社会治安较差的地方，由于安全隐患千变万化，楼层服务台还是能起到监控系统无法替代的作用。

(四) 劳动力成本

经济发达地区劳动力成本较高，饭店相对采用客房服务中心模式的就比较多；反之，则采用楼层服务台的比较多。当然也不尽然，在经济发达地区的一些豪华饭店里，为了提高客房产品质量，显示服务规格，仍有不少采用了楼层服务台的模式。

三、对客服务模式的发展趋势

随着我国饭店经营的国际化，饭店硬件条件的不断提升，劳动力成本的增长，更加高效快捷的客房服务中心模式必然会成为客房对客服务组织方式的主流。客房服务中心模式将逐步取代楼层服务台模式。

经典案例

"是客房中心吗？你们那儿有果盘吗？请你们送两个果盘来，我是8018房间。"客房服务中心的小李接到电话后立即答应道："请稍等，马上送来。"

小李打电话到水果房请服务员提供两份果盘，服务员则问："果盘通常有三款，分别为168元、98元、58元，客人要的是哪一款？"一时可把小李问住了，因为刚才小李压根儿就没问要哪一款的。"这样吧，就选98元的，做好后请你们服务员送到客人房间。"小李回答道。

水果房服务员端着两份已做好的果盘敲开了8018房门，出来迎接服务员的是一位戴眼镜的中年男性顾客。他一看面前的果盘，立即皱紧眉头，掠过一丝诧异的眼神，随即笑道："彼果盘非此果盘也。你们搞错啦，我要的只是空果盘，我要送给隔壁房间的领导。你们怎么不问清楚就送水果来了?"说完又哈哈大笑。水果房的服务员也觉得有点尴尬，不由自主地也笑了，然后说："对不起，是我们搞错了。您要的两个空果盘，我们马上送来。"说完只好将两份水果端走。

为了这两份水果有人"买单"，水果房主管按饭店规定，请服务员把这两份水果送到客房服务中心，以成本价"卖"给了接听电话的小李。在场的同事听完小李讲述水果来历后，一个个都乐了——下班后可以分享小李"买"来的水果啦!

案例点评

小李之所以"买"下这"苦果"，缘于工作马虎，如果小李能够多问一句"你需要哪一价位的"，就不会发生这种离奇的事情了。因此，服务员接受客人服务要求，切不可漏了"确认"这一环节。

类似于这种缺乏确认而铸成错误的事件不胜枚举。这里要特别提醒管理人员注意的是，在许多的服务程序中一定要设立"确认"这一环节，尤其是涉及与金钱相关的工作，而服务员在服务过程中也要特别注意严格执行这一环节。如总机接受叫醒时对房号、时间的确认，总台办理入住手续时对入住天数以及退房的时间确认等。

第二节　客房服务项目

一、客房部对客服务项目的设立

（一）国家和行业标准

国家和行业标准是评定某一饭店是否符合其星级要求的主要标准，也是各饭店客房部在设立服务项目时考虑的最主要因素。

（二）国际惯例

参照国际惯例设立服务项目是饭店与国际同行业接轨的具体体现，而且饭店的客人也期望能享受到国际标准的服务。例如，对于遗留物品的保管、物品的租借等服务，大多数星级饭店的客人都有此需求。

（三）本饭店客源市场的需求

满足客人的需求始终应是饭店努力的方向。饭店的类型不同，客源市场也不同，不同的客源市场对客房服务有不同的要求。在一些以接待国内会议为主的饭店，客人普遍有午休的习惯，因此，早晨的客房清扫、下午的客房小整理就会受到客人的喜欢；在一些以接待首长为主的饭店，"客到、茶到、毛巾到"的服务就显得非常重要，而对于大部分商务饭店来说，则可以省去这些服务。

（四）其他因素

其他一些因素也会对客房服务项目的设立及其具体的服务内容有一定的影响。这些因素有饭店的类型、硬件条件、房价、成本费用及劳动力市场等。

客房服务员

中华人民共和国星级饭店评定标准

五星级饭店客房硬软件要求：

a. 至少有 40 间（套）可供出租的客房。

b. 70％客房的面积（不含卫生间和门廊）不小于 $20m^2$。

c. 装修豪华，具有文化氛围，有舒适的床垫、写字台、衣橱及衣架、茶几、座椅或沙发、床头柜、床头灯、台灯、落地灯、全身镜、行李架等高级配套家具，室内满铺高级地毯，或用优质木地板或其他高档材料装饰，采用区域照明且目的物照明度良好。

d. 客房门能自动闭合，有门窥镜、门铃及防盗装置，显著位置张贴应急疏散图及相关说明。

e. 有面积宽敞的卫生间，装有高级抽水马桶、梳妆台（配备面盆、梳妆镜和必要的盥洗用品）、浴缸并带淋浴喷头（另有单独淋浴间的可以不带淋浴喷头），配有浴帘，水龙头冷热标识清晰，采取有效的防滑措施，采用豪华建筑材料装修地面、墙面和天花，色调高雅柔和，有良好的无明显噪声的排风系统，温度与客房无明显差异。有 110V/220V 不间断电源插座、电话副机，配有吹风机，24 h 供应冷、热水。

f. 有方便使用的电话机，可以直接拨通或使用预付费电信卡拨打国际、国内长途电话，并备有电话使用说明和所在地主要电话指南。

g. 提供国际互联网接入服务，并备有使用说明。

h. 有彩色电视机，播放频道不少于 16 个，画面和音质优良，备有频道指示说明，播放内容应符合中国政府规定。

i. 有可由客人调控且音质良好的音响装置。

j. 有防噪声及隔音措施，效果良好。

k. 有至少两种规格的电源插座，方便客人使用，并提供插座转换器。

l. 有沙帘及遮光窗帘。

m. 有单人间。

n. 有套房。

o. 有至少 4 个开间的豪华套房。

p. 有与本星级相适应的文具用品，有服务指南、价目表、住宿须知、所在地旅游景区（点）介绍和旅游交通图、与住店客人相适应的报刊。

q. 客房、卫生间每天全面清理一次，每日应客人要求更换床单、被单及枕套。客用品和消耗品补充齐全，并应客人要求随时进房清理，补充客用品和消耗品。

r. 床上用棉织品（床单、枕芯、枕套、棉被及被衬等）及卫生间针织用品（浴巾、浴衣、毛巾等）材质良好、工艺讲究、柔软舒适。

s. 提供开夜床服务，放置晚安致意卡。

t. 24 h 提供冷热饮用水及冰块，并免费提供茶叶或咖啡。

u. 客房内设微型酒吧（包括小冰箱），提供适量酒和饮料，备有饮用器具和价目单。

v. 客人在房间会客，可应要求提供加椅和茶水服务。

w. 提供叫醒、留言及语音信箱服务。

x. 提供衣装干洗、湿洗、熨烫及修补服务，可在 24 h 内交还客人，提供 18 h 加急服务。

y. 有送餐菜单和饮料单，24 h 提供中西餐送餐服务，送餐菜式品种不少于 8 种，饮料品种不少于 4 种，甜食品种不少于 4 种，有可挂置门外的送餐牌。

z. 提供擦鞋服务。

二、对客服务流程

（一）迎客服务

1. 了解客情

根据总台的通知单，尽可能详细地了解客情，以便在接待服务中有针对性地提供优质服务。做到"七知、三了解"：知接待单位、人数、国籍、身份、生活特点、接待标准、健康状况；了解客人到（离）店时间、了解车、船、航班时间、了解客人宗教信仰。

2. 布置房间

准备工作是客房优质服务的序幕。准备工作做好了，才能更好地提供优质服务，满足客人休息、住宿的需要。客人预定的房间，要在客人到达前一小时整理好，保持清洁、整齐、卫生、安全。设施要齐全完好，符合客房等级规格和定额标准，以保证客人需要。

检查房间设备、用品。房间整理完成后，领班要全面、逐步、逐项地检查房间的设备和用品，包括：门窗是否安全，电器开关有无损坏，卫生间设备是否灵便，物品是否放在规定的位置，拉上窗帘、掀开被角、打开床头灯。

调节好客房空气和温度。客人到达前要根据气候和不同地区的实际需要，调节好房间的空气和温度。

3. 迎接客人

楼层服务员要整理仪容、仪表、服装、发式，等候客人的到来。在电梯口迎接客人，引领客人进房间，送迎客茶，介绍房间设施及服务项目等；然后协助行李生将客人行李（团队）分送至各房间。

（二）住店日常接待服务

客人住店期间服务内容主要包括规范服务（常规服务）与针对性服务（特殊服务）两类。常规服务是饭店按星级标准必须提供给住店客人的服务项目，是对客服务的根本，如洗衣服务、送餐服务等；而特殊服务则是饭店根据客人的特殊情况提供的额外服务，是客房提高服务水准，体现服务质量的重要手段，如病客服务、醉客服务等。客房只有同时做好规范服务和针对性服务才能真正做到优质服务。

（三）送客服务

1. 客人退房前准备工作

掌握客人离店时间，问清客人是否需要叫醒服务、是否房间用餐；如果客人次日离店，团队房要根据行李多少，安排行李员；要检查客衣情况、各种账单及各项委托代办事项是否办好；客人临行前，服务员应利用房间服务的机会，检查各种物品及设备有无损坏或欠缺；临行前，应主动征求客人的意见和建议。

2. 送别客人

主动为客人按电梯，主动提行李，主动搀扶老、弱，送至电梯口，并致离别祝愿。

3. 行后检查

检查客人有无遗留物品；检查房间设施设备有无损坏，有无消费项目。

客房服务员

查房标准

查退房时间为 5min 以内，其中包括前台收银员将房号报与房务中心及房务中心文员，再将房号报与楼层所花费的时间，故须加快查退房速度，在确保查房准确的前提下将查房时间控制在 5min 以内。

1 房务中心文员将前台收银报上的房号记录，并迅速传呼相关人员。

2 相关人员接到信息后，立即回复房务中心，确定退房房号后，立即查房。

3 进入退房后，按如下要求对退房进行检查：

3.1 检查衣柜、行李柜及写字台抽屉、床和卫生间等处，是否有客人遗留物品，如有立即电告房务中心，由房务中心文员联系前台收银员，前台收银员询问客人是否还要，如要请行李员去楼层服务台领取，如客人不要则交至房务中心统一处理。

3.2 检查小酒吧酒水及点心客人是否使用，如有则如实填写小酒吧《酒水单》。

3.3 检查床上物品，如羽绒被、毛毯、枕芯、床罩、床单等是否缺失或破损。

3.4 检查房间重要设备如电视机、冰箱、电热水器、灯具等是否缺失或破损。

3.5 检查房间窗帘、沙发、椅子、写字台及其他家具是否有破损或烟洞。

3.6 检查房间配置物品，如茶杯、烟缸、茶叶篮、衣架、文件夹、服务指南、便笺夹等物品是否缺失或破损。

3.7 检查房间墙纸、地毯是否有烟蒂烫伤痕迹或较大面积的污渍。

3.8 检查设施设备是否有破损。

3.9 检查卫生间四巾是否缺少或破损。

3.10 检查客人是否填写《宾客意见书》，如有则上交至客房部经理，由客房部经理呈交部门总监、总经理处理。

4 在对退房进行检查后，将查房结果迅速电告房务中心、前台收银，如发现客人损坏或带走客房设施设备及非一次性客用品，则按《客房物品赔偿表》，将赔偿金额报与前台收银入账，并将此事上报房务中心，并由房务中心文员填写《费用清单》送交前台收银核对并签字，然后将底联取回存档。

5 注意事项：

5.1 相关人员在接到退房信息后，不得以"该房间不属于我的范围"为由而推卸查房责任。

5.2 在中午用餐时一定要注意万能钥匙及对讲机的交接，切忌出现楼层无人查房或有人但无万能钥匙的情况。

5.3 在查退房时如发现该房间仍有客人或行李，应立即电告房务中心，由房务中心文员与前台联系解决。

5.4 当某一时刻，同时退房的房间数量在三间或三间以上时，房务中心将传呼相关区域领班以协助对退房进行检查。

5.5 如有团队退房时，前台将提前通知房务中心，房务中心汇报主管后由主管统一安排。

三、客房常规服务项目

（一）洗衣服务

洗衣服务是住店客人需求较多的一项服务项目，也是国家旅游局星级评定标准中规定高星级饭店必须提供的服务内容。从住店客人对客房投诉来看，洗衣服务的投诉比率较高，因此优质的洗衣服务是客房部重要的工作内容之一。

1. 收取客衣

（1）客人交洗的衣物或客房服务员从房间收洗的衣物，都必须有客人填写的洗衣单并签名；

（2）如客人未作交代，放在洗衣袋内未填写洗衣单的，不能交到洗衣房洗涤，需征求客人意见后再作处理；

（3）客房服务员应对客人交洗的客衣进行仔细检查，有无破损、衣袋内有无客人遗留物品；

（4）按客人填写的洗衣单，核对客人姓名、房号、日期、衣物名称、件数是否相符；

（5）了解是哪种洗衣类型；

（6）按饭店规定时间交洗衣房；

（7）如洗快件，应尽快通知洗衣房；

（8）有特殊要求的客衣，应在洗衣单上注明；

（9）填写收洗客衣记录，尽快将洗衣单传至总台入账。

2. 送还客衣

（1）洗衣房送回客衣时，应按洗衣单逐件进行清点（不能折叠的衣物需用衣架挂放）；

（2）检查洗涤质量：衣物有无破损、缩水、有无褪色等；

（3）送客衣进房间，应按程序进门，请客人检查验收，清点完毕后向客人道别；

（4）如客人不在房间，把衣物摆放在床上或挂于衣橱内（将衣橱门打开）。

注意事项：当客人投诉洗衣服务时，应报告上级，查找原因，妥善处理。

经典案例

江苏省某市一家饭店住着台湾某公司的一批常住客。某日，一位台湾客人的一件名贵西服弄脏了，需要清洁。当服务员小江进房送开水时，客人便招呼她说："小姐，我要洗这件西装，请帮我填一张洗衣单。"小江想也许客人是累了，就爽快地答应了，随即按她所领会的客人的意思，帮客人在洗衣单湿洗一栏中做了记号，然后将西装和单子送进洗衣房。接收的洗衣工恰恰是刚进洗衣房工作不久的新员工，她不假思索地按照单上的要求将这件名贵的西装进行湿洗。不料，在西装口袋盖背面出现了一点破损。台湾客人收到西装，发现有破损，十分恼火，责备小江："这件西装价值四万日元，理应干洗，为何湿洗？"小江连忙解释说："先生，真对不起，不过，我是照您的交代填写湿洗，没想到会……"客人更加气愤，打断她的话说："我明明告诉你干洗，怎么硬说我要湿洗呢？"小江感到委屈，说："先生，实在抱歉，可我确实……"客人气愤之极，抢过话头，大声嚷道："你真不讲理，我要向你们上司投诉。"

客房部经理接到客人的投诉——要求赔偿西装价格的一半两万日元时，吃了一惊，立刻找小江了解事情原委，但究竟客人交代干洗还是湿洗，双方各执一词，无法查证。经理十分为难，感到事情严重，便向主持饭店工作的常务副总经理作了汇报，常务副总经理也感到棘手，便召集饭店领导反复研究，考虑到这家台湾公司在饭店有一批常住客，尽管客人索取的赔偿大大超出了饭店规定赔偿标准，但为了彻底平息这场风波，稳住这批常住客，最后还是接受了客人过分的要求，赔偿了两万日元并留下了这套西装。

案例点评

本例中的赔偿纠纷，虽然起因于客人让服务员代填洗衣单，以致纠缠不清，但主要负责仍在饭店方面。

①客房服务员不应接受客人代填单子的要求，应委婉拒绝；

②即使代客人填了单子，事后也应该请客人过目，予以确认，并请客人亲自签名，以作依据；

③洗衣房也有责任。首先，洗衣单上没有客人的签名，不该贸然下水；其次，洗衣工若能敏锐的觉察湿洗名贵西服是不正常情况，重新向客人了解核实，完全可以避免差错。因此洗衣工对业务不熟，工作不够细致周到，也是导致差错的主要原因。

（二）客房小酒吧服务

客房小酒吧的设立既方便了客人，同时能够增加饭店的经济收入。

1. 酒水发放

（1）房间小酒吧由楼层领班统一管理，酒水在服务中心领取；

（2）由领班按规定品种及数量领取，按要求摆放；

（3）填写酒水领取登记，品名、数量应相符，并注明发放时间及发放人。

2. 酒水补充

（1）服务班根据当日客人消费单进行补充，并检查酒水质量和保质期（如表7-1所示）；

（2）将客人消费单客房联交于服务中心；

（3）住人房消费酒水需经客人签字确认后，再行补充。

3. 酒水检查

（1）领班查房时对小酒吧物品逐项进行检查、并登记；

（2）服务班对住客房每日检查三次；

（3）当客人离店时，服务班在第一时间进房检查酒水消费情况，及时报告服务中心。

注意事项：注意小酒吧客人的消费情况，及时清点，填补酒水饮料；注意控制好小酒吧酒水的损耗率（客人逃账、自然损耗等）。

表7-1 　　　　　　　　　　　客房小酒吧日报表

楼层＿＿＿＿＿＿＿＿＿　　　　　　　　　领班＿＿＿＿＿＿＿＿＿

日期＿＿＿＿＿＿＿＿＿

品种 \ 时间	拿破仑	VSOP	百龄坛	威士忌	红牌苏联	伏特加	甘露咖啡酒	必发达今酒	郎姆酒	青岛意丝琳	仙鹿小香槟	可口可乐	依云矿泉水	崂山矿泉水	青岛啤酒	进口啤酒	雪碧	橙汁	番茄汁	果汁饮料	各类小吃
小计																						

（三）加床服务

1. 服务流程

（1）接到加床通知后，随即提供该项服务，通常是在客人未住进时完成；

（2）总台通知服务中心后，必须及时在房间报表上记录加床的房号；

（3）服务中心通知领班或台班做加床服务；

（4）检查备用床是否有损坏，并擦拭干净，推入房间后铺好床；

（5）加床后，需增加房内相关低耗品及备品的数量。

2. 注意事项

续住房提早退床，需在"房间报表"上注明退床，并通知总台。退房后，床铺要尽快收好归位，备用枕头、棉被等检查无问题后，折叠整齐放回原位。表7-2是饭店客房加床申请表。

表 7-2   客房加床申请表

MINDY PARADISE HOTEL

EXTRA BED/BABY CRIB REQUEST FORM

Date：

Room Number	Guest Name	Date

（四）托婴服务

（1）客人需要提供托婴服务（如图 7-2 所示）时，提前与客房服务中心联系，并由服务中心请客人填写一张《托婴服务申请表》（如表 7-3 所示）；

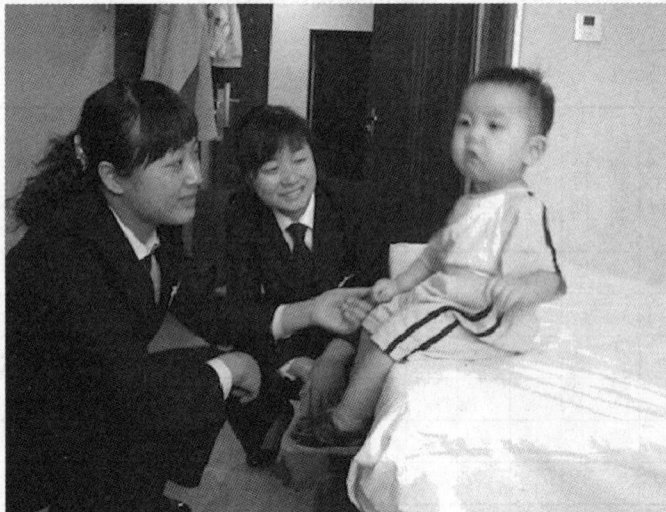

图 7-2 客房部员工受客人委托正在照顾小孩

（2）详细核对客人所填表格，了解有关婴儿的生活习惯，是否有特殊要求，并特别注意客人在表格中填写的有关吩咐；

（3）当值经理根据婴儿的性别、年龄情况安排适合人员提供看护服务；

（4）看护人员要按时抵达看护地点，并留意客人的有关吩咐，处理交接事宜；

（5）服务中看护人员必小心谨慎，不能离开小孩，不能随意给小孩吃东西，不让小孩接近容易碰伤的东西，不能把小孩带离指定的地点；

（6）客人外出时，请客人留下联系电话，以便出现特殊情况进行联系；

（7）将婴儿安全地交还给客人后，请客人签单确认付费；

（8）完成托婴服务后，及时通知客房中心并由客房中心处理有关费用问题。

表 7 - 3   客房托婴服务申请表

AGORA GARDEN
LUXURE SERVICED APARTMENTS
BABYSITER REQUEST

Date

Guest's Name

Room No.

Dear Guest,

As requested by you we have arrange for:

Name of Babysitter

to report to you from   to   on

    Kindly note that there is a minimum charge of   for the first 2 hours of babysitting. A fee

of   is charged for each additional hour. If you release the babysitter after 10：00pm, please

pay her a fee of   for taxi fare. A cancelation fee of   plus a taxi fare of   are chargeable

if notice is given less than 4 hours prior to commencement time

All payment should be made directly to babysitter.

Under no circumstances shall AGORA GARDEN be liable to compensate the tenant for any

accident, negligence, willfully or otherwise, caused by the babysitter.

Thank you

I fully accept the above term and conditions.

Signature：

Tenant

（五）房内送餐服务

1. 接受预订

（1）礼貌应答客人的电话预订："您好，送餐服务，请问有什么需要服务的?"（Good morning/afternoon/ evening , Room service, can I help you?）。

（2）详细问清客人的房号，要求送餐的时间以及所要的菜点，并复述一遍。

（3）将电话预订进行登记。

（4）开好订单，并在订单上打上接订时间。

2. 准备工作

（1）根据客人的订单开出取菜单。

（2）根据各种菜式，准备各类餐具、布草。

（3）按订单要求在餐车上铺好餐具。

（4）准备好菜、咖啡、牛奶、糖、调味品等。

（5）开好账单。

（6）个人仪表仪容准备。

3. 检查核对

（1）领班认真核对菜肴与订单是否相符。

（2）检查餐具、布草及调味品是否洁净无污渍无破损。

（3）检查菜肴点心的质量是否符合标准。

（4）检查从接订至送达这段时间是否过长，是否在客人要求的时间内准时送达。

（5）检查服务员仪表仪容。

（6）对重要来宾，领班要与服务员一起送餐进房，并提供各项服务。

（7）检查送出的餐具在餐后是否及时如数收回。

4. 送餐进房

（1）使用饭店规定的专用电梯进行送餐服务。

（2）核对房号、时间。

（3）敲门三下或按门铃，并说明送餐服务已到，即"客房服务（Room service）。"在征得客人同意后，方可进入房间。

（4）客人开门要问好，并请示客人是否可以进入："早上好/上午好/晚上好，先生/小姐，送餐服务，请问可以进去吗?"（Good morning/ afternoon/evening , Sir/Madam, Room service , May I come in?）。

进入房间后，询问客人餐车或托盘放在哪里："请问先生/小姐，餐车/托盘放在哪里?"（Excuse me，Sir /Madam, where can I set the tray? ）。

（5）按规定要摆好餐具及其他物品，请客人用餐，并为客人拉椅。

（6）餐间为客倒茶或咖啡，各种需要的小服务。

（7）请客人在账单上签字，应对客人指点签字处，并核清签名、房号（或收取现金）："请您在账单上签上您的姓名和房号。"（Sign your name and room number here, please. ）。

（8）问客人还有什么需要，如无需要，即礼貌地向客人道别（Anything else would you

like? Enjoy your meal，please，Goodbye）。

（9）离开客房时，应面朝客人退三步，然后转身，出房时随手轻轻关上房门。

5. 结束工作

（1）在登记单上注销预订，并写明离房时间。

（2）将来宾已签字的账单交账台。

（3）将带回的餐具送洗碗房清洗。

（4）清洁工作车，更换脏布草。

（5）领取物品，做好准备工作。

（六）夜床服务

1. 夜床服务的意义

（1）开夜床以便客人休息。

（2）整理干净环境，使客人感到舒适温馨。

（3）表示对客人的欢迎和礼遇规格。

2. 夜床服务的内容

（1）做夜床。

（2）卧室整理。

（3）卫生间整理。

3. 夜床服务作业标准

（1）17：30 之后开始夜床服务。

（2）按照进房程序敲门或按门铃，并通报自己的身份和目的："夜床服务"（Turn down service），如果客人在房内，则应征得住客同意方可进入，并礼貌地向客人道晚安，如果客人不需要开夜床，服务员应在夜床表上做好登记。

（3）开门将取电卡插入取电器内，将空调开到指定（1 档 20℃～24℃）的刻度上。

（4）轻轻拉上遮光窗帘和二道帘。

（5）将电热水壶换水烧开。

（6）开床（以中式做床为例），其作业标准如下。

①将床上抱枕、床饰带放于行李柜抽屉内；

②将棉被拉下，棉被口距床头 30cm，与枕头边平齐，再由被子中线处向开夜床方向折 90 度直角，以方便就寝和保持美观，并将早餐牌放好；

③拍松枕头并将上层枕头斜放于下层枕头前端 1/3 处；

④将夜床地巾放于开床处床前，地巾店标朝向床侧，标准间睡两人时，地巾放于两床中间，大床睡两人时，两边开床处均放地巾；

⑤将一次性拖鞋放于地巾上，店标朝向床侧。

（7）清理烟缸、桌面和倒垃圾等，如有用膳餐具也一并清除，通知送餐部收取。

（8）整理卫生间时要注意如下内容。

①冲马桶，并将马桶盖及坐垫掀开；

②脸盆、浴缸、座厕如使用过，应重新擦洗干净；

③将地巾放在浴缸、淋浴间外侧地面上，店标朝外，勿盖住地漏；

④将浴帘放入浴缸内，并拉出 1/3，以示意客人淋浴时应将浴帘拉上并放入浴缸内，避免淋浴的水溅到地面；

⑤将用过的毛巾收去并换上干净的毛巾；

⑥如有加床，增添一份客用品。

（9）将浴衣从衣橱内撤出，挂于浴室门后。

（10）放入当日报纸。

（11）进行灯光控制时要注意。

①标准间除夜灯、廊灯、床头灯及卫生间日光灯外，关掉其他所有的灯；

②套间除夜灯、廊灯、床头灯、台灯及卫生间日光灯外，关掉其他所有的灯；

③如果客人在房内，不用关灯。

（12）检查有否遗漏并做补充，向客人道别后退出房间，轻轻将房门关上。

（13）填写《夜床报表》。

客房服务员

做夜床西式开床程序

操作程序

1. 折叠床罩，放入规定地方；
2. 床头的毛毯，被单一起翻折 30°角，叠齐压好；
3. 整理枕头；
4. 放晚安卡、鲜花、巧克力等；
5. 睡衣放枕头上；
6. 放拖鞋于床前或沙发前；
7. 打开背景音乐，电视机遥控放于床头柜，打开规定灯具。

注意事项

1. 两张床，两人住，开靠床头柜侧；
2. 两张床，一人住，开靠近卫生间的一张；
3. 大床一人住，开靠有电话机的床头柜的一侧；
4. 大床两人住，两边均开。

（七）擦鞋服务

1. 接到要求

（1）在接到客人要求后，应及时前往客房收取擦鞋篮。

（2）在过道巡视时，发现住客房门前的擦鞋篮，应立即拿到工作间进行擦拭。

2. 擦鞋

（1）将鞋篮编号，并将客人的房号写在纸条上放入鞋篮内或用粉笔在鞋篮注明房号，防止弄混。

（2）将鞋放置于工作间或服务中心，按规程擦鞋，应注意避免混色及将鞋油弄在鞋底。

3. 送还

（1）一般应在半小时后、两小时之内，将擦好的鞋送入客人房内。

（2）对于提出特别时间要求的客人，应及时将鞋送回。

（3）送还时如果客人不在房间，应将擦好的皮鞋放于行李柜侧。

（八）留言服务

留言服务可分为访客留言和住客留言两种。

1. 访客留言

访客留言是指来访客人对住店客人的留言，一式三联。问讯员在接受访客留言后，首先应开启被访者客房的留言灯，接着将访客留言单的第一联放入邮件架，第二联送电话总机，第三联交行李员送往客房，将留言单从房门底下塞入客房。

对于留言传递的基本要求是迅速，准确。

2. 住客留言

住客留言是住店客人给来访客人的留言，住客留言单一式二联。问讯组、电话总机各保存一联。接到客人留言服务要求时，要准确记录留言人姓名、房号、留言内容及有关要求，并及时转达。

（九）来访服务

1. 访客服务的程序

①礼貌问候，电话通知被访客人；

②客人同意，请客人上楼，请来访客人登记；

③为客人指路，通知楼层服务员上访客茶；

④访客离店时，礼貌道别并记录离开时间。

客人不在时建议留言，客人不见，向访客表示客人不方便见客。

2. 现场陌生人的处理方法

在客房楼层发现陌生人长时间徘徊时，应礼貌地上前征询客人意见是否需要帮忙，如果客人是住店客人或访客，应核对客人的身份；如果是访客而客人不在，应建议客人到楼座大堂等候；如果客人形迹可疑，应立即汇报上级，酌情与保安部联系。

（十）借用物品服务

1. 工作程序

（1）接到通知后，采取如下工作程序。

①电话响三声内按标准接听；

②仔细询问客人租借物品的名称、要求以及租借时间等。

（2）送用品至房间时，要注意如下内容。

①到服务中心领取租借物品；

②将用品迅速或在客人约定的时间送至客人房间，向客人说明注意事项，并请客人在《租借物品登记表》（如表7-4所示）上签名。

表 7 - 4 客房对客租借物品登记表

日期	序号	物品及序号	经手人	联络员	归还人	归还时间	接受人

(3) 记录。在交接记录上详细记录，以便下一班服务员继续服务。

(4) 归还物品时，要注意如下内容。

①当客人离店时，应特别检查客人有无租借物品及有无归还等；

②当客人归还物品时，服务员应做详细记录；

③及时将物品归还服务中心。

2. 注意事项

(1) 为方便客人，饭店应在客房内的"服务指南"中注明客房部可提供此项服务，并告知客人服务的方式和联络的方法。

(2) 客人可通过电话或向客房服务员提出租借物品要求。客房服务员应仔细询问客人租借物品的名称、要求以及租借的时间，如何时要、需要多长时间等。

(3) 在放下电话后，应以最快的速度（5min 内）或准时在与客人约定的时间将物品准备好送到客人房间。请客人在《租借物品登记表》上签名。《租借物品登记表》上应注明租借物品的注意事项，如请客人在使用完毕后尽快通知服务人员前来收回，以方便其他客人的租借使用，还应告知客人若损坏或将物品遗失须照价赔偿等。但应注意措辞，勿让客人产生误解或不礼貌的感觉。

(4) 过了借用时间或时限，客人仍未归还物品，客房服务员可主动询问客人，但应注意礼貌和询问方式。

(5) 客房服务员在交接班时，应将租借物品服务情况列为交接班内容，说明客人租借物品情况，以便下一班次的客房服务人员继续服务。

(6) 客人归还物品时，客房服务员应做好详细记录，并在交班时说明已收回。

(十一) 客人遗留物品作业标准

1. 作业标准

(1) 在饭店捡获的任何物品，都必须尽快交到前台。

(2) 客房部员工收到捡获物品后，需将其记录在客房部《遗留物品登记表》上，填写日期、房号、捡获地点、物品名称、捡获人的姓名及部门等，由拾获人签名并核对输入计算机。

(3) 所有遗留物品都必须由房务中心定期转交存放在前厅失物储藏柜内。贵重物品和一般物品分开，贵重物品由大堂副理保存在饭店保险箱内。

(4) 贵重物品（如珠宝、钻石、相机、放映机、手表或价值超过 90 元人民币的物品等）

由大堂副理通过查户籍登记了解客人单位或地址，写信通知客人认领。如保留时间超过1年无人认领，由前厅部经理上报总经理后处理。

（5）一般物品保留时间6个月，如无人认领，由前厅部经理上报总经理后处理。

（6）如客人回来认领，须重复一次遗失物品的内容、遗失地点，核准后如数交给客人，并请客人在收条上签名。如贵重物品还须留下客人身份证复印件。

2. 客人认领方式及处理

（1）通过电话、传真或写信认领。凡客人通过传真、电话或写信认领之物品，如查登记簿确实符合，即去信或传真电话通知客人，并问清楚客人要求的处理方法，如客人要求寄回，费用由客人付，但可先把物品寄给客人，然后把账单副本汇给客人，要求客人把款项汇回饭店；如属贵重物品，可通知客人先汇款再把物品寄给客人。此项工作由前厅部办理。

（2）客人通过亲属、朋友或委托其他人来认领时，须问清楚客人姓名，将遗失物品给来人，并叫来人签名代收。

（3）凡客人回来要求认领即通知其到前厅行李房，当班的主管和职员须问清客人入住日期、遗失地点，所有资料相符时才可把物品交给客人，并叫客人签收。

（4）凡客人通过各种形式回来认领物品，而饭店经过检查没有发现该项物品时，须给客人一个明确的答复。

（5）如客人报失物品，而又匆忙离店时，可要求客人先留下联系地址，然后再给客人一个明确的答复。

（6）属员工不慎把物品丢失，事后找回而客人要求寄回时，费用由饭店付，但对当事人要求作出处理；如属员工不小心把客人物品丢失而又找不回。客人要求索赔时，费用由饭店付，但对当事人要作出处理。

（十二）客房其他服务

1. 客人生日特别服务

遇到住店客人生日，饭店客房部应配合大堂副理将生日蛋糕、贺卡或花篮等送入房间，向客人表示祝贺。服务中应热情、大方、礼貌，语言规范，使客人感到亲切、舒适。

2. 客人结婚服务

遇有新婚蜜月夫妇居住饭店或客人在饭店举行婚礼，饭店客房部负责给客人布置有浓厚喜庆气氛的婚房，送上结婚贺卡、纪念性的结婚礼品给客人，并祝他们新婚快乐，用优良的服务使客人终身难忘。

3. 长住客人特别服务

对长住客人建立客史档案，客人的姓名、房号、居住时间、生活特点、特殊要求等掌握清楚，提供个性化服务。节日为客人赠送贺卡、小礼品以示祝贺。

四、客房特殊服务项目

（一）贵宾服务

贵宾是指散客和团队客人中，能够对本饭店的业务有极大帮助或者可能为饭店带来业务的人。知名度高的外交家、艺术家，政界和商界要人，社会名流，本饭店同系统的机构负责人或高级职员，与饭店同行单位的负责人或高级职员等均属此列。

1. 贵宾等级划分

星级饭店通常将以下宾客纳入 VIP 的范围：

（1）党、政、军官员。党、政、军官员为 VIP，主要分以下几种类型。

①国家元首级领导；

②国家部委办领导；

③省级领导；

④省厅、司局领导；

⑤市党政军负责人。

（2）社会名人。社会名人主要分以下几种类型。

①影视娱乐体育界著名演艺人员、运动员；

②社会各界名流；

③新闻传媒的资深编辑、记者；

④知名人士。

（3）业内人士及其他。除上述两种类型名人为 VIP 外，以下人士也可作为 VIP。

①旅游饭店董事长、总经理；

②曾经对饭店有过重大贡献的人士；

③相关行业管理部门人员；

④饭店邀请的宾客；

⑤本人入住饭店豪华房 3 次以上的宾客；

⑥本人入住饭店 10 次以上的宾客；

⑦大型合作伙伴的董事会成员；

⑧来本地的外商代表、外籍工程师；

⑨总经理指定的客人；

⑩根据饭店统计排名前十名的公司预定。

每家饭店由于星级、规格与档次不尽相同，因此划分贵宾等级的标准各不相同，饭店通常将 VIP 划分为四个级别，自高至低依次为 VA、VB、VC 和 VD（如表 7-5 所示）。

表 7-5 VIP 宾客等级划分

等级	资格、条件
VA	国家元首级；国家部委领导；省级领导
VB	省厅、司局的领导；市党政军负责人，社会名流（演艺界、体育界、文化界、科学界、新闻界）；行业管理部门人员；曾经对饭店有过重大贡献的人士
VC	旅游饭店董事长、总经理；知名旅游企业总经理；饭店邀请的宾客；特殊经营关系的人员；消费排名前十名的单位
VD	入住饭店豪华房 3 次或入住旅游饭店 10 次以上的宾客

2. VIP 接待要点

(1) 及时传递信息；

(2) 注意细节，精益求精；

(3) 确保员工尽可能地用姓氏或尊称称呼客人；

(4) 提供针对性服务；

(5) 尽量不打扰客人；

(6) 服务适度；

(7) 协助前厅选好用房。

3. 饭店 VIP 接待服务总流程

(1) 旅游饭店高层管理者获得信息；

(2) 旅游饭店各部门管理人员建议信息；

(3) 旅游饭店营销部掌握信息；

(4) 营销部汇总信息、确认；

(5) 营销部拟订接待标准、计划，报管理层申批；

(6) 营销部向各部门发出接待通知单；

(7) 召开接待协调会议，制订详细接待方案；

(8) 明确各部门任务；

(9) 各部门准备；

(10) 按 VIP 等级由相关人员检查各部门准备情况；

(11) 配合完成接待服务；

(12) 总结经验与不足，并由营销部将所有接待资料存档。

4. 各级 VIP 客房部服务程序与标准

VA 级接待服务程序与标准。VA 级接待服务程序如下。

(1) 接到营销部下发的"VIP 接待计划书"，立即仔细阅读并记录在案；

(2) 客房部经理参加接待协调会议，明确本部门接待任务和要求；

(3) 召集本部门领班或主管以上会议，制订部门接待计划、方案，责任落实到人；

(4) 本部门各岗点必须熟记贵宾的人数、姓名、身份、在店时间、活动过程等内容；

(5) 各级管理人员逐级检查下级准备工作完成情况，要求逐条落实；

(6) 配合工程人员检查贵宾用房，确保设备使用无误，保证贵宾房设施设备始终处于良好状态；

(7) 贵宾入住前 2 小时按等级标准摆设好鲜花和果篮等；

(8) 贵宾为外籍，应按照贵宾国籍送该国语言报纸，如没有，则送英文报纸，内宾送当日当地报纸；

(9) 将电视调至贵宾母语频道，可能的话，显示中英文对照的欢迎词；

(10) 贵宾抵店前 30min，打开房门，开启室内照明灯；

(11) 贵宾抵店前 30min，PA 班组负责从一楼门口至电梯口铺设红地毯并随时保持地毯的清洁；

(12) 客房服务中心在贵宾抵店时，立即电话通知相关部门；

(13) 礼宾组安排专人等候在电梯门口,专为贵宾开电梯;

(14) 贵宾抵店,由客房部经理率当值管理人员及优秀服务员在楼层迎接;

(15) 贵宾入住 3min 内,根据人数送上欢迎茶;

(16) 贵宾住店期间,客房部员工应密切配合保安人员做好保卫工作,热情礼貌、准确有效地答复贵宾提出的问题;

(17) 无差错做好贵宾在住店期间的各项服务工作,可能的话提供"贴身管家服务";

(18) 关于贵宾洗衣服务,取回贵宾衣物,立即注明 VIP,进行专门登记与存放;贵宾的衣物,由洗衣房经理全面检查跟进,确保洗衣质量;严格检查,按面料确定洗涤方式,单独洗涤,确保不发生问题;贵宾衣物洗涤以后,交熨烫组领班负责熨烫;洗衣房主管亲自检查洗衣质量;包装完毕,立即送至楼层。

VA 级接待服务标准如下。

(1) 饭店豪华轿车一辆负责迎送贵宾的备用;

(2) 贵宾在店期间,饭店豪华轿车一辆 24 h 听候调用;

(3) 贵宾抵店前 15min,保安部保安、饭店欢迎队伍等在主楼通道前就位,等候贵宾抵达,贵宾抵店前 10min,饭店总经理等高管、营销部经理到一楼门厅外的车道处等候迎接,向贵宾奉上欢迎鲜花;

(4) 贵宾抵店,饭店总经理陪同直接进入客房;

(5) 客房部经理、当值主管、领班及优秀服务员楼层迎接;

(6) 免登记或客房部经理陪同房内登记;

(7) 每天首先安排 VIP 房卫生清扫,贵宾外出时均需清扫房间。贵宾房夜床服务安排在19:00 以后;

(8) 客房布置时 VA 级 VIP 客房物品情况如表 7-6 所示。

表 7-6　　　　　　　　　　　　　　VA 级 VIP 客房物品

品名	规格	数量	摆放位置	备注
鲜花	高档盆插	大小两盆	主卧室、写字台	饭店定制
晚间鲜花	藤编花篮	一篮	床头	饭店定制
果篮	高档果篮	一篮	客厅茶几(餐刀叉)	水果,每日换
酒水	红葡萄酒	一瓶	小酒吧台	配四只酒杯
欢迎点心	西点巧克力	四块	小酒吧台	定制,每日换
晚间小食	夜床巧克力	一盒	床头	饭店定制
绿色植物	有生命	一盆	客厅	视区域面积
欢迎卡	贵宾欢迎卡	一张	写字台鲜花边	总经理签名
浴袍	丝质、绣姓名	两套	衣橱、床上	饭店定制
易耗品	品牌	盒	卫生间	洗漱用品
信纸、信封名片	烫金,印姓名	若干张	服务夹	饭店定制

VB 级接待服务程序与标准。VB 级接待服务程序如下。

（1）接到营销部下发的"VIP 接待计划书"，立即仔细阅读并记录在案；

（2）客房部经理参加接待协调会议，明确本部门接待任务和要求；

（3）召集本部门领班以上会议，制订部门接待计划、方案，责任落实到人；

（4）本部门对客岗点必须熟记贵宾的人数、姓名、身份、在店时间、活动过程等内容；

（5）各级管理人员逐级检查下级准备工作完成情况，要求逐条落实；

（6）检查贵宾用房，确保设备使用无误，保证贵宾始终处于良好状态；

（7）贵宾入住前 2 h 按等级标准摆设好鲜花和果篮等；

（8）贵宾为外籍，应按照贵宾国籍送该国语言报纸，如没有，则送英文报纸，内宾送当日当地政府报纸；

（9）将电视调至贵宾母语频道，可能的话，显示中英文对照的欢迎词；

（10）贵宾抵店前 30min，打开房门，开启室内照明灯；

（11）房务中心在贵宾抵店时，立即电话通知相关部门；

（12）礼宾组安排专人等候在电梯门口，专为贵宾开电梯；

（13）贵宾抵离店，由客房部经理率当值管理人员及优秀服务员在楼层迎送；

（14）热情礼貌、准确有效地答复贵宾提出的问题；

（15）贵宾在店期间，注意应有的服务水准，尽量做到各项服务无差错，可能的话确定专人服务；

（16）关于贵宾洗衣服务：取回贵宾衣物，立即注明 VIP，进行专门登记与存放；严格检查，按面料确定洗涤方式单独洗涤，确保不发生问题；贵宾衣物洗涤以后，交熨烫组优秀服务员负责熨烫；洗衣房领班检查洗衣质量；包装完毕，立即送至楼层。

VB 级接待服务标准如下。

（1）饭店轿车一辆负责迎送贵宾备用；

（2）贵宾在店期间，饭店轿车一辆 12h 听候调用；

（3）贵宾抵店前饭店总经理、营销部经理、大堂副理等在一楼门厅外的车道处等候迎接；

（4）贵宾抵店，饭店总经理或总助陪同直接进入客房；

（5）客房部经理、当值主管、领班及优秀服务员楼层迎接；

（6）大堂副理陪同房内登记或免登记；

（7）每天首先安排 VIP 房卫生清扫，贵宾外出时均需清扫房间，贵宾房夜床服务安排在 19：00 以后；

（8）客房布置时 VB 级 VIP 客房物品情况如表 7-7 所示。

表 7-7　　　　　　　　　　VB 级 VIP 客房物品

品名	规格	数量	摆放位置	备注
鲜花	普通盆插	大小号各一盆	主卧室、写字台	饭店提供
晚间鲜花	普通花篮	一篮	床头	饭店提供
果篮	中档果篮	一篮	客厅茶几	进口水果，每日更换

品名	规格	数量	摆放位置	备注
酒水	国产红葡萄酒	一瓶	小酒吧台	配四只酒杯
欢迎点心	西点或巧克力	四块	小酒吧台	饭店定制，每日更换
晚间小食	夜床巧克力	一盒	床头	饭店定制
绿色植物	有生命	一盆	客厅	视区域面积
欢迎卡	饭店贵宾欢迎卡	一张	鲜花旁	总经理签名
浴袍	丝质	两套	衣橱、床上	饭店定制

VC 级接待服务程序与标准。VC 级接待服务程序如下。

(1) 接到营销部下发的"VIP 接待计划书"，立即仔细阅读并记录在案；

(2) 客房部经理参加接待协调会议，明确本部门接待任务和要求；

(3) 召集本部门领班以上会议，制订部门接待计划、方案，责任落实到人；

(4) 本部门对各岗点必须熟记贵宾的人数、姓名、身份、在店时间、活动过程等内容；

(5) 各级管理人员逐级检查下级准备工作完成情况，要求逐条落实；

(6) 检查贵宾用房，确保设备使用无误，保证贵宾房始终处于良好状态；

(7) 贵宾入住前 2 h 按等级标准摆设好鲜花和果篮；

(8) 贵宾抵店前 30min，打开房门，开启室内照明灯；

(9) 房务中心在贵宾抵店时，立即电话通知相关部门；

(10) 热情礼貌、准确有效地答复贵宾提出的问题；

(11) 贵宾房号严格保密，不得私自外传；

(12) 关于贵宾洗衣服务，取回贵宾衣物，立即注明 VIP，进行专门登记与存放；贵宾的衣物，由洗衣房领班全面检查跟进，确保洗衣质量；严格检查，按面料确定洗涤方式，单独洗涤，确保不发生问题；贵宾衣物洗涤以后，交熨烫组优秀服务员负责熨烫；洗衣房领班检查洗衣质量；包装完毕，立即送至楼层。

VC 级接待服务标准如下。

(1) 贵宾抵店前，营销部经理、大堂副理在一楼门厅外车道处等候迎接；

(2) 贵宾抵店，大堂副理陪同直接从专用通道进入客房；

(3) 当值主管、领班及优秀服务员楼层迎接；

(4) 大堂副理陪同房内登记；

(5) 客房布置时 VC 级 VIP 客房物品情况如表 7-8 所示。

表 7-8　　　　　　　　　　　　　VC 级 VIP 客房物品

品名	规格	数量	摆放位置	备注
鲜花	普通花篮	一篮	写字台	饭店提供
晚间鲜花	康乃馨	一枝	床头	饭店提供

续　表

品名	规格	数量	摆放位置	备注
果篮	普通果篮	一篮	客厅茶几	国产水果，每日更换
欢迎饮料	鸡尾酒	一份	迷你吧台	饭店自制
欢迎点心	西点或巧克力	四块	小酒吧台	饭店定制，每日更换
晚间小食	夜床巧克力	一盒	床头	饭店定制
绿色植物	有生命	一盆	客厅	视区域面积
欢迎卡	饭店贵宾专用卡	一张	鲜花旁	总经理签名
浴袍	丝质	一套	衣橱	饭店定制

VD级接待服务程序与标准。VD级接待服务程序如下。

（1）接到公关营销部下发的"VD接待通知单"，立即仔细阅读并记录在案；

（2）根据"VD接待通知单"，修改计算机相应记录；

（3）各对客服务员工必须能报出宾客姓名。

VD级接待服务中客房布置时客房物品情况如表7-9所示。

表7-9　　　　　　　　　VD级VIP客房物品

品名	规格	数量	摆放位置	备注
鲜花	瓶插鲜花	两瓶，每瓶一枝	写字台、卫生间	饭店提供
晚间鲜花	玫瑰	一枝	床头	时令品种
果盘	香蕉、苹果	各两只制作一盘	圆茶几上	根据季节可变化
晚间小食	巧克力	一盒	床头	饭店定制
欢迎卡	饭店贵宾欢迎卡	一张	圆茶几上	饭店定制，驻店经理签名

5. VIP接待其他注意点

（1）贵宾抵达前一天，将住房卡和房间钥匙一并装入贵宾信封（房卡上加盖VIP印章）；

（2）贵宾资料应精确地输入计算机；

（3）贵宾房号必须保密；

（4）贵宾的信件、传真等必须严格登记、专人收发；

（5）饭店门口迎候的礼宾员应戴白手套；

（6）贵宾风俗习惯或宗教信仰方面有特殊要求，应尽量满足；

（7）对客人宗教信仰方面忌讳的用品，要从房间撤出来，以示尊重（如信仰伊斯兰教的客人，不能把洋娃娃作为礼物，不能摆放含酒精的饮品等）；

（8）如果客人分住几个房间，应在欢迎卡或欢迎信上注明每位客人的房间号码及电话；

（9）如果接站，要有接站欢迎牌子，上写"××先生（或小姐）热烈欢迎您"字样，既便于找到客人，又给客人留下美好的印象；

（10）级别高的重要客人到达时，要组织服务员到门口列队欢迎（服装要整齐，精神要饱满，客人到达时要鼓掌），必要时总经理要组织部门经理列队迎接，在客人没有全部进店前不得解散队伍；

（11）献花需用鲜花或用鲜花扎成的花束，花束要整洁、鲜艳，忌用菊花、杜鹃花、石竹花和黄颜色的花朵，也有习惯送一两枝名贵的兰花、玫瑰花的；

（12）迎宾时主人在前客人在后，送客时客人在前主人在后，送客送到看不见车尾。

（二）醉客服务

醉酒客人的破坏性较大，轻则行为失态，大吵大闹，随地呕吐，重则危及生命及客房设备与家具，或酿成更大的事故。客房服务员遇上醉客时，应保持理智、机警，应根据醉酒客人不同的种类及特征，分别处理。

1. 及时发现醉酒客人

楼层上发现醉酒客人，要根据醉客的情绪，适时（当）劝导，使其安静，同时立即通知上级和饭店的保安人员；客人在房间内饮酒过量发生醉酒，服务员一经发现应及时报告主管，迅速进入房间查房，帮助客人醒酒。

2. 及时服务

协助将客人安置回房休息，但要注意房内动静，及时采取措施避免客房家具受到损坏或醉客吸烟不慎而造成火灾；将垃圾桶放在床边，备好卫生纸、漱口水；征求客人意见后泡一杯热茶给客人；若发现客人因神志不清而有破坏行为，应请保安部、大堂副理协助制伏。

3. 注意安全

对醉客进行帮助是必要的，但在楼层走廊遇见醉客回房时，女服务员切忌单独搀扶客人进入房间或帮助客人解衣服等，可请一位同事帮忙，以免发生不必要的意外和误解。

4. 做好记录

住店客人醉酒后造成客房设备物品损坏的，则应做好记录，等客人醒酒后按饭店规定进行赔偿处理。

经典案例

凌晨2：00，南京双门楼宾馆的电梯在5层停住。"叮咚"一声门开了，一位客人踉跄而出："我喝得好痛快啊！"口里喷出一股浓烈的酒气。这时保安员小丁巡楼恰好走近5楼电梯口。见到客人的模样，断定是喝醉了，连忙跑上去扶住他问道："先生，您住在哪间房？"客人神志还算清醒。他轻轻地摇摇自己的左手。小丁会意便细看客人的左手，发现一块517房的钥匙牌。小丁把客人一步一步搀进房间，扶他躺在床上，又泡了一杯醒酒茶，然后将衬有塑料袋的清洁桶放在客人床头旁。这时，客人开始呻吟起来，小丁一面赶紧把客人稍稍扶起，将沏好的茶水端到他嘴边，一面安慰说："您没事的，喝完茶躺下歇歇就会好的。"随后他又到洗手间拿来一块湿毛巾敷在客人额头上，说道："您躺一会儿，我马上就来。"不一会儿，小丁取来一些用湿毛巾裹着冰块，换下客人额上的湿毛巾。

突然，"哇"的一声，客人开始呕吐了。说时迟，那时快，已有准备的小丁迅速拿起清洁桶接住。等醉客痛快地吐完后，又轻轻托起他的下颌，用湿毛巾擦去其嘴边的脏物。此后，小丁静静地观察了一会儿，发现客人脸色渐渐转红，就对他说："您好多了，好好睡上一觉，明天就能复原了。"他边说边帮客人盖好被子，在床头柜上留下一杯开水和一条湿毛巾，又补充一句："您若需要帮助，请拨09，这是楼层服务台的电话。"然后他调节好空调，换上新的垃圾袋，轻轻关上门离房。小丁找到楼层值班服务员，告知醉客的情况，并请她每过10min到512房去听听动静。天亮时，辛劳值勤一夜的小丁眯着熬红的双眼又来了解情况，得知醉客安然无恙才放下心来。最后小丁又请值班服务员在交接班记事本上写下："昨夜512房客醉酒，请特别关照！"

案例点评

客人醉酒是饭店经常遇到的事，保障醉客的安全，是饭店保安人员的神圣职责。饭店保安员小丁突然遇到客人酒醉，能及时给予保护，这种急客人所急的高度责任心值得赞扬。要保护好客人，保安人员必须具备娴熟的服务技巧，才能在紧要关头临危不乱、救护有方。小丁突遇醉客，不是推给楼层服务员了事，而是沉着镇定，果断实施救护，达到最佳效果。这说明他平时训练有素。帮人帮到底，小丁将醉客安顿妥当后，交代值班服务员继续定时观察。天亮后又亲自跟踪了解，并叮嘱接班服务员"特别关照"。这种极度认真的服务态度、严谨过细的工作作风，尤为难能可贵。

（三）病客服务

1. 发现病客

（1）根据客人病情，联系饭店医疗室医生出诊，或请病人到医疗室就诊，也可建议客人外出就医，说明车费与医疗费用客人自理；

（2）若客人同意外出就诊，为其联系车辆，建议客人的亲朋好友陪同，如客人没有陪同人员，征得客人同意后，派行李员陪同前往，如客人身份较高，应由经理亲自陪同前往；

（3）通知客房部或有关主管（本部门经理、人事部经理），在工作表上做好记录。

2. 及时服务

（1）对在房内病卧客人，应把纸巾、热水瓶、水杯、纸篓等放在客人床边，并送上热毛巾。

（2）服务员要适时询问客人有无特殊要求，建议并协助客人与就近的亲朋熟人联系，提醒客人按时吃药，推荐适合客人的饮食。

（3）随时留意房内动静，报告上级，并将客人房号和生病概况记录在工作日报表上。

（4）住店客人生病时，饭店应派人及时探访，应真诚询问客人状况，按工作程序及时提供必要的帮助。探访病人应把握探望时间，尽量不打扰客人休息。

（5）客人生病时，除提供特殊照顾外，还可以送一束鲜花或一张贺卡表示安慰和祝福。

3. 病客离店

若客人住院治疗，在得到客人的授权后，客房部通礼宾部到客房整理客人行李，饭店保安部要现场见证，行李员收拾行李，存放到行李房，通知前台办理结账手续。

五、特殊情况处理

（一）行李错放

客人进店找不到自己的行李时，饭店客房部应立即同客人接触，主动安慰，帮助客人查找，并立即报告领班，迅速先在店内查找。若在店内混入其他行李才送错了房间，应迅速交给客人，并向客人致歉。若属店外原因，应立即核对行李记录，并设法找到客人行李。

（二）客人物品丢失或被盗

客人住店期间，报告自己贵重物品丢失或被盗，客房部应立即报告保安部，同时应同客人接触，询问客人物品丢失或被盗时间、地点、具体细节，请客人提供线索，并帮助客人寻找。若客人不慎丢失，找到后迅速交给客人。若已被盗，询问客人是否需要报案，若需要，则交由公安部门与饭店保安部处理。

（三）客人带走客房物品

客人离店，服务员迅速查房，发现客人带走客房物品，迅速记录房号、客人姓名、时间、被带走物品名称及数量，及时报告主管。被带走物品非一般纪念品且比较贵重，则迅速与客人联系，耐心询问，在查实的基础上请客人退回，在处理过程中做到有礼有节，讲究技巧。

（四）客房随机性服务

客人住店期间临时需要水果刀、补充物品，请服务员购买香烟、水果、客房设备出故障请求维修等各种随机性服务，饭店客房部能够及时地满足客人需要。接到客人所需随机性服务电话后，问清需求，准确记清房号，5min内送入客房或同客人接触，按客人要求准时提供，使客人满意。

（五）客人要求换房服务

客人请楼层服务员要求帮其换房，服务员应问清客人姓名、房号、所需房间类型、要求换房时间，及时主动与前厅部联系，清楚反映情况。前台开好房间后，帮助客人提送行李，调换房间要迅速、准确，服务周到。

（六）客人要求加床或增开房间

服务员应主动、热情、迅速地与客人联系，询问需求，并与前台联系，清楚反映情况。前台开好加床单或开房单后，应主动、及时地加床或增开房间。引领客人进房、介绍客房设备、住房须知，送毛巾、茶水等，服务要热情、主动、周到。

第三节 客房服务礼仪

文明礼貌，注重礼仪礼节是客房服务人员最基本的素质要求。在工作和生活当中，每个人都希望得到别人的尊重，而要做到这点，首先就是要自己先尊重别人，尊重他人需要做好的第一件事就是在交往接触中注意礼仪和礼节。

一、问候礼节

问候礼节主要指接待客人时的问候语，主要有欢迎问候语、日常问候语与道别问候语三种。

（一）欢迎问候语

初次见面应说："您好！见到您很高兴。"（How do you do? I'm glad to see you.）或"欢迎您来我们饭店。"（Welcome to our hotel.）

如是以前认识，相别甚久，初次见面应说"你好吗？好久不见了。"（I haven't seen you for a long time. How are you?）等语。

（二）日常问候语

客人来到工作处，要根据不同时间问候（午前：Good morning. 午后：Good afternoon. 晚 6：00 以后：Good evening.），然后说："您有什么事需要我办吗？"（Anything I can do for you?）或"我能帮你什么忙吗？"（What can I do for you? Can I help you?）

有的体育代表团或文艺团体演出成功，应表示祝贺；对生病的客人要多加关心，说"希望你早日康复。"（I hope you'll be well soon.）此外，在客人的生日、节日时，也应讲一些表示祝贺的话。

（三）道别问候语

与客人分手要打招呼说"再见"（Goodbye），交情稍深的可说"回头见"（See you then. See you tomorrow. See you later...）。

客人即将离店，应主动对他们说："请对我们的工作提出宝贵意见。"（Your comments and suggestions are welcome.）并表示"欢迎您再来。"（I hope to see you again. Hope you come again.）

二、称呼礼节

称呼礼节指客房服务人员与客人打交道时所用的称呼，主要应注意以下问题。

（一）西方国家常用称谓

国外常用的称呼是"先生""夫人""小姐""女士"。一般对男人可称某某（姓氏）先生，如对方有职衔、学位，则冠之以职衔、学位，如"博士先生""上校先生""经理先生"，对大使和政府部长以上的负责官员，在官衔之后往往还要加上"阁下"二字，以示尊重。但美国、墨西哥、西德等国则习惯称先生，不称阁下。

（二）西方女子称谓

对于女子，已婚的称"夫人"，未婚的称"小姐"。欧美人凡举行过宗教结婚仪式的，都在无名指上戴一枚铜制戒指，男子戴在左手，妇女戴在右手，一般易与装饰戒指区分。不了解对方是否已婚，可使用通用的称呼女士（Ms）。对于无法判断是否已婚的法国妇女，亦可称之为夫人、女士（Madam），因为它除含"夫人""太太"之意外，尚可解释为"贵妇""女士"。但须注意，对外国老年妇女不可称呼"老太太"，西方人视此为侮辱。

（三）西方姓氏称谓

欧美人的姓名一般由两个或三个字组成，即"名—姓"，或"名—名—姓"。三个字的姓名，其中间的字来由较复杂，如约翰·亨利·史密斯（John Henry Smith），可写做 John. H. Smith。欧洲、北美洲、大洋洲等国的人名，一般是名在前，姓在后；但是匈牙利人的姓名是姓在前，名在后。西班牙人和拉丁美洲讲西班牙语人的姓名除父姓外，还有母姓，即"名—父姓—母姓"。葡萄牙人和巴西人，则是母姓在前，父姓在后，即"名—母姓—父姓"。西方女子出嫁后，一般改姓丈夫的姓，但著名的演员、作家等，则常保留自己的姓。西方人初次见面称呼姓，熟人之间称呼名，饭店员工一般不要称呼其名字。

三、应答礼节

应答礼节指工作人员同客人讲话时语言使用方面的礼节。交谈是人们沟通信息、增进了解、交流思想和表达感情最直接、最快捷的途径。在与客人交谈中，不注意交谈的礼仪规范，如用错一个词、多说一句话或不注意词语的感情色彩等，很可能导致客人的不满。

（一）语言应用技巧

客房服务人员语言能力的运用主要体现在以下几个方面。

1. 语法、逻辑

语法主要讲的是语句成分的结构搭配准确无误。逻辑讲的是语句的因果关系、假设关系、递进关系等方面的正确使用。这是语言表达中一个非常重要的方面，逻辑不清或错误的句子很容易会被客人误解。此外，工作人员使用标准普通话与客人交流。

2. 语音、语调

语音要柔顺动听，轻快悦耳、吐字清晰，不要怪声怪气，沉闷死板，要让对方通过语音感觉到你的微笑。语言流畅，不能断断续续、词句分明，一定要自然连贯，一个词不能分开两个字念，一句话也不要分开若干个词去慢慢念，以免产生误解，如把"不好意思，是这样子的。"念成"不好，意思是这样子的。"语调要平和，不能时高时低、时快时慢、更不能装腔作势，有哼、啊、啦、哟等词语出现。

作为服务员，必须注意戒除下列语调：一是烦躁的语调，如客人说客房里没有开水，服务员回答"没有啦"，"没有就没有啦"，语调高扬，用词反复，这显然流露出厌烦的思想感情。人们有时因私事心情不好或工作一时忙不过来，产生急躁情绪，很容易导致说话有烦躁的语调，这是要注意的问题。二是嘲讽的语调，嘲笑他人，这是对人极不尊重的表现，往往产生不良的后果。客人向服务员提点意见，但服务员说"你有意见你来做吧""谁叫你不认识我"，这些嘲讽的说活，很容易引发矛盾顶撞起来。三是傲慢的语调，有个别服务员对自己缺乏正确的估计，总以为自己比别人高明，于是在服务交往中常常表现出盛气凌人，说话的语调带有一种傲慢的色彩。

3. 修辞

服务员在运用语言表达时要注意语言应言简意赅，清晰易懂，句段短小，并采用适当的修辞手法，使客人很清晰地了解服务员所要表达的核心思想。

4. 语气

这是构成表达的一个不可缺少的重要组成部分。服务员在表达时，要注意语气的自然流畅、和蔼可亲，在语速上保持匀速表达，任何时候都要心平气和，礼貌有加。那些表示尊重、谦虚的语言词汇常常可以缓和语气，如"您、请、抱歉、假如、可以"等。

5. 身体语言

人们在谈论时，常常忽略了语言的另外一个重要组成部分——身体语言。根据相关学者的研究，身体语言在内容的表达中起着非常重要的作用，在人际交往中，身体语言甚至在某种程度上超过了语言本身的重要性。服务员在运用语言表达时，应当恰当地使用身体语言，如运用恰当的手势、动作，与口头表达语言联袂，共同构造出让顾客感到易于接受和感到满意的表达氛围。

6. 表达时机和表达对象

表达时机和表达对象即根据不同的场合和顾客不同身份等具体情况进行适当得体的表达。服务员应当根据顾客需要的服务项目、顾客身处饭店的地点、与顾客交际的时间、顾客的身份、顾客的心理状态，采用合适的语言。

在服务中，要根据顾客性格表现的不同注意区别而做到说话有针对性，以加强沟通，例如，老好人性格的客人，说话温和，服务员忌高声快语；猜疑性格的客人，不容易相信人，服务员忌说话没有根据，模棱两可；傲慢性格的客人，容易瞧不起人，服务员说话忌自负自傲用词不恭；腼腆性格的客人，表现内向，服务员忌随便开玩笑；急躁性格的客人，多有怨言，不稳重，服务员说话忌像对方那样急躁，否则容易顶撞；沉默寡言性格的客人，服务员忌不理不睬，冷落对方；散漫性格的客人，服务员忌任其自然，而要用关怀口气提醒；难侍候性格的客人，吹毛求疵，板着面孔，服务员忌说话失分寸，以免陷入争吵。

客房服务员

五声服务

问候声（如：您好）；

接待中服务声（如：对不起，打扰一下，请问……）；

得到别人帮助应有感谢声（如：谢谢）；

做错事或做不到的事应有致歉声（如：实在对不起或非常抱歉）；

送别客人应有道别声（如：再见）。

杜绝四语

不尊重客人的蔑视语；

缺乏耐心的烦躁语；

自以为是的否定语；

刁难他人的斗气语。

（二）与客人交谈注意问题

1. 注意西方客人"七不问"

在与西方客人交流过程中，一般不问年龄、婚姻、收入、住址、工作、信仰、身体状况问题。交谈中切忌询问年龄、收入、个人物品价格、婚姻状况、宗教信仰、个人行动等。他们认为这些纯属个人私事，不愿别人知道。我们有些工作人员喜欢用中国式的寒暄问对方："您到哪儿去？"客人听后很反感，认为是干涉个人行动自由。中国人还喜欢询问对方的年龄，但由于外国客人与我们的习惯不同，当一个不熟悉的人向对方提出这类问题时，会被认为是对他的不尊重和不礼貌，同时也会认为问话人没有教养，因此，在与外宾谈话中一般不要轻易提出这类问题，如需要询问对方年龄时，应面带笑容、客客气气地说："××先生，我可以问一下您的年龄吗？"（Excuse me, may I have your age?）客人若高兴的话，会马上回答；反之，他将借口回避，这时，千万不要继续追问。这个问题，对于外国女宾更要谨慎。同时还须注意，不要主动谈疾病、死亡等不愉快的事情。

2. 语言灵活多变，注意情景

与客人交谈时要真诚、亲切、自然，谈话要注意分寸，称赞对方不要过分，谦虚也要适当；与西方人初次交谈，可谈天气、衣食、体育运动等；解答问题时必须起立，语气温和耐心，双目注视对方，集中精神倾听；处理问题时，语气要委婉；客人提出的问题，在业务范围内能够解决的要及时解决，不能解决的不要允诺，可表示向有关人员反映或研究后答复；一时答不上来的，须先致歉意后查询；在与客人说话时，如遇另一客人有事，应点头示意打招呼，或请客人稍等，同时尽快结束谈话，招呼客人；解决不了的事情，或原则性较强的问题，不要随意答应客人，应婉言拒绝；和客人不开过分的玩笑。

3. 注意交谈仪态

不宜东张西望，应注意倾听客人的谈话；尽量少用手势，在指点方向等不得已的情况下应抬手臂伸手掌，不宜用手指指指点点；不应看手表；不应咀嚼食物和乱丢果皮；不应当客人面打哈欠、喷嚏、咳嗽；在情急之下可用手或手帕捂嘴，侧身为之并道歉；不宜流露着急、不屑一顾、鄙弃的表情；切忌当客人面抓头挠耳、挤眉弄眼、挖鼻剔牙等，也不宜手舞足蹈、前仰后合状；不做说悄悄话状，保持适当身体距离与良好姿态。

与宾客交谈时应保持良好的身体姿态，包括站姿、坐姿和走姿，态度谦和，精神集中，两眼尽量注视对方；表情轻松，多露微笑；如与客人在静止状态说话时应保持适当的距离，一般以 1m～1.5m 为宜；如与客人在行走时交谈，应注意处处礼让客人先行。

4. 注意忌讳语

坐飞机不说"祝您一路顺风"；对广东人不说"祝您永远快乐"；对新加坡人不说"祝您发财"。美国人最忌讳"老"，"老"意味着落伍，失去竞争力；日本人忌称双目失明者为"盲人"，应称为"眼睛不自由的人"等。

（三）常用服务用语说话方式

询问客人问题时，"请问……"

请求客人帮忙时，"请你协助我们……麻烦您……"

与客人商量事情时，"您看这样好不好……"

向客人解释问题时，"饭店的规定是这样的……"

有事要打扰客人，应说："很抱歉，打扰您了。"（I'm sorry to trouble you.）

当客人向你表示感谢时应表示谦虚，"别客气。"（It doesn't matter. Not at all. You are welcome.）

当你离开客人房间或服务处所，可以说"晚安，小姐（先生）""请好好休息，再见""我得去……了，谢谢您，再见"等。

客房服务员

欢迎语：欢迎您来我们饭店、欢迎您入住本楼、欢迎光临。

问候语：您好、早安、午安、早、早上好、下午好、晚上好、路上辛苦了。

祝贺语：恭喜、祝您节日愉快、祝您圣诞快乐、祝您一路平安、欢迎您下次再来。

道歉语：对不起、请原谅、打扰您了、失礼了。

道谢语：谢谢、非常感谢。

应答语：是的，好的，我明白了，谢谢您的好意，不要客气，没关系，这是我应该做的。

征询语：请问您有什么事？（我能为您做什么吗？）需要我帮您做什么吗？您还有别的事吗？您喜欢（需要，能够……）？请您……好吗？

基本礼貌用语 10 字：您好、请、谢谢、对不起、再见。

常用礼貌用语 11 个：请、您、谢谢、对不起、请原谅、没关系、不要紧、别客气、您早、您好、再见。

经典案例

"您好，先生。""您出去呀！""您慢走。"

某家大型饭店的服务员一定想不通，因为一天早晨向同一位客人问候了三次"您好，先生"而遭到投诉。

原来，那位客人这天早起散步，出门时服务员问候一声"您好，先生"，散步回来，服务员又问候一句"您好，先生"，进电梯又是"您好，先生"，这位客人就因为服务员问候刻板，缺少情感，千人一面而感觉不舒服，进而向饭店总经理投诉。

如果说，服务员讲三次"您好，先生"而被投诉有一点点冤枉的话，那么"您出去呀"、"请慢走"的用语被投诉，饭店应引起重视——

一位美国小姐从某饭店客房出来时，服务员用中文问候"小姐，您好，您出去呀？"那位美国客人又不是很通晓国人日常问候语，所以气愤地向饭店投诉。

还有一位客人，因为听到服务员说，"您慢走"而非常不快，"我赶飞机，你请我慢走到什么时候？"

案例点评

饭店客房服务过程中我们要求使用规范标准的服务用语，但并不是意味着就是相同内容、语气和语调，这样不仅不能使客人感觉亲切、温馨，反而会让客人感觉服务人员呆板，语言缺乏活力。因此我们要求客房服务人员在使用服务用语时要学会变化与因人、因时而宜。

四、迎送礼节

迎送礼节指工作人员迎送客人时应注意的礼节，包括迎接与欢送两个方面。

（一）迎接礼节

接待人员若在饭店门口迎接客人，应按先主宾后随员、先女宾后男宾的顺序，接过行李，陪同至服务台。陪客人乘电梯时，要伸手示意请进电梯。对年老体弱者，要主动搀扶。楼面服务员在梯口迎候客人。引其进房间时，应走在客人右前方，保持两三步距离。打开房门，伸手示意客人先入房间。随后放好行李，主动向客人介绍饭店情况。

（二）欢送礼节

客人离开时，服务员要主动为客人提送行李。对重要客人和团体，必要时应由客房部经理或饭店经理出面，组织饭店职工在门口列队迎送。注意队伍整齐，姿势端正，服装整洁，态度和蔼，掌声热烈。在客人未全部进（离）店，或车辆未全部开走前，队伍不得解散。

五、日常服务中要注意的礼节

客人到达前，应了解其国籍、风俗习惯、生活特点，到达时间等情况，以便有针对性地搞好服务工作。

（1）工作前严禁吃葱、蒜等有浓烈气味的食物。在客人面前咳嗽、打喷嚏时，须背转身用手帕把嘴捂住。工作中要热情诚恳，谦虚有礼，稳重大方，使客人感到亲切温暖。

（2）日常工作中要保持环境的安静。搬动家具，开关门窗要避免发现过分的声响。禁止大声喧哗、开玩笑、哼唱歌曲。应客人呼唤也不可声音过高，若距离较远可点头示意，对扰乱室内安静的行为要婉言劝止。

（3）进入客人房间，须先轻轻敲门，经允许方可进入，敲门时不要过急，应先轻敲一次，稍隔片刻再敲一次，如无人回答，就不要再敲，也不要开门进去，特别是夫妇房间，更不能擅自闯入。

（4）清扫房间要在客人离开房间时进行。如客人整天留在房里，应选择其没有入睡时间，征得同意后再进行。动作要轻捷迅速，不可在房间无故逗留，不能从窗子向外张望。客人房内一切物品，应保持其原来位置，不要随便移动。不可随意翻阅客人的书刊、杂志、文件和其他材料，也不可动客人的录音机、照相机等物，更不得拆阅其书信和电报。客人在读书、写字、看报时，不可从旁窥视，乱发议论。客人的信件、电函要及时转送；遗弃的文件、物品等，应及时送交接待单位处理，不得擅自抛弃或使用。在客人面前不要指手画脚，交头接耳。客人与他人谈话时，切勿随便插话或从旁偷听。

（5）举止要庄重、文明，无论站、坐，姿势要端正。站时不要东倚西靠；坐时不要跷着二郎腿、晃腿；交谈时不要用手中物品指着对方，也不要抓头、搔痒、剔牙。

（6）与客人相遇，应主动问好和让路。同一方向行走时，如无急事不要超越客人，因急事超越时，要说"对不起"。

（7）凡是遇到客人赠送礼物、纪念品，应婉言谢绝，如不能谢绝时，接受后立即上报。

（8）接受客人委托购买物品，必须财物两清，并须告知陪同人。一般不准代外宾购买药品。

（9）要关心客人健康，对病员要多加照顾。对饮酒过度或精神反常的客人，除妥善照顾外，应及时向上级报告。

（10）服务台要随时掌握来往人员情况，发现不认识的人，要有礼貌地查问，防止无关人员进入客人房间。

（11）客人到服务台办事，服务员要起立，热情接待。与客人说话，要自然大方，切忌态度生硬，语言粗鲁。

（12）客人离开饭店后，应即刻清查房间，尤其是枕下、椅下等处，发现遗忘物品，且时间来得及，应追赶当面交给客人；如来不及，则速交接待单位。

第四节　宾客类型与服务要求

现代饭店管理理念告诉我们，满足宾客需求的最重要手段是为其提供有针对性的服务。这就要求客房服务人员必须充分了解住店宾客需求的心理，宾客类型与需求特点，进而提供相对应的服务内容。

一、宾客需求的几种心理

客房服务人员如何去服务才能令宾客感到满意？作为客房服务人员首先必须了解宾客所需，特别是心理需求。一般来说，住店宾客需求心理主要有以下六种。

（一）求干净的心理

房间整洁卫生、用品清洁齐全是宾客对饭店客房最基本、最起码的要求。这就要求房间的设施设备、用品等摆放整齐有序，地面、台面、椅面、浴帘干净整洁，卫生间浴室用品、化妆品及卫生用品干净齐全。

（二）求方便的心理

宾客离开常住地出门在外，在一个陌生的环境里最大的困难就是"不方便"。这就要求饭店能够充分考虑到大部分客人的要求，使客人基本上不用出饭店就能使自己的大部分要求得到满足，并且这些要求能够按照客人的吩咐不打折扣、快速准时、高效优质地完成，而不需客人为服务要求的执行付出不必要的精力，使客人住在饭店感到省时、省力又省心。

（三）求舒适的心理

客人远道而来，进入饭店，第一要求就是要有一个舒适安逸的休息场所，这是决定客人对客房服务优质与否的决定性评价标准。客房服务要充分考虑到客人的视觉、听觉、味觉等方面的要求：视觉上要求采光良好，室内宽敞，外部视野开阔，物品摆放整齐，布局合理，硬件设备清洁卫生，电视画面清楚；听觉上要求音响设备声音和谐悦耳，冰箱、空调、电话、电梯等设施运行状态良好无噪声；味觉上要求服务员所推荐的食品色香味俱佳，盛放食品的器物美观别致。此外，客房服务员着装整齐统一，美观大方，别具特色，服装颜色与环境相协调，面料质量好，言谈举止大方得体，处处体现出对客人的礼貌，也是满足宾客视觉、听觉舒适需求的一个方面。

（四）求安全的心理

这是饭店服务中对宾客应当履行的最基本的义务，饭店应当采取积极的措施保证宾客的人身与财产的安全，保证人身不受到伤害，人格、荣誉、自尊、精神不受到挫伤，生命、健康不受到威胁，保证宾客隐私不受侵犯，从而使客人时时体会到安全感。

（五）求尊重的心理

饭店消费的一个重要内容就是服务，尊重客人是客房服务员最基本的职责。在提供服务的过程中，客房服务员难免会与宾客产生矛盾，这些矛盾的起因或来自客房服务员，或来自宾客，客房服务员应尽力满足客人的要求，态度和蔼，语言礼貌，方式诚恳，尽量把不良的影响控制到最低的程度。

（六）求物有所值的心理

每一位客人都希望他们在客房的消费物有所值，特别是对客房服务员提供的无形服务要求很高，所以作为客房服务员应该尽力、尽心，使客人感受到优质服务带给他们的便利，从而使客人在心理上感觉到消费的价值。

二、宾客类型与客房服务要点

住店宾客来自于不同国家、地区和地域，他们有着不同的性格特点，不同的职业工作，有着不同的生活习惯和行为方式。如何才能区别宾客的性格并针对不同的特点来采取不同的服务方式。我们必须对住店宾客进行分类，总结其自身特点，进而进行有针对性的客房服务。

（一）按旅行组织方式划分

1. 散客

散客主要是指个人、家庭及 10 名（含 10 名）以下自行结伴的旅游者。由于散客旅游多是游客自行安排旅游行程，零星现付各项旅游费用，自由度高，很少受到行程和时间的限制。散客一般在饭店滞留时间较长，平均消费较高，不像团队客人"早出晚归"，在饭店仅仅是住宿很少会有其他方面的消费。因此对客房的硬件和软件也有较高要求。

此类宾客的服务要点是在客房硬件方面要求设备齐全，软件方面要求客房服务项目齐全、服务快捷高速，清洁整理时间合理且水准较高，不希望经常被打扰。

2. 团队

作为旅行社组织的旅游团队客人大多以旅游观光为目的，一般以包价形式出现，有组织、有计划，日程紧、时间少，游客的自由度小。他们早上很早就会外出观光旅游，旅行社往往会把旅游团队的午餐和晚餐安排到当地的专业餐厅，因此白天很少在饭店滞留，晚上回来较晚，由于白天旅游活动比较疲劳，在饭店的夜生活也较少。团队客人不像散客对客房的硬件和软件条件要求那么高。

由于团队人员数量较大，客房要提前做好团队抵达时的准备工作，比如客房用品的补充、服务人员的调配。应根据他们进出店时间，注意做好早晚服务工作。团队客人往往具有很强的攀比心理，应注意对待团内每一位成员要一视同仁。一般不要介入旅游团队内部的矛盾，遇到问题，直接与接待单位或旅行社陪同联系。最后善始善终，充分做好团队离店时的工作。

（二）按旅游目的划分

1. 观光客人

观光客人以游览观光为主要目的，对当地的风土人情、特色饮食都会有很浓厚的兴趣，喜欢购买旅游纪念品、当地土特产，喜欢照相、摄影留念。

此类宾客以游览为主要目的，对冲洗胶卷、邮寄明信片、信件等委托服务要求较多。根据现在的观光客人多使用数码相机、摄像机的特点，饭店还应在计算机设备、上网服务方面为他们提供便利。

2. 商务、公务型客人

在全世界所有饭店的客源中，商务客人约占 55%，其支出至少占全球旅游消费的 2/3。随着我国经济的不断发展以及对外交流的不断增加，各种商务活动越来越频繁，国内外商务客人已经成为各大星级宾馆、饭店努力争取的主要客源。这类客人对饭店的设施设备要求很高，如完备的商务中心，先进的通信设备，喜欢高档、单人客房，同时希望房间的布置有特色而非千篇一律。

有些商务饭店通过专门研究商务客人的作息规律，提出了 FOB 的服务理念。对于商务客人的房间来讲，设备设施应充分考虑办公条件，如宽大的办公桌、舒适的坐椅、明亮的灯光，充足而种类齐全的文具用品和个人卫生用品、传真机、计算机、Internet 网线。尽量向他们推销高档客房，要为他们提供优质的洗衣服务和美容美发服务、洗烫衣服、擦皮鞋服务等，服务速度要快。服务员不要乱翻乱动他们放在房内的文件，否则会引起抱怨。

3. 疗养、度假型客人

疗养、度假型客人目的明确，以休闲度假为主，注重饭店环境及配套娱乐设施，对客房要求较高，对辅助服务有一定要求。

这类宾客的服务要点是，首先尽量向他们推销高档舒适的客房，安排僻静的房间给他们，客人休息时不要打扰他们，保持楼道、客房安静；其次这类客人对娱乐活动要求较多，饭店要有功能强大的康体休闲中心，提供游泳池、酒吧、夜总会、棋牌室、保龄球馆、台球馆等服务项目；另外客房内服务也必不可少，如房内送餐、小酒吧、委托代办服务等。

4. 会议旅游客人

会议旅游客人人数多、用房多、活动有规律，且时间集中，会议期间全天大多时间在饭店内度过。会议客人最大的特点是使用饭店的会议室或多功能厅开会与就餐。因此服务任务重、要求严格。

服务要点是做好会议室设备的布置与会间服务工作，注意房间内信纸、信封、笔等文具用品的配备要齐全。

5. 其他类型

其他类型的客人还有蜜月旅游客人、竞赛、演出型客人、探亲访友型客人等，各种不同类型的客人有其不同特点，接待时要注意针对性及灵活性。如接待蜜月客人时，尽量为他们安排"蜜月房"，按照客人的要求和风俗习惯布置好"洞房"，房间布置要气氛热烈、喜庆、大方、恬静。必要时要送结婚纪念品，组织服务人员表示祝贺。

（三）按宾客身份划分

1. 政府官员

政府官员客人一般对服务及接待标准要求高，注重服务规格与个人身份地位相匹配，重视自身形象。因此要注意提供高质量、高规格的客房服务，同时要加强客房安全防备工作，杜绝一切安全隐患，并尊重客人隐私。

2. 新闻记者

根据新闻记者生活节奏快的特点，饭店必须能够提供高效率的服务。新闻记者一般希望客房内有完备的通信设备、办公设施，如计算机、Internet 网线；另外他们的房间由于职业习惯的原因，稿件、相机、摄像机等摆放杂乱，服务员不要乱翻乱动他们放在房内的物品。

3. 专家学者

专家学者多喜欢清静的客房及舒适周到的服务。

4. 体育、文艺工作者

竞赛、演出型客人多以团体形式出现，对客房洗衣服务要求高，且服务需求较集中，需要妥善合理安排；而且由于竞赛或演出工作的需要，他们需要有安静、舒适的休息环境，服务人员在清洁客房的过程中要轻拿轻放，应尽量避免打扰他们；同时客房要注意尊重客人隐私，保护他们免受记者、追星族的骚扰。

（四）按宾客逗留时间长短划分

1. 长住客人

长住客人由于滞留时间较长，能够给饭店带来更多的收益，通常视为贵宾来接待。客房服务人员要善于了解客人生活习惯，以便能更有针对性地提供服务。这类客房的清扫时间可与客人协商，避免打扰到客人的工作与学习，并定期征询客人的意见，注意与客人之间的关系，同时房间内物品供应要齐全。

2. 短期客人

对于这类客人，要求我们要善于观察客人，以更加无微不至的服务给客人留下美好的第一印象，争取将他们发展成饭店的忠实顾客。

（五）按宾客国别、地域划分

1. 外宾

外宾对客房卫生设施、设备敏感，要求客房服务项目齐全，服务人员要注意自己的语言，尊重客人的不同文化。

2. 内宾

由于中国的传统习惯，国内客人习惯于随叫随到的服务方式，喜欢在客房内会客，访客较多。

3. 港、澳、台同胞

接待中饭店服务员要注意有热情的态度、周到的服务，如介绍当地的风土人情、购物场所等，给他们以"家"的感觉。

第五节 客房优质服务

在现代市场经济条件下和饭店行业的激烈竞争中，饭店客房所提供的产品最主要的就是对客服务。谁能始终提供优质服务，谁就能兴旺发达；谁要提供劣等服务，谁就必然被淘汰出局。因此，客房优质服务是现代饭店生存与发展之本。

一、客房优质服务的重要意义

（一）优质服务是吸引新顾客、留住老顾客的最有效手段

优质服务形成的饭店良好声誉是饭店吸引新顾客的最好的促销手段，更是饭店最宝贵的财富。饭店对客房产品进行促销的手段多种多样，可以在媒体上投放广告，可以对主要顾客群进行电话访问，也可以采取公关手段，这些手段无一例外地需要饭店大量的资源投入，并且往往由于对市场的把握不准确而收效不佳。而优质服务带来的口碑传播效应则是宣传促销客房产品的最有效手段，能起到事半功倍的效果。

饭店经营实践证明，一般的企业，吸引新顾客所花的费用是留住老顾客的 6 倍，而忠诚的顾客的价值则是一次性顾客的 10 倍。因此，饭店生存和成功与否，主要取决于通过优质服

务留住固定客人，而不是依赖促销手段和闪电式的销售策略吸引一次性顾客。

（二）顾客不满意的代价是饭店客源的流失

顾客不满意的直接结果是饭店回头客的下降，当不满意的顾客走出店门时，他们带走了一大笔未来的生意。顾客不满意还会造成饭店坏声誉的传播，不满意的顾客把他对饭店的坏印象告诉其他人，饭店从而损失了大量的潜在顾客。

🗒 客房服务员

美国某饭店研究中心，对饭店不满意客人进行了一项调查。调查显示：

在100名不满意的顾客中，40人从未请求过帮助，他们把自己的不满意告诉了8~10名潜在的顾客；在60名请求帮助的顾客中，18人从未得到过帮助，他们把自己的不满意告诉了8~10名潜在的顾客；在得到帮助的42名顾客中，13人依然感到不满意，他们把自己的不满意告诉了8~10名潜在的顾客；问题解决后，29人感到满意，他们把自己的满意告诉了5名潜在的顾客。

结论：在100个不满意的饭店顾客中，40人从未请求过帮助就离开，18人请求帮助但未得到过帮助而离开，13人请求帮助，饭店也给于解决但未能让顾客满意而不再光顾，而每位不满意的顾客会把自己的不满意告诉8~10名潜在的顾客，这就意味着饭店从而至少损失639名客人。

（三）优质服务是饭店获取利润最有效的途径

饭店从固定顾客获得收入和利润远远高于首次光顾和一次性光顾的顾客。饭店投入在留住老顾客的花费其实很小，有时候仅仅需要给顾客一个小小的惊喜，顾客就会成为一个忠诚的顾客，如房间偶尔多了束鲜花，或者服务员记住了他的姓氏并在遇到他时面带微笑。而饭店想吸引一位新顾客则要难得多，不仅需要大量的前期促销花费，还要在了解新顾客特点习惯上大花心思。

（四）让顾客感知优质服务比优质服务本身更重要

饭店顾客购买饭店的客房产品并再次光顾的原因，不是因为饭店提供了优质服务，而是因为顾客感知到了这种优质服务。优质的对客服务不仅要做好饭店标准化服务内容，更重要的是要有针对性和变化，不断地让客人获得惊喜，感知到饭店所付出的努力。另外客人在千篇一律的规范化服务面前总会"审美疲劳"，这就需要饭店不断推陈出新，不断提供给客人有特色的服务与产品。

（五）员工不满意饭店也会为之付出代价

员工不满意的第一个代价是损失生意。作为饭店内部顾客的员工不满意会直接导致客房产品与服务质量的下降，进而降低顾客对客房产品与服务的满意度，从而导致饭店生意损失。员工不满意的第二个代价则是员工离职会造成饭店人力资源成本的增加。因此提高员工的满意度也是保证客房优质服务的重要内容。离职率是衡量员工满意与否的重要指标，而提高员工满意度最主要的方法则是提高管理者对员工的服务意识。

一般的企业，吸引新员工所花的费用是留住老员工的 6 倍，而忠诚的员工的价值则是新替换员工的 10 倍。

客房服务员

"如果你不是在为顾客服务，那你一定在为为顾客服务的人服务。"

——奥尔布雷克

二、对客服务的特点

(一) 客房服务的对象具有广泛性

饭店的宾客来源于世界各地，他们有着不同的社会背景、不同的生活习惯、不同的兴趣爱好、不同的性格特点以及不同的宗教信仰等。客房服务的对象具有多样性，这就要求我们必须努力去了解每一位客人的特点与要求并提供针对性服务，而不能机械地用同样的方法来对待不同的客人。例如，东方客人比较喜欢饮用热茶，而西方客人则喜欢喝加冰块的水，这就要求我们在他们到来时，为东方客人端上一杯热茶，而为西方客人在房间里提前准备好一桶冰块。

(二) 明暗兼有，以暗为主

前厅部和餐饮部等部门的对客服务表现为频繁地接触客人，提供面对面的服务，而客房部有别于这些部门，其服务则主要是通过幕后工作来体现，这使客房部员工成为饭店的幕后英雄。客房服务的明服务形式比较少，主要有迎送服务、客衣服务等，而更多的则是暗服务形式，如客房清洁、擦鞋服务、小酒吧服务等。

(三) 体现出"家"的环境与气氛

"宾至如归""家外之家"是饭店服务的宗旨。客房工作人员所扮演的角色有亲人，管家，保姆，侍者，要像对待自己的亲人一样对待顾客，因为他们是给我们发工资的人，是我们的衣食父母。这些著名的饭店服务理念都阐释了同样一个饭店经营的要义：给客人"家"的环境与气氛。

客房服务员

里兹·卡尔顿饭店的经营信条

在里兹·卡尔顿饭店，最高宗旨是让客人得到真正的关心和舒适。

我们保证为我们的客人提供最好的个性化服务和便利，使他们始终享受到一种温暖、轻松、优雅的气氛。

客人在里兹·卡尔顿饭店可以体验到感官的愉悦、增进健康、甚至连没有表达出来的愿望和需要也能得到满足。

（四）综合性和系统性

管理学中有一个著名的木桶理论，是说一个木桶的最大容量是由其最短的一块桶帮来决定的。客房服务就像这只木桶，是由多项服务组成的综合服务，任何一项服务出现问题，都会影响客房服务的总体效果。

三、客房优质服务的要求

（一）基本素质要求

1. 乐于服务的工作态度

服务态度是服务人员思想觉悟、服务意识和业务素质高低的集中表现，是规范化服务的基本要求。乐于服务的工作态度是优质服务的最基本前提。客房服务态度优良化的重点是要做到主动、热情、周到、耐心。

客房服务员

能够胜任并且乐意从事该项工作是我们的选人标准。

——里兹·卡尔顿饭店

客房服务员

如何形成良好的工作态度

①饭店形成良好的的服务文化。饭店的服务文化最直接的体现：深入人心的服务信条与理念。②宣传与灌输、奖励与惩罚。通过宣传与灌输以及奖惩制度等手段来固化形成的饭店服务文化，使之深入人心。

2. 良好的精神面貌

客房服务人员要善于自我调节情绪，把生活中的不愉快在进入饭店大门之前全部忘掉，一旦投入工作，就要把最好的精神面貌展现给客人。客房服务人员的良好精神面貌也有赖于饭店提供一个愉快、和谐的工作环境，因为你无法想象到一个服务员在压抑的工作环境中能够为顾客提供良好的服务。

3. 优良的工作技能

服务人员优良的工作技能是饭店提供优质服务的最基本条件。没有优良的工作技能，即使工作态度再好，也无法为顾客提供高质量的服务。

培训是培养优秀员工的有效手段。不熟练的员工直接导致服务质量的下降，从而导致顾客不满意度的提高，进而导致顾客的流失，饭店利益遭到损害。饭店必须做好员工的培训工作，这样很少的投入就可以换来数倍于投入的收获。

客房服务员

如何培养优秀的服务人员

第一步　严格招聘
第二步　岗前培训
通过考核认证、达到工作要求方可进入工作岗位，否则被淘汰。
第三步　不定期培训
当饭店引进新的服务设备，增加新的服务项目，经营发生新的变化等时，饭店都要对服务人员进行培训。
第四步　有效奖惩
员工和管理者都要端正培训态度

（二）具体要求

1. 真诚主动

真诚服务指发自内心的，处处为客人着想的，对待亲人般的服务。是否真诚，反映服务员的服务态度问题。要为客人提供最佳服务，首先要突出"真诚"二字，要实行感情服务，避免单纯地完成任务式的服务。这要求在客房服务过程中态度诚恳、热情大方、面带微笑；在仪容仪表上要着装整洁、精神饱满、仪表端庄；在语言上要清楚、准确、语调亲切、柔和；在行为举止上要有乐于助人、帮助客人排忧解难的精神，恰当运用形体语言。

主动服务就是超前服务，预测客人需要，服务做到客人提出之前，这是客房服务员服务意识强烈与否的集中表现。其具体要求：主动迎送，帮提行李；主动与客人打招呼，语言亲切；主动介绍服务项目；主动为客人引路开门；主动叫电梯，迎送客人；主动为新到的客人带路到别的区域；主动照顾老弱病残客人；主动征求客人和陪同人员的意见。

客房服务员

里兹·卡尔顿饭店服务理念之三步服务法

①一个热情而真诚的问候。尽量使用客人的名字。
②预测并满足客人需要。
③深情地道别。要热情地向客人说再见，并要尽可能地使用他们的名字。

2. 礼貌礼节

礼貌礼节是客房服务质量的重要组成部分，是对客房服务人员的基本要求。要有礼节、有修养，尊重客人心理；既不妄自菲薄，见利忘义，在客人面前低三下四，丧失人格和国格，又不夜郎自大，盛气凌人；反对店大欺客，以貌取人的思想和行为；要继承和发扬中华民族热情好客的一贯美德。

具体应该做到三点：在仪容仪表上，端庄、大方、整洁，不佩戴首饰；在语言上，文明、清晰，讲究语言艺术，注意语气语调；在举止姿态上，坐、立、行和操作使用标准的姿势。

3. 细致周到

一名客房部员工必须有比针尖还细的心，有较强的观察能力，才能把客房服务做得细致入微，周详具体。了解不同客人的生活喜好，掌握客人生活起居规律，了解客人的特殊要求，有的放矢地采用各种不同的服务方法，提高服务质量。并且要求做到有始有终，表里如一。

经典案例

李小姐是位白领，对任何事都要求极高。由于经常出入各饭店，对饭店管理略知一二，她对饭店服务水平、管理水平也时常评价：这家员工素质差，那家管理不到位，只有少数饭店能得到她的认可和满意。一次，她因公住到了一家声誉较好的五星级饭店。到客房后，她把带来的一枝玫瑰花插到了客房内置的小花瓶里。过了两天，玫瑰花开始凋零，花头低垂，花色黯淡。服务员发现李小姐的情绪似乎随着花儿的凋谢也开始低落，心里记下了这事，下班时向领班反映了情况并商定了一个处理方案。

第二天，李小姐办完公务回到房间，一开门，发现一朵娇艳欲滴的玫瑰花插在花瓶中，她精神顿觉一振，走进一看，书桌上有一便条，上面写着："李小姐，送您一枝玫瑰花，祝您永远像鲜花一样漂亮。祝您工作顺利、开心、愉快。客房部全体同仁。另，您原来的那一枝玫瑰，我们将它放在服务指南册中，可制成干花永久存放。"李小姐看得眼眶湿润了。确实，她此次工作有些不顺，看到花儿凋谢，又引发了人生苦短的感慨。她本想买一枝换上，又没时间，再加上那花是临行前男友所送，又担心花儿扔掉不能见花思人。没想到服务员看出了她的心思，一举两得，让她如何不感动呢？

案例点评

本案例充分体现了该饭店服务人员热情、真诚的服务态度，想客人之所想，真心关心客人，并且对客人观察细致入微，真正体现了现代饭店人性化的服务理念。

4. 耐心灵活

耐心指要保持良好的心态，耐心周到，不烦不厌，根据各种不同类型的客人的具体要求提供优质服务。工作繁忙时不急躁，对爱挑剔的客人不厌烦，对老弱病残客人的照顾细致周到，客人有意见时耐心听取，客人表扬时不骄傲自满。

灵活指要反应机敏，能够灵活处理各种突发事件，服务过程中具有较强的应变能力。根据客人的心理特点、特殊爱好采用灵活多样的方法。如对动作迟缓、有残疾的客人应特别照顾；对性格开朗的客人说话可以随和一些等。

5. 尊重隐私

客人一旦入住客房，这就意味着客人就拥有了这段时间的客房使用权，服务人员必须尊重客人的隐私。如在客房电话的使用上，不要随便接听客人房间里的电话；整理客人物品时，不要乱翻乱看等。

6. 准确高效

客房对客服务中的很多投诉都是由于缺乏效率引起的，这就要求服务人员要有准确高效的工作能力，善于合理安排时间，统筹办理同时出现的多项工作任务。另外，现代饭店管理理论要求，尽力解决向你求助的客人提出的问题，而不是把客人推向其他人或部门，因为员工在饭店中解决问题要比客人方便得多。

7. 永远保持"不累的微笑"

微笑服务是客房员工为客人提供真诚服务的具体体现，也是服务工作所要求的基本礼貌礼节，是优质服务的基本要求。微笑是最好的沟通语言："诚招天下客，客从笑中来，笑脸增友情，笑脸出效益。"

📒 客房服务员

客房优质服务十要

一要对客人的需要保持敏感	二要强调服务效率
三要始终关注细节	四要有一流的微笑
五要把握服务的火候	六要扩展服务内容
七要有娴熟的服务技能	八要提供更多的便利
九要满足特殊要求	十要"用顾客语言说话"

第六节 客人投诉处理

一、客人投诉的原因

在对客服务过程中，难免偶尔发生疏忽和过失，服务不到位或达不到质量要求的情况，也就难免发生客人因种种原因引起的投诉。引起住店客人投诉的原因很多，主要可以归纳为以下几个方面。

（一）对客房工作人员服务态度不满

服务是饭店的产品，是住客有偿消费的重要组成部分，服务态度是实现优质服务的基础，不端正的服务态度则会引起住店客人的不满。具体可以表现为：服务员待客不主动，给客人以被冷落、怠慢的感受；服务员待客不热情，表情生硬、呆滞甚至冷淡，言语不亲切；服务员缺乏修养，动作、语言粗俗，无礼，挖苦、嘲笑、辱骂客人；服务员在大庭广众中态度咄咄逼人，使客人感到难堪；服务员无根据地乱怀疑客人行为不轨等。

（二）对客房服务效率低下不满

在客房服务过程中，往往会因为缺乏效率而引起客人的不满甚至投诉。在客房对客服务中，由于服务人员办事效率低、服务流程不合理、信息不畅通等原因，使得客人等候时间太长，耽误客人大事等现象，都会引起客人的投诉。在这方面进行投诉的客人有的是急性子，有的是要事在身，也会有因心境不佳而借题发挥，但更多确因饭店服务效率低而蒙受经济损失。所以，提供快速准确的服务是非常必要的，一些国际上著名的饭店对客房的各项服务往往都有明确的时间限制。

（三）对客房设施设备不满

因饭店设施设备使用不正常、不配套、服务项目不完善而让客人感觉不便也是客人投诉的主要原因。例如，有些饭店的淋浴装置过于复杂，客人需研究半天才找到门道；有些饭店的电视频道设置毫无规则，且存在重台与空台现象，让客人选台时感到一头雾水；有些饭店的电话机振铃声和门铃声过响，使客人常有惊吓之感。

（四）对客房用品质量不满

一些饭店为了节约成本，客房用品的质量不甚理想，如客房内的体重称往往误差较大，相差 0.5kg～1kg 纯属经常，偏差 3.5kg～4kg 也绝非天方夜谭；又如客房的一次性用品质量低劣，不仅使用不便或不适，甚至有损客人健康；客房有异味，寝具、食具、食品不洁，食品变质，酒水、饮料假冒伪劣品等，均可能引起投诉。

（五）其他因素

服务员行为不检、违反有关规定（如向客人索要小费），损坏、遗失客人物品；服务员不熟悉业务，一问三不知；客人对价格有争议；对周围环境、治安保卫工作不满意；对管理人员的投诉处理有异议等。

二、投诉处理的意义

使顾客产生不满的原因有很多，但最主要的原因就是顾客受到了令人不满意的对待。怎样妥善地对待那些不满意的顾客？这是一个严峻的问题，却是一个对饭店具有重要意义的举措。

（一）促使饭店认识到服务与管理中的不足

有些问题虽然存在，但并不是饭店自己能发现得了的。问题一方面是潜在的，一方面是自身存在问题，而不易发现。而客人则不同，他们支付了一定的金钱，就希望物有所值，能得到相应的服务。因此，他们对饭店的服务及设施所存在的问题是非常敏感的。饭店虽然对员工进行了严格的训练，提出相应的要求，但并非所有员能做到，他们可能是领导在时约束自己，一旦离开，他们就会放松自己，而这些是管理者所发现不了的，或者管理层面自身就存在问题。只有客人作为饭店服务的直接消费者才能及时发现并提出。

（二）有利于饭店提高服务水平

通过客人的投诉，饭店发现自身所存在的问题，如果能对这些问题及时认真地整改，必然使饭店服务不断地提高。

（三）给饭店提供了留住客人的机会

客人投诉，表示饭店存在着服务的漏洞使客人不满，如果客人不投诉，下次有可能不来光顾。正因为投诉能起作用，客人通过这一过程发泄自己的愤怒与不满。饭店了解到客人的不满后对自己的过失加以弥补，饭店就赢得了客人，赢得了市场。

三、投诉处理的原则

在饭店中，住店客人的投诉是不可避免的，成功处理投诉有利于饭店提高管理与服务水平，员工应以平和的态度来对待。一般来说，在处理客人投诉时应遵循以下原则。

（一）坚持"宾客至上"的服务宗旨

对客人投诉持欢迎态度，不与客人争吵，不为自己辩护，接待投诉客人，受理投诉，处理投诉，这本身就是饭店的服务项目之一。如果说客人投诉的原因总是与服务质量有关的话，那么，此时此刻代表饭店受理投诉的管理人员应真诚地听取客人的意见，表现出愿为客人排忧解难的诚意，对失望痛心者款言安慰、深表同情，对脾气火爆者豁达礼让、理解为怀，争取完满解决问题，这本身就是饭店正常服务质量的展现。如果说投诉客人都希望获得什么补偿的话，对通情达理的客人来说，那就是在投诉过程中对方能以最佳的服务态度对待。

（二）处理投诉要注意兼顾客人和饭店双方的利益

管理人员在处理投诉时，身兼两种角色：首先，他是饭店的代表，代表饭店受理投诉，因此，他不可能不考虑饭店的利益。但是，只要他受理了宾客的投诉，只要他仍然在此岗位工作，他也就同时成为了客人的代表，既是代表饭店同时也是代表客人去调查事件的真相，给客人以合理的解释，为客人追讨损失赔偿。客人直接向饭店投诉，这种行为反映了客人相信饭店能公正妥善解决当前问题。为回报客人的信任，饭店人员要以实际行动鼓励这种"要投诉就在饭店投诉"的行为，管理人员必须以不偏不倚的态度公正地处理投诉。

（三）态度友好，真诚为客人

客人有抱怨或投诉就是表现出客人对饭店的产品或服务不满意，他们觉得饭店亏待了他，如果在处理过程中态度不友好，会加重他们的不满意，造成关系的进一步恶化。若态度诚恳，礼貌热情，会降低客人的抵触情绪，俗话说"伸手不打笑脸人"。客人对饭店投诉，应认识到自己的工作和服务中存在着一定的问题，因此，员工应理解客人的反映，尽心尽力地帮助客人。只有这样，才能赢得客人，为饭店树立形象。

（四）克制、耐心，不与客人争辩

客人一般遇到了麻烦、不顺之后才来投诉的，难免会表现在言语之中。如果客人情绪很激动，员工一定要努力克制自己，设法平息客人的怒气，必要时将管理人员请出来接待客人，解决问题。耐心倾听客人的抱怨，不要轻易打断客人的抱怨和牢骚，更不要批评客人的不足，要鼓励客人倾诉下去。客人的怨气如同气球里空气，当牢骚发完了，他们就没有怨气了。即使客人是错的，也应抱着宽容的态度，不与客人争吵。

（五）语言得体

客人对饭店不满，在发泄时可能会言语过激，如果和客人针锋相对，势必恶化彼此关系。在解释问题过程中，措辞要十分注意，要合情合理，得体大方。即使客人不对，也不要直接指出，尽量用婉转的语言和客人沟通。

（六）快速处理，尽量补偿

处理投诉和抱怨的动作快，可以有四方面的好处：一是让客人感觉到受尊重，二是表示饭店解决问题的诚意，三是可以防止客人的负面渲染对饭店造成更大的伤害，四是可以把损失降低到最少。建议当天给客人一个初步的答复。客人抱怨或投诉，很大程度是因为他们的利益受到了损失，因此，客人希望获得安慰和经济补偿。这种补偿可以是物质上的，如更换配品、换房、赠送水果等；也可以是精神上的，如道歉、荣誉等。让客人心满意足是补偿的原则，但也不是大送特送，更重要的是让客人感受饭店的诚意。此外简单的退款、减少收费也不是最有效办法。饭店可以通过面对面的额外服务以及对客人的关心、照顾来解决。

（七）层次高一点，办法多一点

客人提出投诉和抱怨后都希望自己的问题受到重视，处理该问题的人员层次会影响客人的期待以及解决问题的情绪。如果高层次的领导能亲自为客人处理或打电话慰问，会化解客人的怨气和不满。除了给客人慰问、道歉和经济补偿外，可以邀请客人参观饭店、参加研讨会或给予其他荣誉称号。

四、投诉处理的程序

（一）接待投诉

1. 安慰
请客人移步至不引人注意的一角，对情绪冲动的客人或由外地刚抵埠的客人，应奉上茶水或其他不含酒精的饮料。用恰当的表情表示自己对客人遭遇的同情，尽量使客人安静下来，消除其怨气。

2. 倾听
耐心、专注地倾听客人的陈述，不打断或反驳客人，准确领会客人意思，把握问题的关键所在，确认问题性质。对客人的投诉，饭店无论是否有过错都不要申辩，尤其是对火气正大、酒后、脾气暴躁的客人先不要解释。同时不附和客人，不要做断言。

3. 道歉

向客人致歉，可以先向客人说"对不起"表示歉意。

4. 记录

客人投诉时要认真记录姓名，如在大堂经理处投诉要记录被投诉部门、姓名和事项。

5. 确认

不推脱、搪塞客人，不转移矛盾，不推卸责任，明确地告诉客人给予答复的时间。

（二）了解事情的真相

1. 调查

投诉受理人马上与有关人员取得联系，了解事情真相，必要时察看投诉物，迅速作出判断。

2. 汇报

必要时向上级汇报情况，请示处理方式。

（三）处理投诉

1. 简单投诉处理

对一些简单、易解决的投诉，处理人员要本着及时、快速、谅解等原则进行解决，并征求客人对解决投诉的意见。

2. 重大投诉处理

对于重大投诉或重要客人的投诉，要立即上报总经理，如总经理不在可电话请示或上报总值班经理，并及时处理，不得延误。

3. 无理要求处理

对客人的刁难、挑剔要客观分析，冷静对待，妥善处理；对于客人的无理取闹，应首先平息事态，情节严重者，可报请公安部门处理。

（四）通报客人

把调查情况与客人进行沟通，向客人作必要解释，向客人询问对处理的意见，争取使客人同意处理意见。并再次道歉，以消除客人所遇到的不快。

（五）记录存档

向有关部门落实处理意见，监督、检查有关工作的完成情况，再次倾听客人的意见；把事件经过及处理整理成文字材料，存档备查；认真总结，吸取教训；投诉内容分类整理，定期分析，对带倾向性的问题，及时提出改进措施，提高服务质量。

记忆力

一、选择题

1. 设立楼层服务台的弊端是花费的_____比较多。

　　A. 物力　　　　　　　B. 人力　　　　　　　C. 时间　　　　　　　D. 投资

2. 回大陆省亲的李先生一般需要较多的服务是_____。

　　A. 擦鞋服务　　　　　　　　　　B. 叫醒服务

　　C. 会客服务　　　　　　　　　　D. 送餐服务

3. 度假客人可安排在_____。

　　A. 房费较高、较安静的房间　　　　B. 房费较高、较热闹的房间

　　C. 房费较低的房间　　　　　　　　D. 较热闹的房间

4. 检查离店客人房间如发现有遗留物品，应立即送交客人；若客人已经离店，一般应将遗留物品交_____保管。

　　A. 客房服务中心　　　　　　　　B. 主管

　　C. 领班　　　　　　　　　　　　D. 经理

5. 客房服务员在"请勿打扰"房到了_____时，客人仍未离开房间，里面也没有声音，可打电话到房间。

　　A. 10：00　　　　　　　　　　B. 12：00

　　C. 14：00　　　　　　　　　　D. 18：00

二、填空题

1. 夜床服务的内容包括_____、_____和_____三项。

2. _____是现代饭店客房管理的主导模式，是饭店客房管理的神经中枢，主要通过电话的形式为饭店的住客提供周到的服务。

3. FOB是英文_____的缩写，三个单词含义分别为家庭、办公和商务活动，意指商务饭店的核心功能应为三大板块。

4. _____是客房员工为客人提供真诚服务的具体体现，也是服务工作所要求的基本礼貌礼节，是优质服务的基本要求。

三、判断题

1. 如有来访者查询住店客人，接待的服务员应耐心细致地把住店客人的有关情况告诉他。（　　　）

2. 当着客人的面查房，是对客人的不尊重。（　　　）

3. "客人永远是对的"意思是说员工永远是错的。（　　　）

4. 服务员进房次数越多，越能体现饭店服务的高质量。（　　　）

5. 遇到醉酒的客人，服务员应扶客人进房间，并帮助客人更衣。（　　　）

6. 为长住客人清扫客房时，清扫时间要与客人协商，尽量安排在其外出、办公时间进行。（　　　）

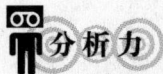

分析力

一、简答题

1. 客房对客服务模式设置应考虑哪些因素？
2. 优质服务有何重要意义？如何做到客房优质服务？
3. 客房服务项目的设置要坚持哪些原则？
4. 客房对客服务有哪些特点？

二、论述题

1. 试述住店客人中散客与团队客人的区别以及对其服务的要点。
2. 试述夜床服务的流程与应注意的问题。
3. 介绍饭店贵宾的等级划分与各级 VIP 的服务规程。
4. 试述住店客人投诉的主要原因以及投诉处理的方法。

三、分析题

1. 当你进房服务时，如遇到客人不在房内而房中电话响，怎么办？
2. 当客人离店时你进入房间查房，发现客人离开时有物品遗留在房内，如何处理？
3. 在客房楼层发现醉酒客人，如何处理？

实 训

项 目 一： 客房服务
实训目的： 通过实训使学生能够熟练掌握各项客房服务操作
实训内容： 各项客房服务，包括洗衣服务、擦鞋服务、送餐服务与夜床服务等
实训考核： 学生随机抽取一项服务项目进行操作

《客房服务》考核表

班级_____ 姓名_____ 学号_____ 时间_____

考核项目：客房服务

标准	分值	扣分	得分
服务流程	3		
服务效率	3		
服务态度	3		
应变能力	2		
总分	10		

考核教师_____

项 目 二：投诉处理

实训目的：通过实训使学生具备客房投诉处理能力

实训内容：投诉处理的技巧

实训考核：对每位同学投诉处理的能力进行考核

《投诉处理》考核表

班级_____ 姓名_____ 学号_____ 时间_____

考核项目：投诉处理

标准	分值	扣分	得分
处理规范	2		
语言技巧	3		
解决效果	3		
应变能力	2		
总分	10		

考核教师_____

项 目 三：服务礼仪

实训目的：通过实训使学生具有良好的服务礼仪

实训内容：仪容、仪表、仪态、微笑、礼貌用语、体态语言、礼节

实训考核：对每位同学服务礼仪进行考核

《服务礼仪》考核表

班级_____ 姓名_____ 学号_____ 时间_____

考核项目：服务礼仪

标准	分值	扣分	得分
仪表	1		
仪容	1		
仪态	1		
微笑	2		
礼貌用语	2		
体态语言	2		
礼节	1		
总分	10		

考核教师_____

第八章 客房安全管理

学习目的

- 认识到客房安全的重要意义
- 熟悉客房安全管理的主要任务
- 了解客房安全管理的特点
- 熟练操作基本的安全器械
- 能够处理常见的安全问题

学习要点

- 客房安全的意义
- 客房安全管理的任务
- 客房主要安全设备的配置
- 灭火器的使用
- 客房防火
- 客房防盗

关键词：客房 安全 设备 制度

第一节 客房安全管理概述

饭店对客服务质量的好坏直接决定着饭店经营成果，而顾客人身和财产安全则是饭店对客优质服务最基本的内容，是整个饭店管理工作最为重要的一个方面。客房作为饭店客人活动的最主要场所，具有易燃物品多，人员流动快等特点，涉及饭店客人、饭店员工的人身、财产安全和饭店财产安全等多方利益，是大家共同关心的突出问题，因此，预防、控制与处理安全事故成为客房部管理的重中之重。

一、客房安全管理的重要意义

饭店客房安全工作不仅仅是简单地保障客人的人身和财产安全，还要涉及饭店的经济效益和饭店客房部员工的切身利益。因此，做好客房安全工作可以使顾客满意，经营者满意和员工满意。

（一）客房安全直接关系到客人的满意程度以至客人生命财产安全

顾客满意是饭店经营的服务宗旨，而客房安全则是客人满意的最基本条件，也是招徕新顾客留住老顾客的基本前提。客房安全可靠是客房部工作的最起码要求，如果连最基本的客房安全都不能做到，顾客满意的宗旨就无法达到。相反，安全舒适的客房产品则不仅会使老顾客不断地光顾饭店，同时，由于这种良好的安全形象具有辐射作用，还会因此吸引更多的新顾客。

（二）客房安全直接关系到饭店营业收入和经济效益

从饭店经营的角度来考虑，饭店只有保证客人在饭店的人身和财产安全，使客人安全而来、安全而归，这样才能使客人满意，才能提高饭店声誉，不断地增加新客源，从而增加饭店的营业收入和经济效益。饭店一旦发生失窃、火灾等安全事故，客人就会因安全问题不再光顾饭店，老顾客更换门庭，新顾客望而却步，饭店便会门庭冷落，经济效益则会一落千丈。因此，安全问题会造成饭店潜在收益的损失。

（三）客房安全直接关系到客房员工的切身利益

如果客房员工始终处于各种安全隐患之中，工伤事故不断，安全无法得到保障，很难想象他们能够有良好的工作状态。在现代管理理念中，饭店员工是内部顾客，内部顾客也是上帝，只有内部顾客满意才能使外部顾客真正满意。

经典案例

广州某三星级饭店，某日23：00多，1804房间的客人周先生打电话通知客房服务中心送水。服务员马小姐送开水进入房间，放好暖瓶，向客人告别。这时，周先生突然拿起事先准备好的浴巾蒙在马小姐头上，并猛然将她推倒在床上，欲行非礼。马小姐高声呼救，奋力挣脱，冲出房间，飞速到保安部报案。饭店保安部门立即赶到1804房间，对客人进行调查，核实情况后，报公安局对客人进行了制裁。

案例点评

1. 面对低素质的客人，饭店仍然要确立"客人永远是对的"的服务意识，绝不能降低饭店的服务标准与规范。饭店对低素质消费群体的服务策略是：首先，在规范服务的同时，对此类客人增加超常服务或个性服务，使客人感受到饭店尊重客人的文明礼貌服务的气氛；其次，服务人员在客人面前要树立端庄、正派、勇敢的形象，注意衣着、举止、语言等，切记不能轻浮，以正气压倒邪气；再次，服务人员对客人可能做出的不文明行为要增强防范意识，适度劝阻；最后，饭店应严格区分不文明行为与违法犯罪行为，对后者，要敢于理直气壮地说"不"，并协助公安部门进行依法处理。

2. 饭店及服务人员要善于保护自己。第一，饭店规定半夜时分客人如有服务要求，女服务员以不进入客房为原则，特殊情况应两人同行或通知保安、维修人员配合，防止侵害与骚扰事件的发生；第二，如果服务员单独进入房间，应让房门一直敞开，如果是清洁整理房间，应将房务工作车停在打开的客房门口，成为醒目的标志，同时也给那些有不良企图的客人以暗示，使其打消恶念；第三，服务员在房间为客人服务时，应与客人保持距离，不要去坐房间的椅子以免引起客人的误解；第四，如果遇到侵犯骚扰事件发生，服务员一定要沉着冷静，要勇于同坏人做斗争，并利用一切有利条件保护自己。

3. 本案例中之所以发生此种情况，属于服务员大意，未按上述规定进行工作，给了坏人可乘之机。此案例要引起服务人员的高度警惕。

（四）客房易燃物品多、人员流动快，安全问题就显得更加突出

客房内多棉织品及木制家具，都属易燃物品，需要高度重视防火工作。2005年6月10日，广东汕头华南宾馆发生特大火灾事故，造成重大人身和财产损失，31人死亡，21人受伤，人们至今记忆犹新。另外，客房每天都在接待着不同的客人，顾客流动快，身份复杂，财产安全问题也非常突出，必须备加重视。这不仅是保证客人财产安全，也是对饭店财产安全的保障。

二、客房安全管理的主要任务

（一）做好安全培训和宣传工作，培养员工良好的安全意识

安全管理最主要的是防患于未然，做好员工的安全知识的培训工作是防止安全事故发生的重要举措。首先，在员工入职之初，必须进行严格的安全教育，使安全知识成为入职的必过课程，既增强了其安全事故处理能力，也会增加员工重视安全工作的意识。其次，安全教育要常抓不懈，客房部要定期对员工进行安全培训和宣传，进行必要的安全演习，使员工安全意识不松懈，安全思想不麻痹，从而杜绝安全事故的发生。

（二）制定客房安全操作规程和管理制度

规范的工作程序和健全的安全制度是客房安全最基本的保障。客房部只有制定各类完善的操作规程，如火灾处理制度、失窃处理制度等，员工才能有的放矢地预防事故的发生和处理既发事故。规程和制度的建设固然重要，但更重要的是必须严格遵守和执行这些规程和制度，才能真正保障饭店和客人的人身和财产安全。

（三）客房安全和对客服务完美结合

在保证饭店客房安全的同时，必须兼顾良好的对客服务，不能以牺牲对客服务为代价。二者之间是辩证统一的关系，并不相互矛盾对立。做好客房安全工作，就是最好的对客服务；

而真正的优质服务也不会以牺牲客人的安全为前提。如果客房不断发生安全事故，再好的服务也不能体现其价值；相反，如果为了客房安全，搞得人心惶惶，安全工作做得再好，也没有意义。

三、客房安全管理的特点

（一）复杂性

饭店属公共场所，客房更是来店客人的主要逗留之地，加之客人背景复杂，其国籍、职业、社会背景、宗教信仰、文化程度、兴趣爱好等多种多样，客房部的安全工作具有多样性。从客房易发事故看，涉及消防、治安等多个方面，安全工作有一定难度。另外，饭店为了节省空间，取得更高的经济效益，客房建筑结构一般比较复杂，在旧的经营理念的影响下，很多饭店在建设中，房间小，楼道窄、矮，通道少，防火难题突出。

（二）长期性

客房安全的侵害因素不仅广泛存在而且长期存在。对客房安全的长期性、艰巨性和复杂性，一定要有足够的认识，在思想认识上警钟长鸣。

（三）预防性

客房安全工作应以预防为主。消灭安全隐患于萌芽状态，甚至是杜绝隐患的发生。一般地，客房的各种安全隐患在发生之前，都会有各种迹象和征兆，只要能够加强安全意识，建立健全安全管理制度，并长期认真贯彻执行，就可以最大限度地减少安全事故的发生，保障饭店和顾客的利益不受损害。

（四）服务性

客房安全工作的最终目的之一是给住店客人提供安全保障，即为客人创造安全、舒适的生活和工作环境。

第二节　客房安全设备的配备

为保证住店客人生命财产安全，必须在公共区域和客房内加强各类安全设施的配置，同时客房内各种生活设施设备也要安全可靠。

一、客房安全系统构建的原则

（一）先进性

当今科学技术发展迅速，若花巨资建成一个几年之内就要淘汰的落后系统，不仅是一种极大的浪费，而且将严重影响饭店的声誉。所以构建安全系统首先就要确保设计技术和应用技术的先进性，同时也要保证整个系统的最佳性能价格比。

（二）灵活性和兼容性

随着科学技术的发展，不可能保证一个系统永远处于领先地位。为此在设计方案时，必须考虑到系统升级扩容的灵活性和兼容性，这就需要采用模块化、开放式、集散型、分布式的控制系统。这样在不改变原有设备，不损失前期投资的情况下，就能方便地升级和扩容，确保系统不过时。

（三）经济实用性

要选择性能价格比最佳的产品和系统。高科技现代化时代，经济性衡量的唯一标准是性能价格比，既不是单纯性能，也不是单纯的价格。若不顾性能，而单纯追求价格，势必会陷入不正当的价格竞争战。那么系统事故所造成损失和影响用经济是补偿不了的。要善于从实际出发，突出实用功能，去掉"华而不实"的无用功能，降低总体投资，求得先进性与经济性的完美统一。

（四）可靠性

可靠性是系统设计中的关键，不可靠的系统根本谈不上什么先进性，而且由于系统的瘫痪会给饭店带来巨大的负担和耗费。为此总体方案的设计和产品的选用既要考虑技术的先进性，又要考虑技术的成熟性，同时系统设计兼顾系统功能的全面性及操作的简易性。当有紧急情况发生时，系统能自动作出迅速、准确的反应。

（五）操作和维护的方便性

21世纪是知识经济时代，人力成本的价值在大幅度增加，系统设计如何做到操作和维护更方便，对于提高工作效率，降低人力成本和维护成本，提高系统总体性能价格比是极其重要的。

二、主要客房安全设备

（一）电视监控系统

1. 监控系统的构成

饭店监控系统现多为CCTV（Closed Circuit Television）监控系统，即闭路电视的简称，是指一般情况下，由特定用户通过封闭线路使用的专用电视系统。

饭店监控系统主要由前端信号摄取、中间信号传输及后端信号还原处理（即位于控制室内的中央控制设备）三大部分构成。前端设备负责信号的采集，主要包括摄像机、镜头、防护罩、云台、解码器、支架等设备。这些设备除将现场的图像、数据等信号进行摄取并转换为中心控制设备能够处理的信号格式外，还具有其他的增强功能，如扩大监视范围的云台、变焦镜头；保证主要前端设备能够正常工作的防护设备，如防护罩。后端设备的作用是对前端已采集到的信号进行处理。它主要包括视频信号的切换、显示和记录等主要功能。设备主要包括矩阵控制主机、控制键盘、屏幕墙、四画面分割器或多画面分割器、控制台、录像机、多媒体计算机及网络视频传输设备等。后端设备是整个系统的心脏，是整个系统功能的执行者。前端和后端设备的中间部分为传输系统。这一部分主要包括同轴电缆、双绞线及光纤设备的使用，实现将视频信号传输至控制室同时将操作员发出的控制指令传输至前端设备的功能。在传输系统的选择中需要根据实际情况加以选择。

2. 客房监控探头配置

电视监控系统是饭店主要的安全装置，除了安装在饭店大厅及公共场所之外，通常作为客房部主要的安全装置。一般设置在楼层过道和客用电梯处。

(1) 楼层过道。在楼层过道安装监控探头，一般采用中、长焦镜头。一般每个楼层监控探头的配置可以完全监控整个楼层的各个部位。

(2) 客用电梯。客用电梯空间小且又是封闭的，一旦出现紧急意外事件，受害人难以求援，安装监控探头便于对电梯内发生的可疑现象进行跟踪和取证。一般采用视野宽阔的广角镜头。

(二) 自动报警系统

1. 工作原理

火灾自动报警系统是由触发装置、火灾报警装置以及具有其他辅助功能的装置组成的，它具有能在火灾初期，将燃烧产生的烟雾、热量、火焰等物理量，通过火灾探测器变成电信号，传输到火灾报警控制器，并同时显示出火灾发生的部位、时间等，使客房能够及时发现火灾，并及时采取有效措施，扑灭初期火灾，最大限度地减少因火灾造成的生命和财产的损失，是饭店同火灾作斗争的有力工具。主要设置在饭店财务部、收银台、贵重物品寄存处以及商场、消防通道等区域，用于防火、防爆报警。

2. 自动报警系统的构成

(1) 自动报警设备。自动报警系统是由各种类型的报警器连接而成的安全网络系统，一般由火灾探测器、火灾报警器和其他辅助功能装置等组成。

(2) 联动控制。消防泵、喷洒泵启动，防烟和排烟风机启动、切除非消防电源、电梯迫降、防火卷帘下降，任何确认火灾信号均应联动上述消防设施动作。

(3) 火灾事故广播。火灾事故广播、消防通信设计中，饭店中火灾事故广播应与公共广播相结合。事故广播功能应设一主一副两台，并且功率要满足要求。

3. 常见报警器

我国饭店常用的报警器有微波报警器、红外线报警器、超声波报警器等远程报警系统以及声控报警器、微动式报警器、磁控式报警器等。

(三) 消防设备

饭店的消防设备一般由灭火设备与防火设施组成，主要有消防泵、消防栓以及各类灭火器等设备。

客房服务员

饭店消防设备日常管理工作标准

(1) 烟感器每年由消防中心组织测检 1~2 次;

(2) 自动灭火喷淋管道污水,每年组织排放检查一次;

(3) 每季度检查一次营业场所地上消防栓;

(4) 消防水泵每半年手动或自动启动检查一次;

(5) 油库的灭火装置每半年检查测压一次;

(6) 营业场所的消防加压、送风、排烟风机,每月由工程部门启动运行测试检查一次;

(7) 消防总控制系统每年由有关部门联合启动运行检查一次;

(8) 各种电器设备,每年联合进行一次检查;

(9) 备用发电机,定期启动检查;

(10) 固定泡沫灭火装置,每隔 1 年~1.5 年更换药剂一次;

(11) 各部位的轻便手提式、推车式泡沫灭火器,每年更换药剂一次,其他器材损坏的要及时更换;

(12) 建筑物内凡存放有物品的地方,有人员活动的地方、公共场所配备轻便手提式灭火器材,由管辖部门负责维护保管及外表的清洁卫生,摆放消防器材的地方不得堆放杂物,改变消防器材摆放的位置时,要经有关管理人员同意。

1. 消防泵

消防泵主要用于消防系统管道增压送水。

2. 消防栓

消防栓是一种固定消防工具,主要作用是控制可燃物、隔绝助燃物、消除着火源。消防栓应该放置于走廊或厅堂等公共区域中,一般会在上述空间的墙体内,不管对其做何种装饰,要求有醒目的标注(写明"消防栓"),并不得在其前方设置障碍物,避免影响消防栓门的开启。

3. 灭火器

灭火器的种类很多,按其移动方式可分为手提式灭火器和推车式灭火器;按驱动灭火剂的动力来源可分为储气瓶式灭火器、储压式灭火器、化学反应式灭火器;按所充装的灭火剂则又可分为泡沫灭火器、干粉灭火器、卤代烷灭火器、二氧化碳灭火器、酸碱灭火器、清水灭火器等。

客房服务员

常用灭火器及使用方法

1. 手提式泡沫灭火器

泡沫灭火器适宜扑灭油类及一般物质的初起火灾。

使用时，用手握住灭火机的提环，平稳、快捷地提往火场，不要横扛、横拿。灭火时，一手握住提环，另一手握住筒身的底边，将灭火器颠倒过来，喷嘴对准火源，用力摇晃几下，即可灭火。

注意：

(1) 不要将灭火器的盖与底对着人体，防止盖、底弹出伤人；

(2) 不要与水同时喷射在一起，以免影响灭火效果；

(3) 扑灭电器火灾时，尽量先切断电源，防止人员触电。

2. 手提式二氧化碳灭火器

二氧化碳灭火器适宜扑灭精密仪器、电子设备以及 600V 以下的电器初起火灾。

手提式二氧化碳灭火器有两种使用方式，即手轮式和鸭嘴式。手轮式指一手握住喷筒把手，另一手撕掉铅封，将手轮按逆时针方向旋转，打开开关，二氧化碳气体即会喷出。鸭嘴式指一手握住喷筒把手，另一手拔去保险销，将扶把上的鸭嘴压下，即可灭火。

注意：

(1) 灭火时，人员应站在上风处；

(2) 持喷筒的手应握在胶质喷管处，防止冻伤；

(3) 室内使用后，应加强通风。

3. 手提式干粉灭火器

干粉灭火器（如图 8-1 所示）适宜扑灭油类、可燃气体、电器设备等初起火灾。

使用时，先打开保险销，一手握住喷管，对准火源，另一手拉动拉环，即可扑灭火源。

图 8-1 饭店配备的干粉灭火器

4. 手提式"1211"灭火器

"1211"灭火器适宜扑灭油类、仪器及文物档案等贵重物品的初起火灾。

使用时，先撕去铝封，拔去安全保险销，一手抱住灭火器底部，另一手握住压把开关，喷嘴对准火源喷射，松开压把，喷射即停止。

5. ABC 干粉灭火器

内装有 ABC 干粉灭火剂和氮气，适用于扑灭可燃固体，可燃液体，可燃气体与带电设备的初起火灾，适用于工厂、仓库、车辆、船舶、油站、码头等场所。

使用时，拔出保险销，握住出粉皮管，距着火点 4m～6m 处按下压把，对准火焰根部喷射。

注意：

(1) 必须选择上风处或者侧风方向；

(2) 灭火后注意防止复燃。

(四) 房间安保设施

1. 门锁

门锁是保障住客安全最基本、最重要的设施，由于饭店规模、档次的差异，各饭店所使用的门锁各异。如图 8-2 所示是饭店使用的新型智能密码锁。

图 8-2 新型智能密码锁

2. 窥镜

窥镜安装在房门上端，为广角镜头，便于住店客人观察房间的外部情况。

3. 保险箱

保险箱供客人存放贵重财物。

第三节　客房安全制度

为确保安全工作真正落到实处，保证客房安全和饭店的正常营业，必须制定一套可行的客房安全制度，来规范饭店员工和顾客的行为，防止安全事故的发生，一旦发生事故时，能够有效地平息事故，防止事故的蔓延。

一、客房安全管理制度

(1) 客人住宿要凭本人有效身份证件，即中华人民共和国公民凭居民身份证，中国人民解放军凭军人证，港、澳、台胞凭回乡证或外国人凭护照，方可办理入住登记手续。

(2) 客房要设置"请勿卧床吸烟"提示，放置"宾客安全须知"，张挂"紧急疏散图"。

(3) 禁止住店客人使用自备的电热器具、堆放大量商品，客人不得以"请勿打扰"为由阻止饭店进行应急检修和必要的安全检查。

(4) 包租客房的长住客人要办理长住登记手续，调换住宿人员要经店方同意，不许私自留宿，使用自备电器要得到店方允许，并由饭店进行电器线路安装。

(5) 客房钥匙要专柜存放，专人管理。领取钥匙要办理严格的登记手续，严禁工作人员将客房钥匙携出店外。

(6) 住店客人领取房间钥匙，要严格检查其住房卡或钥匙领取凭证。

(7) 住客退房离店，要及时收回房间钥匙。发现钥匙丢失要迅速查明原因并通知安全保卫部门，安保部门要采取 24 h 内更换锁芯的措施。

(8) 住客退房离店后，服务人员要认真检查房间内有无遗留的火种，有无有害物品及客人遗忘物品，完成上述工作后方可再打扫卫生。

(9) 客房服务人员要有明确的责任区，不得随意串岗，不得擅自动用客人物品。打扫房间要"开一间，做一间""完一间，锁一间"，认真填写登记卡和记录进出时间。

(10) 客房服务人员不得把住店客人情况向外泄露，对要求会见住店客人的宾客，要验看证件并征求被会见人同意后方可允许进入。来访客人必须在 23：00 前离开客房。

(11) 万能钥匙，饭店主要负责人要责成专人保管使用，并登记备案。

(12) 客房楼层安装监视系统，实施 24 h 监控，并辅以保安巡逻。

(13) 客房卫生间须采取有效防滑措施，浴缸应配备防滑垫，并有提醒客人小心滑倒的标志。

经典案例

8 月 10 日 24：00 左右，犯罪嫌疑人刘某、吴某搀扶着两位小姐到武汉水果湖地区某宾馆，然后使用名为李军的假身份证进行一人登记，两男两女同进入 307 房间，因事先两位小姐同两位男士在外宵夜时，饮用了放有麻醉药的饮料，在昏迷不醒的情况下，被两男乘机抢走手机两部，现金500元余，得逞后两男逃离现场，并用同样手段在其他宾馆、旅店作案，后被当场抓获。经公安部门审查，刘、吴两犯系社会无业人员。目前两名案犯已被拘留，案件在进一步审理之中。

案例点评

本案例表明，一些宾馆、旅店的治安管理存在着严重的漏洞，原因主要表现在以下几个方面。

第一，此案首先选择合适的目标，有预谋地在另一场所吃夜宵时的饮料中放入麻醉药，作案后谎称小姐喝醉了酒需要休息，登记进房后实施抢劫。因服务人员在接待服务过程中，未留心观察喝醉酒的小姐身上有无酒味，有无呕吐现象，使罪犯得手后从容离开现场。

第二，验证不严，罪犯使用名为李军的假身份证登记时有明显的漏洞。如能及时发现疑点，就可把住登记验证关，将情况报告有关部门。

第三，一人登记，多人住宿，或甲登记，乙住宿，显然违反《旅店业治安管理规定》第十条第一款，即"凭本人有效证件登记验证后方可住宿"。而登记员在仅一男青年登记的情况下，竟允许两男两女同住一间客房，说明他们思想松懈；深夜值班人员警惕性不高，缺乏安全管理责任感，致使犯罪分子作案后逃之夭夭。

因此宾馆要加强对员工的治安业务知识培训，提高安全意识，严格把好住宿登记验证关，真正将各项安全制度落到实处。

二、客房钥匙控制制度

为保证客房安全，严格的钥匙控制措施是必不可少的。客房钥匙丢失、随意发放、私自复制或被偷盗等都会带来各种安全问题。

（一）实施钥匙专用制度

1. 客房专用钥匙
客房钥匙只能开启某一个房间，不能互相通用，供客人使用。
2. 楼层或区域通用钥匙
楼层或区域通用钥匙指可以开启某一楼层或某一楼层上的某个区域内的所有客房，供客房部主管、领班及服务员工作之用。
3. 客房全通用钥匙
客房全通用钥匙可以开启各楼层所有的客房，有的还包括客房部所负责的公共区域内的场所。供客房部正、副经理使用。

在客房部办公室内设置一钥匙箱，集中存放楼层或区域通用钥匙及楼层储物室钥匙、公共区域的通用钥匙。该箱由客房部办公室人员负责保管。每次交接班都需盘点清楚，如发现有遗失，必须马上向客房部经理报告。

（二）钥匙领用应有严格的制度

每天上班时，根据工作需要，客房主管、领班及服务员来领用客房钥匙时，客房部办公室人员都应记录下钥匙发放及使用的情况，如领用人、发放人、发放及归还时间等，并由领用人签字。还应要求客房服务员在工作记录表上，记录下进入与退出每个房间的具体时间。

（三）钥匙使用要有严格的规范

客房服务员掌握的客房钥匙不能随意丢放在工作车上或插在正在打扫的客房门锁上。应将客房钥匙随身携带，因此，多数饭店将客房钥匙发给工作人员，要求他们佩戴。客房服务员在楼面工作时，如遇自称忘记带钥匙的客人要求代为打开房间，应请他们去服务台领取钥匙，绝不能随意为其打开房门。

（四）适时更换客房门锁以保证客房安全

尤其是在丢失钥匙、私自复制钥匙等事件发生的情况下，饭店应果断地更换客房门锁头。通常情况下，饭店也应定期变换整个饭店的钥匙系统，以保安全。

经典案例

某饭店，一服务员在清洁客房时，看到一位客人在走廊里用手机打电话。服务员无法确认他是否是该楼层客人，便没有询问，继续清洁工作。过了一会儿，另外两间房间客人走出来，准备出外游览，在进电梯时，打电话的客人边走边继续打电话，和出来的客人一起走进了电梯。服务员心想，原来他是这两间房间的客人。过了5min，这名打电话的客人又返回了楼层，对服务员说："小姐，麻烦你开一下门，我们刚才下去忘了带条烟。"服务员一看，就是那位打电话的客人，在没有向客人要任何证件的情况下，替他开了门。这人又说："麻烦你把另一间也开一下，我拿点东西，谢谢。"服务员说："别客气。"说完他将另一间房门也打开了。过了大约20min，这人走出了房间，离开了楼层。

后来却发现此人盗窃了两房间的财物。

案例点评

由于该服务员把和住店客人一起下楼的人误认为该客房客人，导致饭店客房被窃，客人财物受损，造成这种结果的主要原因就是该服务员在没有十足把握确定客人身份时，没有按照开门程序进行操作，自以为是，最终导致恶劣后果。

三、客房安全巡视制度

客房部管理人员、服务人员以及安保部人员对客房走道的巡视也是保证客房安全的一个有力措施。在巡视中，应注意在走道上徘徊的外来陌生人、可疑的人及不应该进入客房层或客房的饭店员工；注意客房的门是否关上并锁好，如发现某客房的门虚掩，可敲门询问，如客人在房内的话，提醒他注意关好房门；客人不在房内的话，就直接进入该客房检查是否有不正常的现象。即使情况正常，纯属客人疏忽，事后也应由安保部发放通知，提请客人注意离房时锁门。

巡视内容主要包括楼层是否有闲杂人员；是否有火灾隐患、消防器材是否正常；门、窗是否已上锁或损坏；房内是否有异常声响及其他情况；设备、设施是否损坏。

四、安全培训制度

（1）要对全体员工进行消防知识教育，达到知防火知识，知灭火知识，会报警，会自救逃生，会协助消防队扑救火灾的目标；

（2）要对全体员工进行防刑事治安事故教育，提高防范意识，掌握防范技能，贯彻专群结合，群防群治的方针；

（3）要对全体员工进行职业道德和法规法制教育，杜绝和减少内部员工作案；

（4）对新进店职工进行岗前安全培训，对在职职工进行定期安全知识教育和考核，督促对安全有特殊要求的工作人员及时参加主管机关组织的培训并取得合格证书，坚持持证上岗规定；

（5）对义务消防队、保安人员进行专业技能培训和安全形势教育；

（6）教育本部门人员礼貌待人，寓安全保卫工作于服务中，严禁知法犯法，持械逞强，谩骂殴打客人。

第四节 客房主要安全隐患与事故处理

一、防火

（一）火灾种类

按照不同物质发生的火灾，火灾大体分为A、B、C、D四种类型。A类火灾为固体可燃材料的火灾，包括木材、布料、纸张、橡胶以及塑料等；B类火灾为易燃可燃液体、易燃气体和油脂类火灾；C类火灾为带电电气设备火灾；D类火灾为部分可燃金属，如镁、钠、钾及其合金等火灾。

（二）客房火灾原因

1. 吸烟造成火灾

宾客卧床吸烟或醉酒后吸烟引起火灾；宾客乱扔未熄灭的火柴和烟蒂引起的火灾；服务员将未熄灭的火柴和烟蒂倒入垃圾袋或吸入吸尘器引起火灾。

2. 电器着火

顾客在客房内私自使用高功率电饭锅、电炉、电熨斗等电器引起火灾；客房内电器设备因安装不良或者一次性使用时间过长，导致短路或者元件过热引起火灾；顾客在灯罩上烘烤衣物引起火灾。

3. 其他原因

宾客将易燃易爆物品带进客房引起火灾；员工不按安全操作规程作业，如客房内明火作业，使用化学用品等，未采取防火措施而造成火灾；防火安全系统不健全、消防设施不完备等。

(三) 火灾的预防

1. 配备消防设备和器材

饭店应在客房建设统一的消防系统，主要包括报警器、灭火器械和防火设备。

(1) 报警器。在客房区域中，一般要配置烟感报警器、手动报警器或热感报警器，以确保火灾的及时发现。

(2) 灭火器材。在客房区域中，为了防止火灾事故，需要配备喷淋装置、消防栓和灭火器。一般每间客房配备便携式灭火器，并定期检查保证其完整好用。

(3) 配置消防设备和器材。在客房内显著位置设置或者摆放中、英文两种文字对照的应急疏散指示图、安全须知等安全提示标志或者资料。另外，客房宜备有专用逃生电筒、防毒面具等，以备万一之需。

2. 采取火灾预防措施

加强对客防火宣传；通道和出入口不得堆放物品或封堵；宾馆饭店使用、储存的易燃易爆等危险物品，应当单独存放，专人管理。

(四) 火灾事故的处理

1. 发现火情时的处理

(1) 立即使用最近的报警装置，如立即打破手动报警器玻璃，发出警报；

(2) 用电话通知电话总机，并讲清着火地点和燃烧物质；

(3) 迅速利用附近合适的消防器材控制火势，并尽力将其扑灭；

(4) 关闭所有电器开关；

(5) 关闭通风、排风设备；

(6) 如火势已不能控制，则应立即离开火场。

2. 听到报警信号时的处理

(1) 服务人员首先要能辨别火警信号和疏散指令信号；

(2) 服务人员听到火警信号后，应立即查看火警是否发生在本区域；

(3) 无特殊任务的服务人员应照常工作，保持镇静、警觉，随时待命，同时做好宾客的安抚工作；

(4) 除指定人员外，任何员工在任何情况下都不得与总机房联系，全部电话线必须畅通无阻，仅供发布紧急通知。

3. 听到疏散信号时的处理

(1) 迅速打开太平门、安全梯，有步骤地组织宾客疏散；

(2) 疏散时，要通知宾客走最近的通道，千万不能使用电梯；

（3）紧急疏散时，客房服务人员应帮助宾客通过紧急出口离开，特别要注意照顾伤残宾客的撤离；

（4）发现门下有烟雾冒出，应先触摸此门，如很热勿开门，但房内如有住客，应立即进房营救；

（5）各楼梯口、路口都要有人把守指挥，以便给客人引路；

（6）在撤离时如有可能最好将重要文件资料及现金带上；

（7）待客人撤离至指定地点后，客房部员工及前厅服务人员一起查点宾客。

4. 火灾逃生要领

（1）离开火场时，应采取的措施有以下几点。

① 以手背试触房门温度，门板烫手表示门外火势很大，不可开门。

②门板不热，也可以背向门板方式缓缓开门（因恐门板过厚，传热不易）。以眼睛斜看门缝外是否有大火浓烟，若有，则立刻以臀部将门关上，不可开启。

③打开房门后，先探视走廊左右有无迎面冲逃之人，以防互撞受伤。

④逃生中途遇有浓烟，则尽可能将身体放低，必要时匍匐前进，面部贴近地面（因空气对流关系，地面往往会有 20cm～30cm 的空气层）。

⑤逃至楼梯遇有浓烟或视线不佳，则反过身来，以上楼梯姿势下楼，脸部贴近地面，如此重心较低，不易被他人推挤而摔倒甚至践踏。

⑥绝对不可搭电梯逃离火场，以免因停电、烧损而困在井道上。

（2）受困在房间时，采取下列步骤。

①速用湿布塞住门缝以防浓烟渗入，并将门板洒水予以冷却。

②打电话给总机或消防队，说明被困地点（房间号码）请求救援。

③超过三楼高度时，绝不可用跳楼方式逃生。若情况危急，可以绳索或将床单、窗帘结成绳索绑住固定物后，从窗口爬下。

二、防盗窃

客房是客人暂居的主要场所，客人财物的存放处，所以客房内的安全至关重要。客房部应从设备的配备及工作程序的设计两方面来保证客人在客房内的人身及财物安全。

（一）客房失窃类型

1. 饭店财物失窃

饭店客房中有很多物品，包括浴巾、毛毯、床罩等物品属于容易被客人顺手牵羊的物品，客房部员工必须注意饭店物品的防盗。客房物品的防盗工作主要以预防为主，尽量避免客房物品丢失。客房物品一旦失窃，在询问顾客时要十分谨慎，以防伤害到顾客的感情，尽量避免正面要求检查客人行李，而采取委婉手段让客人主动放回带走的客房物品。

2. 宾客财物失窃

首先要提醒顾客将贵重物品和现金交给饭店保存，切断失窃的根源。其次，加强客房钥匙管理和客房巡查制度，尽量避免失窃事故发生。一旦发生顾客物品丢失，饭店虽然已经做了充分的防范工作，仍然有不可推卸的责任，并且影响饭店的声誉。

（二）客房失窃的原因

1. 员工内盗

客房员工的行窃行为是客房失窃重要因素，且很难防范，因此饭店必须把好员工招聘关，避免低素质员工的流入，同时加强饭店员工的思想教育工作，提高员工的道德水准。

2. 宾客盗窃

宾客盗窃主要是指住店客人中的一些不法分子进行的行窃行为。

3. 外来人员盗窃

外来人员盗窃主要是社会上的一些不法分子进入饭店寻得安全防范漏洞进行的行窃行为。

（三）失窃事故的处理

饭店宾客的财物被盗以后，宾客直接通知公安有关部门，即"报案"，由当地公安部门受理；宾客未向公安报案，而是向饭店反映丢失情况，即"报失"，由饭店处理。

宾客反映客房失窃时，如果是一般失窃（价值不大），应先请宾客回忆一下，丢失物品原放的位置，是否用过后放在别处或者不小心掉在什么地方，特别是细小的东西，很容易掉到枕头下、床下、沙发底或沙发接缝等地方。在征得宾客同意的前提下帮助查找。如果确定找不到的话，要及时向上级管理人员汇报。如果是重大的失窃（价值较大），应立即保护现场，并报告安全部门，必要时要将宾客的外出、该房间的来访等情况提供给有关部门，协助调查处理。

📖 经典案例 ★

一天夜里，810房间的团队客人黄先生及太太报称在房间里丢失了钱包。大堂副理与保安小李、客房部服务员小张一同上客房了解情况。客人称：于10：00am左右入住，黄太太将钱包放于枕头下，钱包中装有360美元、1万元台币、一枚10g重的金戒指和两人的台湾身份证。随后黄太太前往导游的房间找人，当时黄先生并不知道他太太将钱包放在枕头下。这时，夜班服务员小王进房来为客人开夜床，待开完夜床后，黄太太回来发现钱包不见了。客人于是认定是服务员小王偷的。大堂副理向客房部小张询问，小张认为夜班服务员小王是老员工，应该不会偷拿。在征得客人同意的情况下，三人对床铺等位置进行了搜索，可惜无收获。正当大堂副理向行政值班经理汇报此事时，客房经验丰富的小张将置于行李柜下层的床单取出来抖开，这时钱包出现在了床单里。客人激动万分，连声道歉，称不该不相信众人，误会了本店诚实的员工。

📖 案例点评 ★

此案例是由于服务员小王开夜床时不小心误将客人钱包卷入床单引起。幸好有经验丰富的小张仔细查找，才及时查明真相，避免了由此可能引发的严重后果。值得注意的是即使老员工，在日常工作中也须认真细致方能避免失误。

三、其他安全隐患和事故处理

（一）客人伤病的处理

由于饭店配备专业医护人员的数量极少，所以应选择合适的客房部员工接受有关急救知识及技术的专业训练。在遇到客人伤病的时候，能协助专业医护人员或独立地对伤病客人进行急救。饭店还应备有急救箱，箱内应装备有急救时所必需的医药用品与器材。

任何员工在任何场合发现有伤病的客人应立即报告，尤其是客房部的服务员及管理人员在工作中，应随时注意是否有伤病客人。对直到中午12：00仍挂有"请勿打扰"牌房间的客人，要通过电话进房询问。电话总机也要注意伤病客人来电求助。

接到有伤病客人的报告，客房部管理人员应立即与专业医护人员或受过专业训练的员工赶到现场，实施急救处理。如伤病情况不严重，经急救处理后，或安排医生来出诊或送客人去医院，进行仔细检查及治疗。如伤病情况严重的话，边进行急救处理，边安排急救车将伤病客人送到医院去治疗，绝不可延误时间。

事后应由客房部写出客人伤病事故的报告，列明病由、病状及处理方法和结果。该报告除呈报饭店总经理室外，还应存档备查。

（二）客人死亡处理

如发现客人在客房内死亡，应立即将该房双锁，通知安保人员来现场，将现场加以保护。由安保部向公安部门报案，由警方专业人员来调查、验尸，以判断其死因。

如客人属自然死亡，经公安部门出具证明，由饭店向死者家属发出唁电，并进行后事处理；如警方判断为非正常死亡，则应配合警方深入调查死因。在有适当的目击者的情况下，整理死者在客房中的遗物，妥善保管，等候公安部门的处理意见。

（三）停电事故的处理

停电事故可能是外部供电系统或内部原因引起，饭店应配备有紧急供电装置，同时要做好客人解释工作及安全防护。

四、员工的自我防护

客房服务人员大多数都是女性，在工作中还要有自我防护意识，对客人既要彬彬有礼，热情主动，又要保持一定距离。客人召唤入房时，要将房门打开，对客人关门要保持警惕，客人邀请时不要坐下，更不要坐在床上；尽量找借口拒绝客人邀请外出；不要轻信和陶醉在客人的花言巧语中而失去警戒。

🕱 记忆力 ••••••••••••••••••••••

一、选择题

1. 当客人离店时带走了客房用品，工作人员最好的处理方法是_____。

A. 坚决追回
B. 要求客人开包接受检查

C. 请客人按正常途径购买
D. 巧妙地提醒客人

2. 客房服务员在清扫房间时，必须将工作钥匙_____。

A. 系在腰上
B. 放在工作车上

C. 挂在门把手上
D. 插在锁孔里

3. 指出下列一般不应安装饭店监控系统的地方是_____。

A. 大堂
B. 客用电梯

C. 楼层客房
D. 公共娱乐场所

4. 下列灭火器中最适合文物档案等贵重物品初起火灾的是_____。

A. 泡沫灭火器
B. 二氧化碳灭火器

C. 干粉灭火器
D. "1211"灭火器

5. 在火灾分类中，带电电气设备火灾是_____。

A. A类火灾　　　　B. B类火灾　　　　C. C类火灾　　　　D. D类火灾

二、填空题

1. 饭店监控系统主要由前端_____、中间_____及后端_____三大部分构成。

2. _____的行窃行为是客房失窃重要因素，且很难防范，因此饭店必须把好员工招聘关，避免低素质员工的流入。

三、判断题

1. 在保证饭店客房安全的同时，必须兼顾良好的对客服务，不能以牺牲对客服务为代价。（　　）

2. 饭店客房安全管理就是对客人、饭店以及员工人身与财产安全的保护工作。（　　）

3. 安全管理最主要的是防患于未然，做好员工的安全知识培训工作是防止安全事故发生的唯一举措。（　　）

分析力

一、简答题

1. 客房安全管理有何重要意义？

2. 客房安全管理的特点是什么？

3. 如何进行客房部员工的安全培训工作？

二、论述题

1. 试述造成客房火灾主要原因以及客房防火的主要措施。

2. 试述客房主要的安全设施以及客房主要的防盗措施。

三、分析题

1. 你在清扫客房时，客人中途返回客房，怎么办？

2. 在客房服务过程中，遇到生病的客人，如何处理？

实 训

项 目 一：认识客房常用安全设备
实训目的：了解星级饭店客房常用的安全设备
实训内容：观察客房常用安全设备的特点、功能与操作方法
实训考核：学生随机抽取一种安全设备进行描述

《安全设备描述》考核表

班级_____ 姓名_____ 学号_____ 时间_____

考核项目：安全设备描述

标准	分值	扣分	得分
设备特点	2		
设备功能	3		
应用对象	3		
操作方法	2		
总分	10		

考核教师_____

项 目 二：灭火器使用
实训目的：通过训练能够熟练掌握灭火器的使用
实训内容：训练学生对各类灭火器的使用操作
实训考核：对每位同学进行灭火器使用操作考核

《灭火器使用》考核表

班级_____ 姓名_____ 学号_____ 时间_____

考核项目：灭火器使用

标准	分值	扣分	得分
操作方法	3		
使用技巧	2		
灭火效果	3		
应变能力	2		
总分	10		

考核教师_____

第九章　客房设备用品管理

学习目的

- 了解客房设备用品管理的目标
- 熟悉客房设备用品的分类和选择
- 掌握客房设备用品的使用和保养
- 熟悉客房布草的保养和储存方法
- 掌握客房用品消耗定额的计算方法

学习要点

- 客房设备管理
- 客房布草管理
- 客房用品管理

关键词：客房设备　客房用品　客房布草

第一节　客房设备用品管理概述

客房设备用品管理，就是对饭店客房商品经营所必需的各种基本设备及用品的采购、储备、保养和使用所进行的一系列组织与管理工作。

客房设备用品是保证客房部正常运转必不可少的物质条件。客房设备用品既反映了饭店的等级和规格，又直接影响客房部营业费用的多少和经济效益的高低。客房部所使用的设备用品种类繁多，加强设备用品的管理以保证客人需要和降低消耗，是客房管理的重要任务之一。

一、客房设备用品的管理范围

以前，对于客房设备用品的管理范围仅限于单纯的仓库管理。但激烈的市场竞争导致了服务产品之间的削价竞争，从而使饭店的利润急剧下降。因此，控制经营成本、开源节流越来越多地受到管理者的重视。客房设备用品管理的业务范围也更为扩大和系统化。一般来说，客房设备用品管理大致包括客房设备用品的选择与采购、使用与保养、储存与保管。对于客房部门来说，主要是做好用品计划、使用控制和储存保管等工作。

二、客房设备用品管理的要求

为了方便管理，客房的基本设备用品可以分为两大类：一类是设备部分，属于企业的固定资产，如机器设备、家具设备等；另一类是用品部分，属于企业的低值易耗品，如玻璃器皿，各种针、棉织品，清洁用品，一次性消耗品等。这些设备用品的质量和配备的合理程度、装饰布置和管理的好坏，是客房商品质量的重要体现，也是制订房价的重要依据。客房设备用品管理应达到 4R 的管理要求。

（一）适时

适时（Right time）指在要用的时候，能够及时供应，保证服务的延续性和及时性。

（二）适质

适质（Right quality）指提供使用的客房设备用品的品质要符合标准，能够满足客人的需要。

（三）适量

适量（Right quantity）指计划采购数量要适当控制，确定合适的采购数量和采购次数，在确保适时性的同时，做到不囤积，避免资金积压。

（四）适价

适价（Right price）指以最合理的价格取得所需的客房设备用品。

三、客房设备用品的管理方法

饭店客房设备用品种类繁多，价值相差悬殊，必须采用科学的管理方法，做好管理工作。

（一）核定需要量

饭店设备用品的需要量是业务部门根据经营状况和自身的特点提出计划，由饭店设备用品主管部门进行综合平衡后确定的。客房设备用品管理，首先必须要科学合理地核定其需要量。

📋 客房服务员

希尔顿先生认为，饭店各部门的服务、赢利可以自行安排，实行权利下放，充分发挥每位工作人员的积极性、知识和技能专长，从而利于饭店的经营管理。但是，饭店每天、每周、每月的成本费用必须严格控制。

凡是希尔顿饭店的经理必须准确地知道，明天需要多少位客房服务员、中餐厅服务员、厨师和杂工。同时，饭店所需一切用品的采购要根据预测和需要，要适量。

一切费用大的项目，如客房和餐厅用品、电视机、火柴、灯泡、肥皂、毛巾、床单、餐巾和餐桌台布等都要经过洛杉矶的希尔顿饭店总部的中央采购部或纽约和芝加哥的分部审批方能采购。希尔顿先生认为，控制成本费用本身就是要降低成本消耗，增加利润。

（二）设备的分类、编号及登记

为了避免各类设备之间相互混淆，便于统一管理，客房部要对每一件设备进行分类、编号和登记。客房部管理人员对采购供应部门所采购的设备必须严格审查。经过分类、编号后，需要建立设备台账和卡片，记下品种、规格、型号、数量、价值、位置以及由哪一部门、班组负责等。

（三）分级归口管理

分级就是根据饭店内部的管理体制，实行设备主管部门、使用部门、班组三级管理，每一级都有专人负责管理，都要建立设备账卡；归口是将某类设备归其使用部门管理，如客房的电器设备归楼层班组管理。几个部门、多个班组共同使用的某类设备，归到一个部门或班组，以它为主负责管理，而由使用的各个部门、各个班组负责点上的使用保管、维修保养。

分级归口管理有利于调动员工管理设备的积极性，有利于建立和完善责任制，切实把各类设备管理好。

（四）建立和完善岗位责任制

设备用品的分级管理，必须有严格明确的岗位责任来保证。岗位责任制的核心是责、权、利三者的结合。既要明确各部门、班组、个人使用设备用品的权利，又要明确他们用好、管理好各种设备用品的责任。责任定得越明确，对设备用品的使用和管理越有利，也就越能更好地发挥设备用品的作用。

（五）客房用品的消耗定额管理

客房用品虽然价值较低，但品种多、用量大、不易控制、容易造成浪费，影响客房的经济效益。实行客房用品的消耗定额管理，是指以一定时期内，为保证客房经营活动正常进行必须消耗的客房用品的数量标准为基础，将客房用品消耗定额落实到每一楼层，进行计划管理，用好客房用品，达到节支的目的。

第二节　客房设备管理

客房设备和物品是体现饭店等级水平的重要方面。只有各种设备、物品始终处于齐备、完好状态，才能满足客人的需要，保证客房的服务质量。客房设备管理是全过程的管理，从设备的选择到设备的使用、保养和维修的每一个环节都要加强管理，认真做好各项工作。

一、客房设备的分类与选择

(一) 客房设备分类

客房设备主要包括家具、电器设备、卫生设备、安全装置以及一些配套设施。

1. 家具

家具是人们日常生活中必不可少的主要生活用具。客房使用的家具主要有卧床、床头柜、写字台、软座椅、小圆桌、沙发、行李架、衣柜等。

2. 电器设备

客房内主要电器包括以下几个:

(1) 照明灯具。客房内照明灯具主要有门灯、顶灯、地灯、台灯、床头灯等。它们既是照明设备,又是房间的装饰品。

(2) 电视机。电视机是客房的高级设备,可以丰富客人的生活。

(3) 空调。空调是使房间保持适当温度和调换新鲜空气的设备。

(4) 音响。音响是供客人收听有关节目或欣赏音乐的设备。

(5) 电冰箱。为了保证客人的饮料供应,在客房内放置小冰箱并放置酒品饮料,方便客人饮用。

(6) 电话。房间内一般设两部电话机,一部放在床头柜上,另一部装在卫生间,方便客人接听电话。

3. 卫生设备

卫生间的设备主要由洗脸台、浴缸、坐厕、毛巾架、镜子、灯具、垃圾桶等组成。

4. 安全装置

为了确保宾客安全,客房内一般装有烟雾感应器,门上装有窥镜和安全链,门后张贴安全指示图,标明客人现在的位置以及安全通道的方向。楼道装有电视监控器、自动灭火器。安全门上装有昼夜照明指示灯。

(二) 客房设备选择

饭店选择客房设备是为了选购技术上先进、经济上合理、适合饭店档次的最优设备,这有利于提高饭店的工作效率和服务质量,满足宾客需求。每个饭店要根据自身的特点,确定客房设备的选择原则,这是进行客房设备管理的基础。

1. 适应性

适应性是指客房设备要适应客人需要、饭店等级,与客房格调一致,造型美观,款式新颖。

2. 方便性

方便性是指客房设备的使用方便灵活,简单易操作,同时易于维修保养、工作效率高的设备。

3. 节能性

节能性是指能源利用的性能。随着水、电能源的日益紧张,人们节能意识也逐渐增强。

饭店用水、用电量都比较大，节水、节电成了大家比较关心的问题。在选择设备时，应该选择节能设备。

4. 安全性

安全是饭店客人的基本要求。在选择客房设备时要考虑是否具有安全可靠的特性，是否安装有防止事故发生的各种装置，商家有无售后服务也是设备安全的重要保证。

5. 成套性

成套性是指各种设备的配套，以保持家具的一致性和外观的协调性。

6. 可发展性

为了配合时代商务旅客对饭店服务的需要，饭店在选构设备时要综合考虑其设备的经济性和发展性。

以上是客房设备选择要考虑的主要因素，对于这些因素要统筹兼顾，全面权衡利弊。

二、客房设备的使用和保养

客房设备的使用主要涉及员工与客人两方面。客房部要加强对员工的技术培训，提高他们的操作技术水平，懂得客房部设备的用途、性能、使用方法及保养方法。

（一）客房家具的使用与保养

家具有木制、竹制、金属制等多种，客房中多使用木制家具。由于木制家具易变形、易腐蚀、易燃，因此除了经常清洁表面灰尘，还要特别注意防潮、防水、防热、防蛀。

为防止木制家具受潮变形、腐朽，木制家具不要紧靠墙壁，要留有一定空隙，并经常通风换气，保持室内干爽，更不能用带水抹布擦拭，如果水珠溅到油漆家具上，不仅表面会失去光泽，而且漆皮还会起泡、脱落。溅上水珠，要立即用干软布擦净。木制家具不要摆放在阳光直射或靠近暖气片的地方，因为暴晒或被烘干容易褪色、收缩、破裂。另外，热杯等器皿要放在垫盘上，避免直接与家具表面接触，造成烫痕或掉漆。在壁柜抽屉底层，应放些防虫药物，以防虫蛀变糟。

另外除了每天用干软布擦拭外，为了保持家具的光洁度，还要定期给家具上光打蜡，在家具表面形成一种保护膜。

（二）地毯的使用与保养

地毯的保养主要是吸尘和清洗。要根据地毯放置的位置及交通的频密程度制订地毯清洁保养计划。一般情况下，在普通地点每周吸尘 1～2 次，每年清洗一次；在交通较频繁的地方，每天吸尘一次，每年清洗一次；在交通颇为频繁的地方，每天吸尘一次，每半年清洗一次。如地毯上粘有各种污渍，应选用适当的清洁剂，及时清理。

地毯的清洗方法有两种：干洗和水洗。干洗就是将清洁剂均匀洒在地毯上，然后用刷刷洗，最后用吸尘器吸尘。水洗就是将清洁剂溶于水中，然后将溶剂均匀洒在地毯上，然后用刷刷洗，再用吸水机吸取水分，最后吸尘。

另外，为防止纯毛地毯遭虫蛀，还应在地毯底下放些药物以防虫蛀。

（三）客房主要电器的使用与保养

1. 电视机

电视机应当放在通风、少尘、干燥的地方，避免阳光直射或暴晒。另外不要紧贴墙壁，要留有一定空间。电视机也要远离热源和潮湿的地方。电视机在搬运过程中要轻拿轻放，应尽量避免经常搬动而发生碰撞和摔跌，更不要在冷热相差很大的环境中移动，否则会影响显像管寿命。

电视机在使用过程中，要注意散热。不要收看时间过长，收看时不要用机套堵塞散热孔，更不要将电视机放于箱内或柜内收看。电视机若长时间不使用，应拔下插头，并且每隔一段时间通电一次，以驱潮气。另外，遇有雷雨天，最好不要开电视，并拔下电源插头，以免烧坏机器。

在清洁电视机时，不可用利器，而要用干软抹布，且用中性清洁剂。如果电视机长期不用，应用机套罩上，以免灰尘落入。

2. 空调

饭店常用的空调有两种：一种是小型房间空调，一种是中央空调。空调的保养最关键的是两个部位：一是机壳，二是过滤器。

房间空调要安放在通风、干燥、非阳光直射的地方。在清洗时，要绝对避免直接水浇，以免发生漏电、触电事故，也不能使用汽油、稀释剂和其他化学药品擦拭外壳。空调保养最重要的一个环节是要定期清洗过滤器，以保持通风、畅通。对壁挂式空调器的过滤器可以从下部拉出清洗。对柜式空调过滤器，要先拆除回风格栅，然后再拆下过滤器清洗。清洗时要用温水，切忌用开水或酸性洗涤剂，以免腐蚀光洁度。

使用中央空调要定期对鼓风机和导管进行清扫，每隔 2～3 个月清洗一次进风过滤网。在电机轴承部分要定期加注润滑油，以延长使用寿命。

3. 电冰箱

电冰箱应放在室内通风、干燥、远离热源且避免阳光直射的地方。冰箱的后面、侧面及顶部不要紧贴墙壁，要留有空间，以便空气流通散热。搬运冰箱时，要竖直平稳，防止剧烈震动，且箱体倾斜角度不得超过 45°，绝对不能倒置。

冰箱的使用要连续进行，切忌时停时开，增加压缩机负担，影响冰箱寿命。冰箱要定期进行清洁。用软布蘸清水或中性皂液擦洗。冷冻室冰霜结到一定厚度时，要及时除霜，否则会影响制冷效果。

另外，在食品储藏方面，切忌将装有液体的玻璃瓶放入冷冻室，以防炸裂；热的食品要放凉以后放入冰箱，否则箱内温度上升，会加大压缩机负担，缩短冰箱寿命。

4. 其他电器设备

对音响要经常用干软布擦拭表面灰尘，经常检查线路及各种控制开关是否正常，同时要注意防热、防潮、防晒。

对照明灯具，要经常检查电源插座是否牢固，灯线是否破损，以防跑电、漏电，另外灯罩、灯泡要定期用软布擦拭。

对电话，每天要用干软布擦拭表面灰尘，话筒每周用酒精消毒一次。要经常检查电话线是否有破损部位。如有情况，应及时报修。

经典案例

下午五点，入住某四星级宾馆1105房间的陆先生，急匆匆地跑到商务中心要求发送一份文件。服务员感到很纳闷，于是问道："先生，您的房间里有传真机呀，看您这么急，为什么还跑下来呢？"客人很生气说："我就是看这个房间有办公设备才入住的，谁知道今天领导要我发一份急需的文件，传真机却怎么试也没用，可把我急坏了，这么高档的饭店，设备总不能是摆设吧？"服务员小王想尽力平息客人的怒气，于是对陆先生说："您现在的心情我非常理解，因为我也是做这一行的，也曾有过这种经历，我对此深表同情。首先我代表饭店向您道歉！但谁都知道名车开久了也有抛锚的时候，我们绝对不是故意坐视不管，给您造成不便我们也很难过，但谁也不舍得让它成为摆设，您说对吗？我非常感谢您给我们的提醒，我马上通知网管去维修，并会将此事报告我的上司，让大家对此引起足够的重视。保证给您一个满意的答复，您看好吗？"说完小王向他表示了谢意，并随即电话通知了网络维修工，并将此事报告了经理。陆先生看着小王做完这一切，满意地点头离去了。

案例点评

本案例中小王无意中的一句问话，碰撞出一个我们平时经常忽略的问题，那就是像传真机这样的高档设备，有些饭店客房虽然配备了，但在维修保养上却不太重视。因为客户群等原因，有的客房传真机长时间没有人动过，而服务员做房间也会疏漏，于是便造成本案中陆先生所遇到的麻烦。其实，只要饭店建立起完善的日常检修制度并加大执行力度，这类问题完全可以避免。

三、客房设备管理

（一）建立客房设备档案

为了便于统一管理，对每次购进的设备要进行分类、编号、登记，记录设备的品种、规格、型号、数量、价值及分配情况以及设备的损坏、维修和变动情况，建立设备档案，并定期与财务部门、工程部门进行核准。

设备档案主要由两个部分构成：一部分是房屋装饰资料，即对客房的各种文具、饰物、建筑装饰和卫生间材料等的规格特征、生产厂家及装修日期等进行分类记录；另一类是客房历史档案，即对客房家具饰物及其装修和启用日期、规格特征和历次维修保养等情况进行的记录。

（二）客房设备的更新改造

由于设备在使用过程中，会出现磨损、老化和报废现象，同时为了使饭店的规格档次和格调一致，客房要根据设备的品种、规格、质量及对设备的定期检查结果，事先提出设备更新改造计划，做好设备更新改造的准备工作。更新改造工作按其周期长短，可分为部分更新和全面更新。部分更新是指一般客房使用 5 年后，应对部分设备（包括地毯、墙纸、窗帘、床罩等）进行更新；全面更新是指一般客房使用 10 年后，应对客房陈设、布置和格调（包括橱柜、桌子、灯具、地毯、墙纸等）进行全面彻底的改变。

更新改造计划将根据饭店的具体情况予以提前或到期进行。

客房服务员

高科技在客房的应用

科技成为饭店企业生存和发展的资本。并且，为满足现代人"求新奇、求享受、求舒适"的需求，饭店企业将会更多地应用各类高科技设备，强化现代企业的智能个性。

饭店可将客房电视与电脑连为一体，实现前台和后台的多项传播，如有客人在前台办理好登记入住手续，客人一进房间，电视上即显示"欢迎某先生（小姐、太太）"字样；客人外出归来，电视屏幕上能自动显示留言、到访、天气等信息。未来饭店借助于新技术，可大大改善各种设施设备，营造一种无所不在的人性关怀，在提高客人舒适程度的基础上提高客人的满意度。如床头柜可成为集电视、空调、灯光、窗帘启闭于一体的电子控制中心，方便客人操作；旋涡式浴缸、按摩浴缸、温泉浴缸以及可自由调节水压、高度的喷淋设施等将带来一个全新的淋浴概念。

科学技术还可以提高员工的工作效率，使其适当适时地为客人服务，如服务人员只需坐在楼层的工作室注视红外线感应即可知道客人进出房间的情况，无须敲门、按铃或查看有无"请速打扫"等信息牌。饭店企业还可利用高科技加强饭店企业的控制管理，如开发智能卡，加强客人的安全控制。

第三节　客房布草管理

一、布草的分类与选择

布草又称为布件或棉织品。在饭店的经营活动中，它不仅被作为一种日常生活必需品提供客人使用，而且被用于装饰环境、烘托气氛等。

（一）布草的分类

按照用途来划分，饭店的常用布草可分为四大类：床上布草，床单、枕套等；卫生间布草，方巾、面巾、浴巾、地巾等；餐桌布草，台布、餐巾等；装饰布草，窗帘、椅套、裙边等。

（二）床上布草的选择

床上布草主要指床单和枕套，其选择主要在于其质量与规格。一般情况下，饭店宜选用全白的床单与枕套（漂白或本白）。这不仅是因为白色看起来清洁和舒适，还在于其易于洗涤和保养。如果选用了有色高级布草，则应考虑到其使用成本问题，包括洗涤剂的选用等。

1. 质量要素

床单和枕套的质量主要取决于以下因素：

（1）纤维质量。如果所用的纺织纤维比较长，则纺制出来的纱就比较均匀、条干好、强力高。这反映在使用上即为耐洗、耐磨。

（2）纱的黏度。纱纺得紧一些，则使用中不易起毛，强度也比较好。

（3）织物密度。密度高而经纬分布均匀的织物则比较耐用。用作床单的织物密度一般为 288×244 根/10 平方厘米，高级的可超过 400×400 根/10 平方厘米。

（4）断裂强度。一般情况下，织物的密度较满意则其强度就高。

（5）制作工艺。卷边要平齐、够宽，针脚要直而密，缝线的牢度要够，通常床单和枕套的针脚密度应分别达到每 5 厘米 16 针和 28 针；其针脚牢度可用针挑试，特别是枕套要能耐反复拆装枕芯的拉扯。

此外，床单和枕套的舒适与美观是选购时所关注的一个重要方面。一般来说，50％/50％与 65％/35％的涤棉混纺床单不仅具有棉布的舒适性而且易洗快干、抗皱挺括，其耐洗性能也大大提高。

2. 规格尺寸

床单和枕套的规格尺寸主要依据床和枕芯的大小来决定；同时，它们也受到本身的质地和用户的爱好等因素的影响。

（1）床单。即使是同一种类的床单，其尺寸也可能有所不同，为了简化布草的管理，提高工作效率，不少饭店都尽可能地减少规格种类，如将大号床单与双人床单合二为一。为便于识别不同规格的床单，要求厂商在床单的边沿做不同颜色的记号等。下面是四种不同规格的床单的常用尺寸：

①单人床单：1.6m×2.44m～1.82m×2.64m；

②双人床单：2.09m×2.64m；

③大号床单：2.29m×2.79m～2.29m×2.92m；

④特大号床单：2.74m×2.79m～2.74m×2.92m。

需要指出的是，如果可能的话，尽可能不要选用太大的床单，这样不仅节省资金，而且方便了铺床操作和洗涤保养。一般情况下，床单的长和宽只要多出床垫的 60cm～70cm 即可。

（2）枕套。通常，枕套的宽度要比枕芯多出 2cm～5cm，长度要多出 20cm～30cm。这可使枕芯易于装入并可将多余的枕边反折进枕套，以使枕头显得比较饱满和挺括。下列枕芯、枕套的规格可能比一些饭店使用的要宽一些，但却比较舒适并符合欧美人的生活习惯。

①标准号枕芯：51cm×66cm，枕套：53cm×89cm；

②大号枕芯：51cm×76cm，枕套：53cm×99cm；

③特大号枕芯：51cm×92cm，枕套：53cm×112cm。

当然，为了减少规格品种方便管理，可不必按照床的大小来做不同规格的枕芯和枕套，而只需增加使用数量即可。

（三）卫生间布草的选择

传统的卫生间布草是面巾、浴巾、披巾三件套，但现在讲究一点的饭店还要加放小方巾。这样，加上地巾就组成了卫生间"五巾"。由于它们基本上属毛圈织物，故都可通称为毛巾。美国饭店业有一种说法：房价跟着毛巾走。姑且不论其是否完全确切，但越高档的饭店所用的毛巾越舒适、讲究。

1. 质量要素

卫生间毛巾质量要求基本上可以用六个字来概括，即舒适、美观、耐用，而要达到这一要求则主要取决于以下因素：

（1）毛圈数量和长度。通常，毛圈多而且长，则其柔软性好、吸水性佳；但毛圈太长又容易被钩坏，所以，一般毛圈长度在 3mm 左右。因为毛圈越长则分量越重，所以人们往往用分量来作为衡量毛巾优劣的一个要素。

（2）织物密度。毛巾组织是由地经纱、纬纱和毛经纱组成。地经纱和纬纱交织成地布，毛经纱则与纬纱交织成毛圈，故纬线愈密则毛圈抽丝的可能性也越小。

（3）原纱强度。地经要有足够的强度以经受拉扯变形，故较好的毛巾地经用的是股线，毛经是双根无捻纱，这就提高了吸水和耐用性能。

（4）毛巾边。毛巾边应牢固平整，每根纬纱都必须能包住边布的经纱，否则，边部很容易磨损、起毛。

（5）缝制工艺。与床单和枕套一样，也要查看其褶边、缝线、针脚等。

2. 规格尺寸

（1）方巾。这是一种正方形的小毛巾，又名汗巾，适宜作擦手、擦脸之用。它有如下规格可供选用：20cm×20cm，26cm×26cm，28cm×28cm，30.5cm×30.5cm 及 33cm×33cm等。需要说明的是，方巾在使用过程中极易流失且淘汰较快，故选用时应该考虑到营业成本。

（2）面巾。这是一种以洗脸为主的长方形毛巾，又称为毛巾。其规格尺寸有：32cm×76cm，34cm×78cm，32cm×92cm 等。

（3）小浴巾。小浴巾主要用来淋浴擦洗，与面巾外形相仿。尺寸有许多可供选用：28cm×46cm，40cm×65cm，46cm×44cm，46cm×92cm，34cm×100cm 等。

（4）大浴巾。大浴巾主要用来浴后擦身、遮体，因而又被称为"披巾"。其吸水性能要求特别高，规格尺寸也有多种：51cm×102cm，56cm×112cm，61cm×122cm，68cm×137cm，76cm×152cm，96cm×132cm 等。

（5）地巾。地巾又称为脚巾、脚垫。它是采用粗号纱纺制的高密度、高厚度毯状织物，用于卫生间地面起清洁、防滑、保温、装饰作用。地巾有毛巾与簇绒地巾之分，常见的有长方形和椭圆形，单面绒毛的地巾往往还涂有乳色背胶。一般尺寸为：40cm×70cm，50cm×70cm，50cm×80cm 等。

二、布草的日常管理

客房、餐厅以及其他部门每天需要使用大量的布草，而客人对布草的质量往往要求较高，布草的内在质量和外观清洁程度，直接影响到饭店的服务质量和规格。同时，由于饭店布草使用量大，容易损耗，因此，搞好布草管理，从经济效益上看也是十分重要的。

（一）核定各布草的需要量

各布草的需要量，应当根据每个饭店的等级以及各类客房床位数量、餐厅种类、餐桌座位数以及台布替换率等来核定。在此基础上，本着既要保证经营需要，又要保持最低的消耗和库存周转量的原则，确定各类布草配置的件数和套数。

1. 在用布草

在用布草即投入日常使用及供周转的那部分布草。在确定数量时，要考虑如下要求：必须能够满足饭店客房出租率达到100％时的周转需要；要能够满足饭店客房一天24h营运的使用特点；必须能够适应洗衣房的工作制度对布草周转所造成的影响；要能适应饭店关于客房布草换洗的规定和要求；必须考虑到规定的布草调整、补充周期以及可能会发生的周转差额、损耗流失量等；最好能让洗烫出来的布草有一段搁架保养的时间。

2. 备用布草

备用布草是指存入总库以备更新、补充用的布草，又称为库存布草。备用布草量要根据以下因素考虑决定：预计更新的速度和数量；预计流失布草的补充情况；是否有更换布草品种、规格等计划；定制或购买新布草所需的时间；现有库房贮存条件的适应性；资金占用的损益分析等。

在对以上情况进行了分析之后，最终购买的布草数量也就基本上出来了。当然，这一工作需要客房部经理和采购部经理、财务部经理商量之后，报总经理批准才可以完成。

通常，需要多少布草的数量以"套"表示。不管是哪一种布草，只要能按饭店制订的布置规格将所有客房布置齐全，其需要的量就称为"一套"。一般的饭店都拥有四套以上的布草，其中三套或四套为在用布草，它们一直在客房、洗衣房、中心布草房、楼层布草房之间周转；其余的都存入新布草库房。

总之，库存布草不宜过多，但消耗较快的品种却不必拘泥于要与别的品种套数一致。如小方巾流失大、淘汰快，如果不是随时能在市场上买到的话，不妨多备几套；枕套通常也要比床单多备一些。

（二）控制好布草的数量和质量

在客房部日常使用布草的过程中，要建立有关的制度，设计有关的工作程序，确定有关的控制方法，控制好布草的数量和质量。

1. 布草存放要定点定量

在用布草除在客房里有一套之外，楼层布草房应存放多少、工作车上要布置多少、中心布草房要存放多少、各种布草的摆放位置和格式等，这些都要有一定的规定。有了统一的规定，员工才能有章可循。平时，只要核对一下数量多少就可以知道有没有发生错误，用起来够不够。这样，工作效率可以得到提高，员工的责任心也会相应的加强。

2. 建立布草收发制度

客房部、餐厅部等部门要求领用布草，必须填写申领单。领用数量控制的原则是送洗多少脏布草换多少干净布草。所以，送洗的数量应填表列明，洗衣房收到并予以复算后签字认可，申领者方可去中心布草房领取相同品种和数量的干净布草。如果申领者要求超额领用，应填写借物申请并经有关人员批准。如果中心布草房发放布草有短缺，也应开出欠单，作为以后补领的依据。

在日常布草送洗和分发过程中，布草房要做逐件清点检查，在保证进出的布草数量正确的同时，要把好质量关，在每天清点布草的过程中，凡是有污点或破损的布草要及时送还重洗或作报废处理，以保证布草的质量。洗衣房送来的布草，要分门别类堆放整齐以方便发放和清点存货。

（三）确定各类布草的更新率

更新率是指布草每次更换数量占原有布草总数的百分比。由于饭店等级不同，服务水准和规格不同，布草更新率不可能完全一样。饭店规格越高，对布草要求越高。布草更新的时候，一般采用以旧换新的办法，为了便于识别，可以在布草上印字，注明更新的批次。布草房收回旧的布草后，要视情况分别予以处理。凡能利用的就要加以利用，但不能和在用的布草混杂在一起。报废的布草可以改制成小床单、抹布、枕套、盘垫等。

（四）定期进行存货盘点

布草房对布草进行分类，同时登记实物数量和金额，并设"在库"和"在用"科目，分别控制实物和楼面在用数量。在设立账卡的基础上，布草房要每月或每季度进行一次存货盘点。这个制度不仅是为了控制布草的数量，而且也是为了方便会计核算。在对布草盘点的基础上进行统计分析能及时帮助客房部管理人员发现存在的问题，堵塞漏洞，改善管理工作。

三、布草的保养和储存

（一）布草的保养

布草的保养必须贯穿于储存与使用的始终，应该注意以下几点。

（1）备用布草不宜一次购买太多，存放时间太长则布草的质量会有较明显的下降。

（2）备用布草应该遵循"先进先出"的原则投入使用。如能在布草边角上做 A、B、C 之类标记以表明其投入使用的批次，则不仅有利于跟踪分析其使用状况，而且方便了布草的定期更新工作。

（3）新布草应洗涤后再使用。这不仅是清洁卫生的需要，也有利于提高布草强度和方便使用后的第一次洗涤。

（4）刚洗涤好的布草应该在货架上搁置一段时间以便散热透气，这可以延长布草的使用寿命。

（5）要消除污染或损坏布草的隐患。如将布草随便丢在地上，收送布草时动作粗鲁，布草中夹杂别的东西，布草车、架等不干净或表面粗糙、有钩刺等。

（二）布草的储存

布草应该存放在一个合适的环境中，不管是楼层布草房、中心布草房或备用布草房都应该具备以下条件。

（1）具有良好的温度和湿度条件。用作储存布草的库房相对湿度不能大于50%，最好能控制在40%以下；温度以不超过20℃为佳。

（2）通风良好，以防止微生物繁殖。

（3）墙面材料要经过良好的防渗漏、防霉蛀预处理，地面材料以PVC石棉地砖为好。

（4）在安全上，房门应常锁，限制人员出入，并要做经常的清洁工作和定期的安全检查，包括有无虫害迹象、电器线路是否安全等。

（5）布草要分类上架摆放并附储量卡。布草库不应放其他物品，特别是化学药剂、食品等。

（6）对长期不用的布草应用布兜罩起来，以防止积尘、变色等。否则，严重的污染可能导致布草领用后难以洗涤。

第四节　客房用品管理

客房用品又称为日常客用品，也有人称之为客房低值易耗品。它的控制是客房管理工作中颇具潜力的一个方面。

一、客房用品的选择

客房用品按消耗的方式不同可分为两类：一次性消耗品和多次性消耗品。一次性消耗品是一次性消耗完毕即完成价值补偿的消耗品，如茶叶、信封、洗浴液、香皂等；多次性消耗品是可以连续多次供客人使用，价值补偿要在一个时期内逐渐完成的消耗品，如床上布草、卫生间"五巾"、饭店宣传用品、衣架、玻璃器皿等。不同档次的饭店所提供的日常客用品是有差别的。因此，在选择时务必要坚持以下原则。

（一）实用

客房用品是为方便客人的住店生活而提供的，因而物尽其用是其初衷。

（二）美观

美观而大方的客房用品布置在清洁舒适的客房里，其本身就令人赏心悦目。反之，则有粗糙、贬值之感。

（三）适度

客房用品应能够体现饭店的档次并突出其风格，而不是种类越多越好。

（四）环保性

客房用品涉及的品种多，使用的频率高、数量大，且这些一次性用品的成分多是塑料及其他化学物质，在自然界中降解速度非常缓慢，会对环境造成很大污染。这就需要饭店在购买日用品时以环保为原则。

二、客房用品消耗定额的管理

客房用品消耗定额的制订有多种方法，最常用的是经验估计法和统计分析法。经验估计法就是召集一些专家（专业人员）根据自己的经验和以前的一些资料，对客房用品的消耗量进行估算；统计分析法就是利用一些数学模型计算客房物品的消耗量。一般客房用品多采用统计方法，对服务产品多采用经验估计法。现举例说明客房用品消耗定额的计算。

（一）一次性消耗品消耗定额

客房部通常按客房总数、客房类型（通常为单间房配备为基础）及年均出租率来计算一次性消耗品年均消耗定额。其计算公式如下：

$$A = B \times X \times F \times 365$$

式中，A 指单项客房用品的年均消耗定额；B 指单房间每天配备的物品数量；X 指饭店客房数量；F 指年平均客房出租率（开房率）。

[例9.1] 某饭店有客房 600 间，经预测年平均开房率为 80%，一次性消耗用品茶叶的单间配备量为 2 袋/天，则茶叶年平均消耗定额为：

$$A = B \times X \times F \times 365 = 2 \times 600 \times 80\% \times 365 = 35.04 （万袋）$$

（二）多次性消耗用品消耗定额

客房部通常按照一定时间内物品的更新率来确定多次性消耗品的消耗定额。其计算公式如下：

$$A = B \times X \times R$$

式中，A 为单项客房备品年度消耗定额；X 为客房总数；B 为单间房配备品数量；R 为客房多次性消耗品年度更新率。

[例9.2] 某五星级饭店，拥有客房 600 间，床单的单间房配备数量为 5 套，每套 4 张，其年度更新率为 50%，则床单的年度消耗定额为：

$$A = B \times X \times R = （4 \times 4） \times 600 \times 50\% = 4800 （张）$$

三、客房用品发放和日常管理

（一）客房用品的发放

为了工作上的方便，也为了使工作有条不紊，减少漏洞，一般客房物品的发放量根据楼层小库房的配备量、楼层的消耗量明确规定一个周期。在发放日之前，楼层服务员应将其楼层的消耗及现存统计出来，并填好申请表，经领班签字后到中心库房领取物品。

（二）客房用品的日常管理

客房用品的日常管理是客房用品控制工作中最容易发生问题的一环，也是最重要的一环。管理过程中要做到以下几点。

1. 控制流失

（1）建立客房用品领班责任制。各种物资用品的使用主要是在楼层进行的，因此，对客房用品使用的好坏以及定额标准的掌握，关键在领班。各楼层应该配备专人负责楼层物资用品的领用、保管、发放、汇总以及分析工作。

（2）控制日常客房用品消耗量。客房用品的流失主要是员工造成的。比如有些员工在清洁整理房间时图省事，将一些客人未使用的消耗品当垃圾扔掉，因此，领班做好员工的思想工作，现场指挥和督导，这是减少客房用品浪费和损坏的重要环节。同时，还要为员工创造不使用客房用品的必要条件。

2. 做好日常统计分析

为了有效控制客房物品的消耗量，客房部应对客房物品的日常消耗量进行每日、每月、每季的统计分析。服务员每天做房后，要对客房物品耗用情况进行登记，填写客房服务员工作日报表；楼层领班要汇总本楼层的客房物品消耗情况进行汇总，填写《每日楼层消耗品汇总表》；客房部根据每日统计资料定期（通常一个月）对各楼层客房物品消耗情况进行汇总，作对比分析，找出原因，想出对策，及时采取措施解决问题。

3. 建立管理制度

（1）建立严格的规章制度，要共同遵守执行。

（2）建立严格的赔偿制度。客房物品有损坏或流失的，要按价格赔偿或付款。

（3）实行严格的奖惩制度。客房部要定期公布客房物品的使用情况，对节支者，给予表扬或奖励；对浪费流失者，要予以处罚。

（4）建立月末盘点制度。每月末要对客房物品进行盘点，如账物不符要查明原因，找出解决办法。

（5）加强领班、主管定期检查监督制度。

记忆力

一、选择题

1. 下列不属于客房用品配备基本要求的是_____。

　　A. 体现客房的礼遇规格　　　　　　B. 用品配备务必豪华高档

　　C. 客房设施的配套性　　　　　　　D. 摆放的协调性

2. 客房内属于馈赠客房用品的有_____。

　　A. 圆珠笔、面巾、方巾、地巾

　　B. 房间用餐菜单、宾客意见书、明信片

　　C. 文具用品、剃须刀、指甲具

　　D. 香皂、牙具、沐浴液

3. 下列关于客房设备用品的管理方法的描述不正确的是_____。

　　A. 必须要科学合理地核定其需要量

　　B. 客房部管理人员对采购供应部门所采购的设备必须严格审查

C. 必须有严格明确的岗位责任来保证

D. 最大程度地限定客房设备用品的使用

4. 下列不属于选择客房用品时务必要坚持的原则的是_____。

A. 实用　　　　B. 环保　　　　C. 美观　　　　D. 廉价

二、填空题

客房用品按消耗方式的不同可分为_____和_____两类。

三、判断题

1. 饭店综合服务设施的种类、数量一般由客房数量决定。（　　）

2. 客房内的物品设备只要还能用，就不应被淘汰。（　　）

分析力

一、简答题

1. 客房设备设施有哪些种类？

2. 客房设备档案制度包括哪些内容？

3. 客房设备的选择应坚持哪些原则？

二、论述题

1. 试述如何做好客房设备用品的管理工作。

2. 试述如何做好客房用品的发放和使用的控制。

三、计算题

某饭店有客房 200 间，年平均出租率为 85％，茶杯和茶叶的每间客房每天配备额分别为 2 只、4 包。该饭店茶杯和茶叶的年度消耗定额应多少？

第十章　客房人力资源管理

学习目的

- 理解客房部编制定员的概念与重要性
- 掌握编制定员的方法和步骤
- 了解客房培训的主要类型与内容
- 熟悉客房培训的方法
- 理解员工绩效考评的含义与作用
- 掌握客房部员工绩效考评的方法与程序

学习要点

- 员工的编制与定员
- 员工的培训
- 员工的绩效考评

关键词： 人力资源　定编　培训　绩效考核

第一节　客房部编制与定员

编制定员是人力资源管理的一项重要内容和基础工作，其任务就是合理地确定所需配置的员工数量。

一、编制定员的概念

饭店的编制定员，就是饭店根据实际情况和发展目标，采取科学的程序和方法，合理确定组织结构和岗位设置，并为各部门、各类人员进行合理配置。它所要解决的是饭店每个工作岗位配置什么样的人员以及配备多少人员的问题，通过对饭店用人方面的数量规定，保障饭店有效运转，促进机构精干高效，提高劳动效率。其中，"编制"的概念主要指机构、部门人员搭配设置的规定；"定员"则更侧重于从岗位角度确定配备人员的数量。由于饭店部门的定编和定员是彼此密不可分的两项人力资源规划工作，因此，这两个概念是统一不可分割的。

客房部编制定员是饭店人力资源规划和劳动组织的重要组成部分，是在饭店编制员工需要计划的基础上制订的，它为合理安排部门内各类人员的数量、比例提供了依据，对于合理使用劳动力、提高劳动效率、挖掘劳动潜力、提高劳动组织水平、加强劳动纪律管理都具有重要作用。

要保证编制定员工作行之有效，必须注意定员标准的先进性和合理行。所谓先进性，就是定员标准必须符合精简、高效、节约的原则；所谓合理性，即定员标准必须保障客房部业务正常运转，保障员工身心健康，并保持各类人员的合理比例和劳动定额的合理标准，避免劳逸不均、窝工浪费等现象。

二、编制定员的依据与方法

（一）编制定员的依据

客房部在编制员工时，要考虑多种影响因素。

1. 饭店的规模和档次

规模大、档次高的饭店，客房部业务分工会更细，岗位会更多，服务标准和项目标准较高。

2. 管理模式

客房服务一般有两种模式，即楼层服务台和客房服务中心。不同的服务模式在用人数量上存在较大差异。楼层服务台模式要求每一楼层设2～3人值台服务，客房服务中心的服务编制人员就比较精简。

3. 员工的素质

员工的素质是单位、企业发展的根本前提，成功饭店的背后都拥有一大批素质优秀、能力卓越的员工。客房部员工的年龄、性别、文化程度、工作态度以及专业水平等因素影响了工作定额的制订。

4. 工作环境

工作环境包括饭店的外部环境，如当地气候、空气质量、周围环境等，饭店内部环境，如饭店设计、布局、装饰以及客人的生活和消费习惯等。饭店在面积扩大，装饰物较多的情况下，一般要考虑进行人员编制的增加。

5. 器具配备

器具配备越是先进，工作定额越高，用人量就越少；反之，用人量就多。

6. 工作量大小

客房部工作量一般分为固定工作量、变动工作量和间断性工作量。固定工作量是每天必须按时完成的工作任务，如客房部的日常管理工作；变动工作量是指随着饭店业务量等因素的改变而变化的工作量，主要表现在随客房出租率的变化而改变的那部分工作量，如洗衣服务等；间断性工作量指定期或定时完成的非日常性工作量，如每周楼层申领补充客用品等。

（二）编制定员的方法

客房部在一定时期内需要配置的劳动力资源总数，取决于生产、服务、管理等方面的工作量与各类人员的劳动效率。由于客房部人员和工作性质的差异性，无法用统一的计量单位综合反映他们的工作量和劳动效率。因此，必须根据不同的工作性质，采用不同的计算方法，分别确定各类人员。常用方法有以下几种。

1. 预测工作量

工作量是编制定员的重要依据，工作量的大小与所需的员工数量成正比。客房部在编制定员时必须科学准确地预测部门、分支机构以及各岗位的工作量。

（1）客房部的业务范围。客房部的工作量跟客房部的业务范围呈正比关系。大部分饭店通常会将有关饭店清洁保养的工作列入客房部管理范围，但有些小型饭店则仅管理楼层客房或前台公共区域，前者和后者的工作量差距很大。所以，只有明确了客房部的管理范围，才能按一定的方法测定整个客房部的工作量。

（2）客房部工作量的细分。由于客房部各区域的工作特点和工作性质的不同，工作量的预测还必须进行细分，一般可细分为三个部分：固定工作量、变动工作量和间断性工作量。

固定工作量是指那些只要饭店开门营业就必然存在且必须有人去按时完成的日常性例行工作，如部门管理工作、客房中心工作、洗衣场工作、公共区域的日常清洁保养工作等。只有保质保量地完成这些工作，才能保证部门甚至整个饭店的正常运营，保持饭店的规格标准。固定工作量的多少往往反映一个饭店或者一个部门工作的基本水准。

变动工作量是指随着饭店工作业务工作量等因素的变化而变化的那部分工作量。对客房部来说，变动工作量主要指受住客率等因素影响的那部分工作量，如客房的清洁整理、对客服务、洗衣房的布草洗烫等。影响最大的还是客房出租率。因此，客房部在预测这部分工作量时，应该以客房的出租率为主要依据。

间断性工作量是指那些时间性、周期性较强，只需定期或定时完成的非日常性工作量，如外窗的清洗、地毯的清洗、大理石地面的打蜡等工作。

2. 现场观察法

现场观察法也称实况分析法，即借助实地访谈、跟踪，通过现场观察、写实分析来确定部门编制定员的方法。

3. 设置组织机构

客房部的组织机构如何设置，与所需配置的员工数量有着直接的关系。如果客房部的分支机构、机构层次以及所设的工作岗位多，所需配置的员工数量必然也多。客房部在设置组织机构时，应该遵循扁平化、小型化的原则，尽量压缩层次、减少分支机构和工作岗位，从而尽量减少人员配置。

4. 劳动效率定员法

劳动效率定员法是一种根据工作量、劳动效率、出勤率来计算定员的方法，主要适用于实行劳动定额管理、以手工操作为主的工种。其计算公式为：

$$定员人数＝\frac{工作量}{员工劳动效率×出勤率}$$

例题：某五星级饭店拥有客房 500 间（套），年平均出租率为 80％。客房服务员分早、中两个班次，早班每个客房清扫员每天的劳动定额为 12 间，晚班的为 48 间，员工出勤率一般为 95％。该饭店实行每周 5 天工作制，除固定休息日外，还享受每年 7 天的有薪假期（10

天的法定休假日正常排班，根据《劳动法》给予加班费补偿）。问客房部应该如何确定客房服务员的定员人数。

$$定员人数＝\frac{客房总数×年平均出租率}{客房服务员劳动定额×（客房服务员平均年出勤天数/365）}$$

其中：客房服务员平均年出勤天数＝［365－（52×2）－7］×95％＝241（天）

早班客房服务员定员人数 ＝（500×80％）/（12×241÷365）＝51（人）

中班客房服务员定员人数＝（500×80％）/（48×241÷365）＝13（人）

5. 岗位定员法

岗位定员法就是根据组织机构、服务设施等因素，确定需要人员工作的岗位数量，再根据岗位职责及业务特点，考虑各岗位的工作量、工作班次和出勤率的因素来确定人员的方法。这种定编方法一般适用于饭店前厅部门、工程部和客房部的一些工作岗位，如门卫、行李员、值班电工、锅炉工、房务中心文员、布草收发员等。

6. 比例定员法

比例定员法是指根据饭店的档次、规模，按一定比例确定人员总量；同时，以某一类人员在全员总数的比例和数量，来计算另一类人员数量的方法。这一方法是依据客房部某类人员与饭店之间，或不同岗位人员之间客观上存在规律性的比例关系的规律决定的。如客房人员约占饭店总人数的30％，楼层客房服务员与楼层客房领班的比例约为1：6。当然，这种比例关系在确定编制时只是一个相对的依据，因为每个饭店的实际情况不同，服务标准和管理目标也不同。

7. 职责定员法

职责定员法是指按既定的组织机构及其职责范围以及机构内部的业务分工、岗位职责，来确定人员的方法。它主要适用于确定管理人员的数量。

8. 设施设备定员法

设施设备定员法是指按设施设备的数量以及设备开动的班次和员工的看管定额，来计算定员人数的方法。客房卫生服务员定员的最主要依据就是根据客房设施的数量和状况，一般高星级饭店客房服务人员与客房数的比例为1：5左右；饭店锅炉房、总机房和客房部的洗衣房等部门的岗位定员常根据设备的数量和设备条件作为定员的依据。

三、劳动定额的制订

劳动定额是指在一定的生产技术和组织条件下，为生产一定数量的产品或完成一定量的工作所规定的劳动消耗量的标准。制订劳动定额是现代饭店劳动生产的客观要求。饭店员工一般只从事某一工序的工作，这种分工是以协作为条件的，使这种分工在空间和时间上紧密地协调起来，就必须以工序为对象，规定在一定的时间内应该提供一定数量的产品，或者规定生产一定产品所消耗的时间。否则，生产的节奏性就会遭到破坏，造成生产过程的混乱。对于饭店客房部，是否能科学合理地制订劳动定额，影响着客房部劳动生产的有效组织与管理，影响着员工的劳动生产率。

（一）劳动定额的表现形式

劳动定额通常用时间定额和工作量定额两种方法来表示。时间定额是指在一定的物质技术和劳动组织条件下，采取合理的方法完成某项工作或生产某一产品所消耗的时间标准，如完成一间走客房的常规清洁工作需要 40min。工作量定额（或产量定额）是指单位时间内应当完成的合格产品的数量，如一个楼层领班一天（白班）需要对 60 间客房的清洁卫生质量进行检查。另外，还有一种看管定额，就是一个人或一组人同时看管几台机器设备。

客房部采用什么形式的劳动定额，要根据不同的工作类型和工作特点、工作组织的需要而定。实行定额管理使编制定员、确定用工标准等工作有据可依，能充分调动员工的工作积极性，提高工作效率，也便于检查、考核，还有利于开展劳动竞赛和总结推广经验。

（二）制订劳动定额的方法

1. 实际测定法

实际测定法主要用于楼层客房清洁卫生班组，其原则是根据清扫质量要求，科学指定定额。

$$劳动定额 = \frac{工作时间 -（准备工作时间＋结束工作时间）- 休息与自然的时间}{清扫一个房间的时间＋随机服务时间}$$

2. 经验统计法

经验统计法包括两层含义：一是以本饭店历史上实际达到的指标为基础，结合现有的设备条件、经营管理水平、员工的思想及业务状况、所需要达到的工作标准等，预测工作效率可能提高的幅度，经过综合分析而制订定额；二是参照其他操作，所制订的定额能够反映员工的实际工作效率，比较适合饭店工作的特点，但这种方法不够细致，定额水平有时会偏向平均化。

3. 技术测定法

技术测定法就是能通过分析员工的操作技术，在挖掘其潜力的基础上，对各部分工作所消耗的时间进行测定、计算、综合分析，从而制订定额。这种方法包括工作写实、测试、分析和计算分析等多个环节，操作比较复杂，但较为科学。需要注意的是，抽测的对象必须能够客观、真实地反映多数员工的实际水平，测试的手段和方法必须比较先进、科学。

对一些具体的操作项目进行测试，可以获得各单项操作的标准时间，再根据各项工作的具体内容、操作程序和规格标准，将准备工作和善后工作等所花费的时间全部考虑进去，就可确定有关工作的定额标准。下表为某星级饭店部分专项清洁保养操作时间测试表（此表仅供参考，不作为统一标准，各饭店在实际工作中应根据本饭店的具体情况进行测试、分析和计算）。

某饭店单项操作时间测试表

工作项目	耗时（分钟/间）	工作定额（间/天）
房号牌擦铜	10	40
梳妆镜铜耳擦铜	10	40
套房铜器擦铜	60	6
清洁电话	7	80

续　表

工作项目	耗时（分钟/间）	工作定额（间/天）
洗阳台	25	16
擦拭阳台玻璃	10	40
刷洗墙纸	20	20
刷洗水箱	20	20
吸灯罩浮尘	10	40
吸房间边角处灰尘	10	40
房间家具打蜡	20	20
吸空调网	5	80
吸出风口	10	40

第二节　客房部员工的培训

"从一家饭店的培训实力上，可看出这家饭店的管理水平""培训是饭店成功的必由之路""培训是饭店发展的后劲之所在""没有培训就没有服务质量"。现在饭店业的竞争，其本质是饭店员工素质的竞争，而员工的素质高低又在很大程度上取决于饭店对员工培训的重视。客房部必须高度重视、认真做好员工的培训工作。

一、培训的概念与意义

（一）培训的概念

培训是企业为了提高劳动效率和员工对职业的满足程度，以组织、计划和实施的形式对企业各类人员进行的一种投资活动，是通过员工将培训内容转化为工作行动，有效地为企业生产经营活动服务的过程。从投资与收益的角度考虑，员工培训转化为产出是一个长期的过程，它涉及培训工作本身——培训内容的针对性以及培训方式是否恰当、培训时机选择是否合理等因素，也涉及员工对培训的内容是否吸收、是否有效地运用于工作活动等。因此，培训对企业的影响是一个长期的、间接的过程。正因为如此，提升培训的效果就必须更加注重培训的过程管理。

（二）培训的意义

要想让员工的工作达到既定的规格水准，严格的培训是一种必需而有效的手段。良好的培训不仅能解决员工的"入门"问题，而且还具有如下几方面的积极意义。

1. 提高工作效率

培训时所讲授或示范的工作方法和要领，都是经过多次的实践总结出来的。因而，培训不仅可节省时间和体力，而且有利于提高工作质量，达到事半功倍的效果。

2. 降低营业成本

除了人力与时间的节省之外，正确的工作方法还能减少用品浪费、降低物件磨损，达到低投入、高产出。

3. 提供安全保障

客房部员工的工伤比例在饭店中是比较高的，如腰肌劳损、擦伤、摔伤等，而培训得法可以让员工对本职工作的操作方法、步骤等有更深入、全面的理解，增强安全防范意识，以便防患于未然。此外，有效的培训还可以提高员工全面的安全认识和增强紧急应变能力。

4. 加强沟通，改善管理

灵活多样的培训方式对于活跃气氛、交流思想、搞好合作显然是十分有益的。培训可以帮助我们避免平时工作上发生的许多摩擦，加强集体的凝聚力，促进服务和管理的改善。因此，员工培训的作用不容低估。

5. 提高员工个人素质

培训是员工获得发展的重要途径，通过培训，可以使员工增强服务意识，获得专业知识，掌握服务技能和技巧，从而使员工的个人素质获得全面提高。

二、培训的特点

饭店企业的培训与其他行业相比，由于行业特点、产品特性、工作环境与工作要求的不同，其培训的特点与其他行业也不尽相同。饭店的培训具有以下特点。

(一) 成人性

所谓成人性，是指成人无论生活和心理特征，较之其他教育对象，尤其是在校学生有很大的不同。客房中只有从员工的实际特点和优势出发，遵循成人学习的规律才能收到良好的学习效果。

(二) 在职性

所谓在职性，是指培训的对象是受多种因素影响和制约的在职职工。这就有别于一般意义上的普通教育。普通教育对象没有工作压力，没有家庭负担，基本任务就是学习。而职工教育的对象是以工作和劳动为主，学习必须服从于工作和劳动。

(三) 多样性

客房部工作特点决定了对于不同的培训对象、不同的工作内容，分为不同层次和采用不同的方法进行培训。多样化的培训方式也符合在职性、成人性的特点和要求，能调动培训对象的参与性，发挥他们的积极性、自主性和创造性，也能使学习成为一种愉快的经历。

客房培训的多样性体现在三个方面：一是培训层次的多样性，即对不同需要、不同水平、不同职位的员工设置不同的培训课程，采用不同的培训手段，安排不同的学习内容；二是培训类型的多样性，即客房培训可以包括常规业务培训、提高培训、回炉培训、交叉培训及专题培训等；三是培训形式的多样性，培训期限上可长可短，培训方式上可采取脱产或在职培训，培训方法可以是一般的理论讲授，也可采取讨论、示范、案例分析、实际操作、管理游戏、外出考察等。对培训的组织实施，既可通过内部培训也可采取委托其他培训机构的外部培训。

（四）速成性

饭店经营可能会有淡、平、旺季，这是由饭店产品及客源市场的特点所决定的。饭店接待工作的季节性特点也导致了客房员工培训的速成性特点，即在既定的时间内强化培训内容或充分利用工作间隔期、经营淡季开展培训，强调时效性。

（五）持续性

客房部的常规培训是一个长期的、持续的过程。这是因为一方面，客房服务环节、服务内容和服务标准繁多，一个细节上的错误就会影响服务质量，造成宾客满意度的下降，这就需要通过培训不断地强化服务规范，找出问题、纠正差错，改进服务；另一方面，随着社会的发展，客房服务产品及服务功能必须不断地调整，以顺应市场的发展变化，满足宾客越来越高的需求。这也意味着饭店服务质量的提高是无止境的。

（六）针对性

饭店是一种综合性服务行业，所包含的客房、餐饮、商场、工程、财务等各部门的专业知识和业务技能不完全相同，为了增强各部门员工对不同工种业务需求的适应能力，要求培训工作在计划安排、课程设置、训练方式方法选择等方面，必须从实际需要出发。坚持理论与实际相结合，培训过程与培训内容要与实际工作相互渗透，以讲究实用为出发点，注重针对性，使员工通过培训，确实能将其所获得的知识转化为现实生产力，使其工作更加出色。

（七）艰巨性

饭店培训的艰巨性表现为：在培训活动的时间安排与控制方面具有相当难度，往往要受到经营业务的冲击而不能按计划进行。因此，饭店培训部在计划安排培训时，要注意培训时间紧、内容精练，同时，在计划安排中，要准备各种应急与应变的措施，以适应饭店培训的多变特点，使培训工作取得满意的效果。

三、培训的类型

（一）按培训对象的不同层次划分

饭店培训是全员性的，不论是一般员工，还是中、高级管理人员都需要通过培训提高三种技能，即概念技能、人际关系技能和劳动操作技能。概念技能是指与观念、概念、思想意识有关的技能，主要是通过系统的理论学习获得和提高。人际关系技能是指与人沟通和影响他人的能力，主要通过长期的生活与社会实践培养。劳动操作技能主要是指动手能力，如清扫客房、餐饮摆台、办理订房手续等，主要通过不断的训练得到掌握。不同层级的员工技能结构的要求不同，相对而言，高级管理人员需要具有更高的分析、判断、决策管理的能力，而基层员工更需要实际业务的操作能力。这就使饭店培训又划分为高级管理人员培训、中级管理人员培训、基层或督导层培训、服务员及操作人员培训。

（二）按实施培训的不同阶段划分

1. 职前培训

职前培训又称入店培训，是新员工进店后的基础培训。它是指新员工进入饭店报到后，正式分配到部门工作前进行的各类培训活动，国外称为"导向培训"（Orientation Training）。

入职培训主要是帮助新员工树立饭店意识，明确自己的角色定位，获取作为饭店工作人员必备的理论知识，以符合饭店工作人员的基本要求。

新员工入职培训由饭店人力资源部组织和实施，内容包括向新员工正式介绍组织的基本情况和主要政策，并进行关于礼貌服务、消防安全、卫生防疫等基础性、公共性的饭店专业知识技能的培训。饭店还会带领新员工参观饭店。通过这些培训，使新员工熟悉工作环境、工作的基本要求，并在一开始就重视培养新员工对组织的情感。

当入职培训结束并通过测试后，新员工被分配到部门报到，开始在部门进行岗位培训。部门经理或部门培训师负责向新员工进行部门业务知识讲授，领班、师傅以传、帮、带的指导方式进行操作技能培训，目的是使新员工更快地熟悉工作岗位的任务要求，掌握业务程序和规范，了解如果碰到困难和问题，应该通过什么渠道来解决。

经典案例

著名的 IBM 公司有着极其出色的员工培训体系，非常重视新员工的培训，在公司的新员工培训中流行着这样一句话："无论你进 IBM 时是什么颜色，经过培训，最后都变成蓝色。"这意味着，每一名进入 IBM 的员工都会在经过培训后，接受 IBM 统一的价值观。将"蓝色血液"注入所有"新蓝"思维中，让他们成为真正的"蓝色精灵"，成为"蓝色军团"的一部分。"最后都会成为蓝色"，一句话如此形象地说明了 IBM 强大的企业文化与高效的人力资源培训体系。

案例点评

本案例很深刻地体现了培训的重要意义，只有搞好入职培训和期间培训，才能使员工很好地融入到企业之中，形成生产力。

2. 在职培训

员工的在职培训是指饭店员工在工作岗位，完成生产任务过程中所接受的培训。其主要特点是培训内容与岗位需要直接挂钩，目的在于帮助员工及时获得适应饭店发展所必需的知识和技能，不断提高工作绩效，完备上岗任职资格。因此，在职培训是职前培训的继续与延伸，是从初级水平或初级阶段向中级水平、中级阶段发展的培训。

就其内容和目的而言，有三种情况：第一，改善人际关系的培训。此类培训主要是使员工对下述人员关系有一个比较全面的认识，包括员工与员工之间的关系、感情、交往；员工自身的心理状况和社会关系；员工对部门、企业整体的认同感或疏离感以及整个集团内部各部门之间的关系等。第二，新知识、新观念与新技术的培训。连锁企业要发展，就必须随时注意环境的变迁，随时向员工灌输新知识、新技术和新观念，否则员工必然落伍。第三，晋级前的培训。晋级是企业人事管理的必然过程。由于编制的扩充、人员退休、免职等各种原因，需要相应补充各类人员。为让即将晋级的员工在晋级之前先有心理方面和能力方面的准备并且获得相关的知识、技能和资料等，企业有必要对有培养前途的员工提前实施培训。

培训的形式也具有多样性。如回炉培训是指对已经过上岗培训的员工进行的再培训，目的是使他们纠正工作中的错误与不足，巩固和强化正确的操作技能。交叉培训，是指有计划地换岗、换部门进行业务培训，以使员工熟悉不同部门或岗位的业务，具备多项专业技能，饭店常通过这种培训方式培养业务骨干和储备干部，也有利于企业根据工作需要灵活而合理地调配人员。

3. 非在职培训

非在职培训是指饭店企业的员工暂时离开现职岗位或部分脱离岗位，即脱产半脱产到有关的教育机构参加为期较长的学习或进修。

根据受训时间安排，受训员工脱产时间的长短，职外培训可分为全日式、间日式与兼时式培训。受训员工以全天时间脱产参加培训为全日式培训。为了避免影响工作，也可采用间日式，即非连续进行培训，间日为之；兼时式培训为在职培训与职外培训均可采用的方式，为避免影响工作或培训安排需要，受训员工每天仅接受若干小时的训练，其余时间仍返回工作岗位继续工作。

（三）按实施培训的不同地点划分

1. 店内培训

在饭店人力资源部或各部门统一计划安排下，利用饭店的培训教室、员工食堂等后台设施场地，或利用闲置的空房，餐厅非营业时间，厨房两餐间的空当时间。

2. 店外培训

店外培训主要指委托院校或培训机构组织实施的培训。其中包括选送员工到旅游饭店院校进修、学习，参加培训机构为获得职业或岗位证书而组织的培训考核，去国内外相关饭店参观、考察、实习等。

（四）按培训组织的不同分工划分

一些饭店建立培训网络，对培训内容及组织实施过程进行的职责分工。如饭店一级培训、部门二级培训、班组三级培训。一级培训是由饭店人力资源部计划和组织实施，主要针对全饭店各部门公共性的内容的培训，如外语、服务意识、礼节礼貌培训等。此外，饭店人力资源部门还负责组织基层、中层管理人员的管理培训，是一种跨部门的培训。二级培训则指各部门的业务知识、业务技能的培训，是更为具体的，根据岗位工作任务的作业培训。三级培训是领班在日常工作穿插的工作细节的培训，如利用班前会进行或工作间隙进行简短培训。

四、培训的内容与方法

(一) 培训的内容

客房部的业务培训涉及不同部门、区域、岗位及工作任务，内容十分广泛，主要包括以下几大方面。

1. 部门及岗位基础培训

客房部组织机构、岗位设置及分工；客房劳动纪律；岗位职责。

2. 对客服务

礼节礼貌礼仪规范；不同国家、地区宾客的习俗与特点；VIP 接待与服务规范；客人投诉分析及处理；对叫开房门的客人身份的确认；房间有无客人的判断确认；敲门进入客房的规范；宾客茶水服务的注意事项；对特殊客人服务；电话接听规范及电话礼节；客衣送洗服务；擦鞋租借服务；应急事件的分析及处理。

3. 客房区域卫生清洁与保养

各类房型房态的房间清洁程序和操作规范；加床服务、小整服务与夜床服务；杯具洗涤、消毒；工作车的配备、清洁与保养；灭虫工作；各项计划卫生操作标准与规范；客房设备维护保养。

4. 客房安全

钥匙的管理；消防安全；卫生防疫。

5. PA 业务

电梯、玻璃、镜面、金属类材料的清洁保养；大理石、花岗岩、木质地面及地毯的清洁保养；吊灯的清洁保养；各类清洁剂及清洁设备工具的使用。

6. 客房部督导管理

客房部与其他部门的沟通与协调；沟通技巧；如何开好班前会；如何有效激励员工；如何建立高效团队。

(二) 培训的方法

1. 课堂讲授法

课堂讲授法属于传统的培训方式，优点是运用方便，便于培训师控制整个过程。缺点是单向信息传递，反馈效果差。讲授法适宜于系统的理论性内容的培训。

2. 视听技术法

通过现代视听技术（如投影仪、DVD、录像机等工具），对员工进行培训。其优点是运用视觉和听觉的感知方式，直观鲜明，但学员的反馈与实践较差。通常多用于饭店概况、传授技能等培训内容，也可用于知识性内容的培训。

3. 专业指导法

要让新员工感到自己就是饭店的成员，一个较好的办法就是给予个别指导使之逐渐适应新的环境，也就是说给新员工以专人指导，公司指定有经验的服务员带领新手，分管几张桌子。新手在工作中得到老员工的肯定和赞许也会增加工作的自信心。这样就可在正式当班时更令人满意。

4. 角色扮演法

角色扮演是一种非正式的表演，它通过学员扮演各种实际工作中的角色，亲自参与解决各种实际问题，通过别人的眼睛去看问题，去体验别人的事情或者去体验别人在特定的环境里会有什么样的反应和行为。角色扮演活动程序一定要首先是扮演者，其次是观察者，最后是教员。学员在扮演角色时要能把自己融入进去，观察者在观察时要能集中在整个表演过程中，并使自己沉浸在具体事例中，以便判断学员扮演角色的真实性。最后，教员通过列举一些更加具体、细致表演的行为，总结出整个学习的要点。角色扮演要注意的是：教员要严格控制时间进度，避免表演有余而实际问题解决不足的毛病，避免过激行为。每个参与者都要积极参与，进入表演、观察、评说。角色扮演教学法的优点是：①可以使学员通过表演剧情中的各种角色来接触实际问题；②使学员能够了解别人的思想、观点，而且能够评价这些思想和观点。

5. 小组讨论发言法

小组发言即指将全体学员分成 3～6 人一组的若干小组，在规定的时间内讨论某一特点问题，并将讨论结果由小组代表在全班做交流发言，最后再由教员做总结性发言的培训方式。"小组发言"使每个人都能充分参与、表述自己的观点，所以能在较短时间内产生许多各种各样的思想及观点，有助于提高讨论问题的深度和广度，能提供新的思路。由于能在最短时间内让每个人充分参与，因而调动了学员学习的积极性，且使整个学习显得轻松热烈、气氛活跃；适用于难点、热点等暂时无确定答案的问题。

6. 对话培训法

对话培训法就是把服务员与顾客的对话录下来，将其中缺乏礼貌，态度粗暴，不懂业务，不懂销售常识的对话制成幻灯片，在培训课上放映出来，进行讨论。对话训练的目的就是让员工在工作中遇到典型情景时，如何使用最佳的对话，从而为旅客提供优质服务，增加饭店收入，由于这些情景对话来自实际生活，来自顾客与服务员，来自管理人员与服务人员的实际接触，学员深信这就是实际工作中所发生的问题，因而能提高员工的学员兴趣并能为其留下深刻印象，这种训练能使新员工的学习在第一次碰到类似问题时就能正确处理，从而增强工作信心，提高工作能力。

7. 程序教学法

此法如果使用得当，可以增加学习的内容，增强记忆力。20 世纪 60 年代初，人们对调技术分析，制订出程序式教学法，自此以后，出现了各种程序教学资料。程序教学法是将复杂的教学内容分解成各个部分，通过分析论证，使学员掌握整个概念。这种教学法效果较好，但也有较麻烦和令人厌倦的缺点。

8. 自学指导

自学指导的一种材料是工作指导，系统对一项工作详细列出其任务及完成任务的方法。有的饭店制订出工作指导后，发给新员工阅读，过几天进行测验，可以使训练正规化和系统化。

迪斯尼乐园新员工培训

到日本东京迪斯尼去游玩，人们不大可能碰到迪斯尼的经理，门口卖票和检票的也许只会碰到一次，碰到最多的还是扫地的清洁工。所以东京迪斯尼对清洁员工非常重视，将更多的训练和教育集中在他们的身上。

1. 从清洁工培训起

东京迪斯尼有些清洁工是暑期工作的学生，虽然他们只扫两个月时间，但是训练他们扫地要花 3 天时间。

（1）学扫地。第一天上午要培训如何扫地。扫地有 3 种扫把：一种是用来扒树叶的；一种是用来刮纸屑的；一种是用来掸灰的。这三种扫把的形状都不一样。怎样扫树叶才不会让树叶飞起来？怎样刮纸屑才能把纸屑刮得很好？怎样掸灰才不会让灰尘飘起来？这些看似简单的动作却都要严格培训。而且扫地时还另有规定：开门时、关门时、中午吃饭时、距离客人 15m 以内等情况下都不能扫。这些规范都要严格认真培训，严格遵守。

（2）学照相。第一天下午学照相。十几台世界最先进的数码照相机摆在一起，各种不同的品牌，每台都要学，因为客人会叫员工帮忙照相。客人可能会带世界上最先进的照相机来这里度蜜月、旅行。如果员工不会照相，不知道这是什么东西，就不能照顾好顾客，所以学照相要学一个下午。

（3）学包尿布。第二天上午学怎么给小孩子包尿布。孩子的妈妈可能会叫员工帮忙抱一下小孩，但如果员工不会抱小孩，动作不规范，不但不能给顾客帮忙，反而会给顾客添麻烦。抱小孩的正确动作是：右手要扶住臀部，左手要托住背，左手食指要顶住颈椎，以防闪了小孩的腰或弄伤颈椎。不但要会抱小孩子，还要学会替小孩换尿布。

（4）学辨识方向。第二天下午学辨识方向。有人要上洗手间，"右前方约 50m，第三号景点东，那个红色的房子"；有人要喝可乐，"左前方约 150m，第七号景点东，那个灰色的房子"；有人要买邮票，"前面约 20m，第十一号景点，那个蓝色相间的房子"……顾客会问各种各样的问题，所以每一名员工要把整个迪斯尼的地图都熟记在脑子里，对迪斯尼的方向和位置都要非常了解。

训练 3 天后，发给员工 3 把扫把，开始扫地。如果在迪斯尼里面碰到这种员工，人们会觉得很舒服，下次会再来迪斯尼，也就是引客回头，这就是所谓的"员工面对顾客"。

2. 会计人员也要直接面对顾客

有一种员工一般是不太接触客户的，就是会计人员。但是迪斯尼规定：会计人员在前两三个月中，每天早上上班时，要站在大门口，对所有进来的客人鞠躬，道谢。因为顾客是员工的"衣食父母"，员工的薪水是顾客掏出来的。感受到什么是客户后，再回到会计工作中。迪斯尼这样做，就是为了让会计人员充分了解客户。

3. 其他重视顾客、重视员工的规定

（1）怎样与小孩讲话。游迪斯尼的很多是小孩，这些小孩要跟大人讲话。迪斯尼的员工碰到小孩在问话，统统都要蹲下，蹲下后员工的眼神跟小孩的眼睛要保持一个高度，不要让小孩抬着头去跟员工讲话。因为那个是未来的顾客，将来都会再回来的，所以要特别重视。

（2）怎样送货。迪斯尼乐园有喝不完的可乐，吃不完的汉堡，享受不完的三明治，买不完的糖果，但从来看不到送货的。因为迪斯尼规定在客人游玩的地区里是不准送货的，送货统统在围墙外面。迪斯尼的地下像一个隧道网一样，一切食物、饮料统统在围墙的外面下地道，在地道中搬运，然后再从地道里面用电梯送上来，所以客人永远有吃不完的东西。

案例点评

去迪斯尼玩10次，大概也看不到一次经理，但是只要去一次就能看得到他的员工在做什么。这就是前面讲的，顾客站在最上面，员工去面对客户，经理人站在员工底下来支持员工，员工比经理重要，客户比员工重要，这个观念人们应该建立起来。

第三节 客房部员工的绩效考评

一、绩效考评的概念与内容

（一）绩效考评的概念

绩效考评，又称人事考核或绩效评估，是指按照一定的标准，采用科学的方法，检查和评定企业员工对职务所规定的职责的履行程度，以确定其工作成绩的一种有效的管理方法。

研究表明，绩效考评具有控制、激励、标准、发展以及沟通功能。绩效考评是饭店人力资源管理的基础工作，饭店通过对员工的工作表现与成绩的系统评定，确定员工的待遇、决定员工的工作岗位以及培训工作安排，也是对员工奖励与处罚的重要依据。有效的绩效考评还能为员工创造良好的工作环境，对提高饭店的服务质量和员工的工作积极性，提高饭店的经营效益，增强饭店竞争力具有重要的意义。人事考核的精神实质在于其人本主义的管理思想，既注重员工工作能力的提高和潜能的发挥，又体现员工参与管理的实质性。因而，这种绩效考评方法在饭店中具有十分重要的应用意义。

饭店绩效考评包括两个含义：广义上指对组织和个人的全面绩效评估，而狭义上指对员工个人的绩效考评。

（二）绩效考评的内容

1. 工作能力评估

工作能力是个人工作业绩的基础和潜在条件，没有工作能力就不可能创造好的工作业绩。工作能力评估就是饭店对员工体能、知识、职能、技能和管理能力等内容的评估。

2. 工作业绩评估

工作业绩是员工的工作成果和效率。工作业绩评估就是对员工职务行为的直接结果进行评价的过程。这个评价过程不仅可以说明各级、各岗位员工的工作完成情况，更重要的是通过这些评价推动员工有计划地改进工作，以达到饭店各部门、各项业务的要求，符合饭店发展的需要。一般说来，可以从员工工作量、工作质量和工作效率等方面进行业绩评估。如客房部在一个考核周期对客房服务员做清洁卫生的客房数量、卫生合格率、顾客投诉率等进行统计、对比和分析，客观地评价员工在这一阶段的工作表现和工作效果。

3. 工作态度评估

工作态度主要指纪律性、协作性、积极性，服务、归属、敬业和团队精神等影响员工工作能力发挥的个人心理因素。当然，影响工作能力发挥的还有外部条件的限制，在绩效评估中对员工工作态度进行评价，就是要鼓励员工充分发挥个人的主观能动性，最大限度地创造优异的工作业绩。

二、绩效考评的方法

一般来说，客房部的绩效考核不是所有人都用同一个模式的，实际应用中，大致分为以下几种情况。

（一）等级评估法

等级评估法是绩效考评中常用的一种方法。根据工作分析，将被考评岗位的工作内容划分为相互独立的几个模块，在每一个模块中用明确的语言描述完成该模块工作需要达到的工作标准。同时，将标准分为几个等级选项，如"优、良、合格、不合格"等，考评人根据被考评人的实际工作表现，对每个模块的完成情况进行评估。总成绩便为该员工的考评成绩。

（二）目标考评法

目标考评法是根据考评人完成工作目标的情况来进行考核的一种绩效考评方式。在开始工作之前，考评人和被考评人应该对需要完成的工作内容、时间期限、考评标准达成一致。在时间期限结束时，考评人根据被考评人的工作状况以及原先制订的考评标准来进行考核。目标考评法适合于企业中试行目标管理的项目。

（三）序列比较法

序列比较法是对相同职务员工进行考核的一种方法。在考评之前，首先要确定考评的模块，但是不确定要达到的工作标准。将相同职务的所有员工在同一考评模块中进行比较，根据他们的工作状况排列顺序，工作较好的排名在前，工作较差的排名在后。最后，将每一位员工几个模块的顺序数字相加，就是该员工的考评结果。总数越小，绩效考核成绩越好。

（四）重要事件法

考评人在平时注意收集被考评人的"重要事件"，这里的"重要事件"是指被考评人的优秀表现和不良表现，对这些表现要形成书面记录。对普通的工作行为则不必进行记录。根据这些书面记录进行整理分析，最终形成考评结果。该考评办法一般不单独使用。

（五）评语考评法

评语考评法是指由考评人撰写一段评语来对被考评人进行评价的一种方法。评价的内容包括被考评人的工作业绩、工作表现、优缺点和需要努力的方向。评语考评法在我国应用得非常广泛。由于该考评办法主观性强，最好不要单独使用。

（六）强制比例法

强制比例法可以有效地避免由于考评人的个人因素而产生的考评误差。根据正态分布原理，优秀的员工和不合格的员工的比例应该基本上相同，大部分员工应该属于工作表现一般的员工。所以，在考评分布中，可以强制规定优秀员工的人数和不合格员工的人数。比如，优秀员工和不合格员工的比例均占20％，其他60％属于普通员工。强制比例法适合相同职务员工较多的情况。

（七）360°绩效考评法

360°绩效考评也叫全方位绩效考评，是由被考评人的上级、同级、下级、本人或考评专家担任考评者，从各个角度对被考评人进行全方位评价的一种绩效考核方法。考评的内容涉及被考评人的管理绩效、专业绩效、业务绩效、工作态度和能力等方面，考评结束后，通过预先制订的反馈程序，将整理出的考评结果反馈给本人，从而达到改变被考评人行为，提高其工作绩效的目的。与传统的考评方法相比，360°绩效考评的方法可以从多个角度反映被考评人，因而使考评过程更加透明，考评结果更加客观、全面、公正和可靠。

三、绩效考评的程序

（一）制订考核计划

饭店制订考核计划，是人力资源部与各部门、部门管理者、员工在共同参与的基础上确定的员工绩效目标和绩效考评的周期。它是实施考核工作的指导性文件，是员工绩效考评过程的开始。

为了保证绩效考评能顺利进行，人力资源部主管和客房部主管必须事先制订有关计划，首先要明确考核目的和对象，再根据目的选择重点的考核内容、时间和方法。如考核新员工是否达到转正的要求和员工晋升资格考核，考核目的不同，对象不同，考核内容和考核方法也不同。

（二）确定考核标准

在考核计划确定之后，接着要确定绩效考评标准。考核标准的合理性与科学性直接决定着考核工作的有效性。如果没有客观的考核标准，考核者就无法对被考核者作出准确客观的评价；同时，如果考核标准制订得不合理，考核结果和员工的实际之间就会存在偏差，从而影响考核工作的公平与公正。

客房部绩效考评标准的确定应注意几个方面的问题。绩效考评标准应该是根据工作本身来建立的，而不管谁做这项工作都一样，即所谓对事不对人；绩效考评应在客房部及员工个人的控制范围内，而且是通过部门或个人的努力可以达到的；绩效考评的标准应是公开的，员工对标准应该清楚明了；绩效考评的标准是经过员工参与共同制订的，管理者与被管理者对标准的合理与否达成共识有助于建立和谐的工作关系，并有效地激励员工；绩效标准尽可能量化，而且是可变的。对一些现象或态度的考核内容，应该使用通俗文字详细说明，并在执行过程中定期地讨论操作标准，不断地改进。

（三）实施考核

在绩效考评的具体实施阶段，客房部经理或主管在考核计划的指导下，对照考核标准对被考评人员各方面的表现进行观察、跟踪，并做好信息收集和记录。

考核信息的收集和记录是考核实施的核心内容，也是整个考核结果的依据。它可以帮助管理者及时地了解员工工作表现，发现绩效问题，有助于管理者找出问题产生的原因，迅速地实施改进措施。书面的记录还可以防止不必要的劳动纠纷，为管理者绩效评价提供充分的事实依据，避免各种偏见或误解所造成的消极影响。管理者与被管理者进行绩效反馈面谈能够言之有据，防止上下级之间由于在对绩效评价等级上的分歧而产生矛盾与冲突。通过信息的收集和记录，管理人员还可以积累大量关键事件，从中发现员工的潜在培训需求、需要提高的工作技能与需要丰富的工作知识，从而帮助管理者一边制订出有效的培训方案与员工个人发展计划，一边有针对性地发展与培养员工。

1. 信息收集与记录方法

信息收集与记录的方法和途径根据考核目标以及考核需要掌握的信息内容不同而不同。通常收集考核信息的方法有查阅考勤记录、工作日记、生产报表（如客房清扫工作日报表）、备忘录、现场观察记录、同事反映、顾客评价（如感谢信、客人投诉）、立功记录（如获得月度最佳服务员）、事故报告（如违反规章制度造成客人或饭店财产损失）等。

2. 绩效信息收集与记录的注意事项

绩效信息在收集与记录时，应特别注意关键事件数据记录的问题。关键事件数据指的是比较极端的行为，常常是员工极端负面的行为，比如在上班期间喝醉酒、对同事行为不端等。管理者要记好事件发生的日期、时间、地点、当时的谈话情况、员工的行为细节以及处理情况等。

（四）分析评价

这个阶段主要是对员工的德、能、勤、绩等作出综合评价。分析评价是一个由定性到定量再到定性的过程。其过程如下。

饭店人力资源部与客房部的绩效分析评价工作反映在《员工工作绩效评估表》上，评估表是在收集各种原始绩效信息和细化标准的基础上进行的归纳，直接形成对员工绩效考核的总体评价。评估表可按不合格、一般、合格、良好、优秀的形式进行绩效评定。客房部内部的评估表更具体指向某一岗位的工作要求和业务能力。

绩效评估表的内容主要包括以下几部分：

①员工个人资料，包括员工姓名、部门、职位、编号等；

②员工绩效评价，饭店评价指标、评价尺度、实践评价等级或得分、相关评语；

③绩效改善的建议；

④考评人与被考评人签名或意见。

（五）绩效反馈

考评人必须将考评结果反馈给被考评人，实现绩效考评的激励、奖罚、公平竞争等功能的发挥。

1. 360°反馈系统

360°反馈系统指绩效考评主体包括被考评人的上级、同事、下级、内部客户、外部客户以及被考评人本人，各自从不同角度对被考评人的绩效作出全方位的评估，并通过反馈程序将评估结果反馈给被考评人，以达到公平全面地评估被考评人的工作绩效，帮助被考评人改善工作行为、提高工作绩效的目的。

2. 绩效面谈

绩效面谈也是绩效考评反馈的一种有效方式，在饭店实践中应用广泛。绩效面谈指绩效考评结束后，通过管理人员与被考评人面对面的沟通方式，有效地将考核结果反馈给员工，同时也可以及时地了解员工的反应与意见，使上下级之间的交流更为直接和顺畅。

为了达到良好的效果，管理人员与员工面谈的技巧非常重要。面谈时管理人员应注意做到以下几点。

①对事不对人，评价与批评针对具体事情，避免扩展到对员工个人素质方面的攻击与指责；

②坚持言之有据的原则，评估结果具有说服力；

③避免"一言堂"的单向交流，采取双向交流，鼓励员工提出不同的意见，而不是强迫压制其接受考核结果；

④帮助员工排除紧张与压力等心理障碍，向员工表达相互平等和相互信任的态度；

⑤优缺点并重，客观全面地让员工清楚了解管理者对其看法与期望，避免过分夸大员工的缺点，而忽视员工的优点。

（六）结果运用

绩效考评本身不是目的，而是一种手段，绩效考评结果的有效运用是管理的关键。绩效考评结果的运用主要体现在以下方面。

1. 绩效考评结果与绩效考评改进计划

绩效考评和反馈有助于客房部管理人员发现员工绩效问题所在，有的放矢地制订和实施改进计划使员工改变原有的行为，提高服务水平和专业能力，改善相应职位的工作效率与工作业绩。客房部可以根据员工的特点，设计具体改进绩效的方法，比如工作轮换、参加相应的技能培训、更新工具、改善工作条件、重新设计工作程序、推荐阅读物、组织员工团队活动等。

2. 绩效考评结果与招聘

绩效考评结果对于客房部内部选拔和外部招聘具有重要意义。绩效考评结果可以帮助饭店管理者更为客观、准确和全面地认识员工的能力与素质，从而可以帮助管理者对其是否适合提升到相应的职位作出正确的判断。根据绩效考评结果以及绩效管理过程中所收集的其他信息与反馈，可以更好地帮助客房部经理识别岗位优秀人员所应具有的优秀品质与绩效特征。

3. 绩效考评结果与培训

对绩效考评结果的分析，可以有效地了解各个员工的不足和薄弱环节，从而给人力资源开发与培训提供了依据。

4. 绩效考评结果与薪酬制度

绩效考评结果是通过确定一系列量化的指标来体现的，层层细化后成为每个成员的个人工作目标。考核根据每个人的工作目标完成情况提出量的差距，充分体现了个体之间客观的工作表现差异，从而为科学地制订薪酬体系奠定基础。

5. 绩效考评结果与人事调整

根据考评结果，管理者与人事部门可以公平、公正、负责地进行纪律处分、降职、调动等人事处理，建立科学合理的人事制度，体现饭店组织公平。

记忆力

一、选择题

1. _____是客房部及整个饭店员工培训的重点。

A. 入店教育　　　　　　　B. 岗前培训

C. 在职培训　　　　　　　D. 发展培训

2. 以提高员工分析和决策能力、书面和口头沟通能力、人际关系技巧能力等为主要内容的培训属于_____。

A. 技能培训　　　　　　　B. 知识传授培训

C. 态度转变培训　　　　　D. 工作方法改进培训

3. 专人指导主要用于_____的培训。

A. 管理人员　　B. 老员工　　C. 新员工　　D. 下岗员工

二、填空题

1. 要保证编制定员工作行之有效，必须注意定员标准的_____和_____。

2. _____是一种根据工作量、劳动效率、出勤率来计算定员的方法。

3. _____是饭店通过对员工的工作表现与成绩的系统评定，是员工奖励与处罚的重要依据。

三、判断题

1. 交叉培训可以在内部安排，也可以跨部门安排，可以使员工一专多能。（　　　）

2. 培训是为了提高劳动效率和客房部员工对职业的满足程度进行的一种投资活动。（　　　）

3. 对于现代饭店的员工来说，物质奖励比精神奖励更为重要、更有意义。（　　　）

分析力

一、简答题

1. 客房部编制定员的依据有哪些？

2. 员工培训对客房部有什么重要的意义？

3. 客房部培训的特点有哪些？

4. 员工绩效考评包括哪些内容？

二、论述题

1. 试述如何做好客房部的员工培训工作。

2. 试述如何做好客房部员工的绩效考评工作。

三、分析题

如果你是一位楼层经理，你会对你所属员工安排哪些培训内容？

参 考 文 献

［1］张青．前厅客房服务与管理实训教程［M］．济南：山东科学技术出版社，2008．

［2］孟洁，张咏梅．客房服务［M］．北京：科学出版社，2008．

［3］付迎．旅游饭店客房服务与管理［M］．北京：对外经济贸易大学出版社，2008．

［4］文通．新编现代酒店客房人员培训与星级服务标准［M］．北京：中国纺织出版社，2008．

［5］叶秀霜，董颖蓉．客房服务与管理［M］．北京：旅游教育出版社，2007．

［6］李光宇．前厅客房服务与管理［M］．北京：化学工业出版社，2007．

［7］沈忠红．现代饭店前厅客房服务与管理［M］．北京：人民邮电出版社，2006．

［8］叶秀霜．客房服务与管理［M］．北京：旅游教育出版社，2004．

附录一

客房部各岗位职责

一、客房部总监

管理层次关系

直接上级：饭店总经理

直接下级：公共区域经理、客房楼层经理、洗衣房经理

岗位职责

1. 贯彻执行饭店总经理的经营管理指令，向总经理负责并报告工作。

2. 根据饭店确定的经营方针和目标，负责编制客房部预算，制订各项业务计划，并有效组织实施与监控，实现预期目标。

3. 以市场为导向，研究并掌握市场的变化和发展情况，适时调整经营策略，努力创收，坚持以部门成本为中心的方针，严格控制成本，降低消耗，以最小的成本获取最大的经济效益。

4. 主持部门工作例会，听取汇报，督促工作进度，解决工作中的问题。

5. 负责客房部的安全管理工作，督促本部门各管区落实各项安全管理制度，切实做好安全防范工作，确保客房安全。

6. 负责客房部的日常质量管理，检查督促各管区严格按照工作规范和质量要求进行工作，实行规范作业，每日巡视本部门各管区，抽查各类客房。

7. 负责本部门员工的服务宗旨教育和岗位业务培训，督促各管区有计划地抓好培训工作，提高全员业务素质。

8. 沟通本部门与饭店其他部门的联系，配合协调地搞好工作。

9. 建立良好的客户关系，广泛听取和收集客人意见，处理投诉，不断改进工作。

10. 审阅各管区每天的业务报表，密切注意客情，掌握重要接待任务情况，及时检查和督促各管区认真做好接待服务及迎送工作。

11. 负责客房设施设备的使用管理工作，督促各管区做好日常的维护保养和清洁工作，定期进行考核检查；参与客房的改造和更新装修工作，研究和改进客房的设备设施。

12. 考核各管区经理、主管的工作业绩，激励员工的积极性，不断提高管理效能。

二、公共区域经理

管理层次关系

直接上级：客房部总监

直接下级：保洁主管、保养主管

岗位职责

1. 执行客房部总监指令，并向其负责和报告工作。

2. 负责饭店公共区域的清洁及绿化工作的质量管理，组织员工严格按照工作规范和质量标准，做好饭店公共区域的清洁和绿化工作。

3. 加强费用开支控制，负责管区内财产和物料用品的管理和领用，督导员工正确使用各种设备和节约物料用品。并做好维护保养和保管工作，发现设备故障及时报修或提出更新意见。

4. 坚持服务现场的管理，负责对班组工作的考核，员工考勤和业务培训。

5. 沟通与各部门的联系，协调工作。

三、保洁主管

管理层次关系

直接上级：公共区域经理

直接下级：保洁员

岗位职责

1. 执行经理的工作指令，并报告工作。

2. 带领和督导班组员工，按照工作规范和质量标准，做好公共区域的清洁卫生，地毯、沙发的清洗以及绿化布置，养护、清洁工作。

3. 负责清洁机械，绿化工具的保管，保养和物料用品的领用、发放。

4. 了解公共区域内各种设备设施和家具的使用情况，及时报修和报告经理。

5. 负责本班组员工的工作安排和考勤，以及对新员工的带教工作。

6. 负责交接班工作，做好交接记录。

四、保洁员

管理层次关系

直接上级：保洁主管

直接下级：无

岗位职责

1. 服从主管的工作安排，按照工作规范和质量标准，做好责任区内的清洁卫生工作并掌握花木的保养、培育和修剪技术。

2. 检查责任区内各种设备设施和家具的完好情况，及时报告和报修。

3. 做好清洁机械和清洁用品的保养和保管工作。

4. 严格按照绿化工作规范和质量标准，做好花木的布置、养护和清洁工作。

五、保养主管

管理层次关系

直接上级：公共区域经理

直接下级：保养员

岗位职责

1. 执行经理的工作指令，并向其汇报工作。

2. 带领和督导班组员工，按照工作规范程序和质量标准做好公共区域内硬件设施设备日常的清洗保养工作。

3. 负责 PA 区的清洗设备及保养工具的保管、维护保养及物料用品领用发放；了解 PA 区内各种硬件设施设备及家具的使用情况，掌握其性能，及时按要求进行保养。

4. 负责本班组员工的工作安排和考勤以及对新员工的带领工作。

5. 负责与各部位的沟通协作。

6. 负责交接班工作，做好交接及工作记录。

六、保养员

管理层次关系

直接上级：保养主管

直接下级：无

岗位职责

1. 服从主管的工作安排，按照工作规范和质量标准，做好各项保养维护工作。

2. 检查责任区内各种设施设备的完好情况，及时报告和报修。

3. 做好清洁机械、清洁用品的保养和保管工作。

4. 按照保养规范和质量标准做好各项设施设备的维护保养工作。

七、洗衣房经理

管理层次关系

直接上级：客房部总监

直接下级：洗衣房主管

岗位职责

1. 对客房部总监负责，全面抓好洗衣房的管理。

2. 制订工作计划，合理安排人力、物力，控制成本、减少费用及各项开支。

3. 每天巡视洗衣房区域，督导领班完成本职工作，保证洗涤工场按操作流程和服务标准运行。

4. 负责指导设备使用、保养、维修等管理工作，发现故障及时通知工程部维修人员。

5. 接受和调查所有对洗衣房业务的投诉，负责处理布草洗烫、收发出现的差错和损坏问题。

6. 做好业务统计和报告，对重大问题作好详细记录。

7. 搞好消防保卫工作，确保员工人身和国家财产安全。

8. 检查、督促各项工作，对本部门工作实施全面、系统和有效的管理，以身作则。

八、洗衣房主管

管理层次关系

直接上级：洗衣房经理

直接下级：干水洗熨烫工、布草保管员、工服房服务员、客衣收发员等

岗位职责

1. 执行洗衣房经理的工作指令，并向其负责和报告工作。

2. 督导员工做好各类布草和工作服的质量检查和收调保管工作，防止短缺和不符合质量要求的布草和工作服流入使用部门。

3. 加强成本费用控制，掌握各类布草和工作服的使用、损耗情况，及时提出更新、报废和添置计划，防止调换使用脱档。

4. 督导洗涤组员工严格按照洗涤、熨烫工作流程，做好各类布草、客衣及工作服的洗涤熨烫工作，确保符合质量标准。

5. 负责洗衣房财产和设备的使用管理，督导员工做好日常的维护保养和清洁卫生工作，做到账物相符。

6. 坚持服务现场的管理，负责对各班组日常工作考核、员工考勤和业务培训。

7. 负责员工的工作安排、考勤和对新员工带教工作。

8. 沟通与各使用部门的联系协调工作。

9. 搞好消防保卫工作，确保员工人身和饭店财产安全。

10. 了解和掌握员工思想状况，做好思想工作，搞好各管区文明建设。

11. 处理客人各类投诉、需求和咨询情况。

九、干洗、熨烫工

管理层次关系

直接上级：洗衣房主管

直接下级：无

岗位职责

1. 负责住店客人洗衣的收取、点数、打码、核对、包装、送回的服务。

2. 确保贵宾房及有特殊服务要求的客衣按时、按质完成。

3. 熟悉长住客人的特殊要求，严格按规定的操作程序进行操作。

4. 负责员工制服和客人干洗类衣服的干洗工作。

5. 保证熨烫后的衣服达到挺括、平整、美观。

6. 安全操作，防止意外事故的发生。

7. 做好设备区域卫生工作。

十、水洗工

管理层次关系

直接上级：洗衣房主管

直接下级：无

岗位职责

1. 根据受污程度和洗涤程序，负责洗涤各种布草，员工制服及其他织品。

2. 严格按规定程序进行洗涤操作，确保洗涤质量，节约原材料，控制成本。

3. 做好每天洗涤记录工作。

4. 负责洗衣设备和电器检查及卫生保养工作。

5. 密切注意设备的运转情况，防止意外事故发生。

6. 做好班前结束工作设备、区域卫生工作。

十一、平烫、布草折叠工

管理层次关系

直接上级：洗衣房主管

直接下级：无

岗位职责

1. 负责饭店使用的布草整理、平烫、烘干工作。

2. 负责饭店客房、餐饮、康乐布草及其他布草折叠工作。

3. 掌握各类布草的平烫、折叠方法，并熟练操作。

4. 负责水洗工衣的熨烫工作和客房布草的运送工作。

5. 保证熨烫后的布草、衣服达到无皱褶、笔挺、平整、美观。

6. 按规定程序进行操作。

7. 负责平烫机的卫生保管工作。

8. 密切注意设备运转情况，安全操作，防止意外事故发生。

9. 做好设备区域卫生工作。

十二、布草保管员

管理层次关系

直接上级：洗衣房主管

直接下级：无

岗位职责

1. 服从洗衣房主管的工作安排，做好布草的质量检查、储存保管和收调工作。

2. 认真检查和验收洗净的布草的洗烫质量、收调和检验废旧的布草，对不符合质量要求的布草提出处理意见和建议。

3. 储存保管的布草账物相符，收领、发放布草手续完备，登记清楚。

4. 负责收调的各类布草分类清点和计数登记工作，手续完备，准确无误。

5. 保持布草房的整洁，做好清洁卫生和财产设备的保养工作。

十三、工服房服务员

管理层次关系

直接上级：洗衣房主管

直接下级：无

岗位职责

1. 服从洗衣房主管的工作指令，做好工作服的质量检查、储存保管，收发和缝补工作及改制各类报废的布草。

2. 认真检查和验收洗净的工作服，检验废旧的工作服，对不符合质量要求的工作服提出处理意见。

3. 认真做好收领、发放工作服的分类、清点和计数登记工作，手续完备，准确无误。

4. 贮存保管的工作服账物相符。

5. 保持工服房的整洁，做好清洁卫生和财产设备的保养工作。

十四、客衣收发员

管理层次关系

直接上级：洗衣房主管

直接下级：无

岗位职责

1. 服从洗衣房主管的工作安排，准确及时收取和送回客衣。

2. 认真收验客衣，核对件数、房号及洗涤要求，检查客衣中是否有遗留物品，并做好记录及签收。

3. 负责客衣洗熨后的质量检验，并把符合质量要求的客衣按送衣程序送到房间，认真做好登记。

4. 负责送洗衣账单到前台收银处。

5. 做好客衣洗涤记录，客人洗衣账目的入账和生产记录的整理和统计。

十五、客房楼层经理

管理层次关系

直接上级：客房部总监

直接下级：客房楼层主管、客房服务中心文员、库房保管员

岗位职责

1. 执行客房部总监的工作指令，向其负责和报告工作。

2. 了解当天住客情况，掌握当天客房情况，监督楼层与前台的联系和协调，确保房间正常及时地出租。

3. 合理安排人力，组织和指挥员工严格按照工作规范和质量要求做好客人迎送和服务以及客房和环境的清洁卫生工作。

4. 认真做好员工的服务宗旨教育和岗位业务培训，保证优质规范的服务。

5. 坚持服务现场的督导和管理，每天巡视楼层，检查管区内 30%住客房和走客房，督导领班、服务员的工作情况，发现问题及时指导和纠正。

6. 计划、组织、控制每周的计划卫生。

7. 负责处理客人的遗留物品。

8. 处理客人特殊要求及投诉。

9. 主持领班每天的例会和组织员工全会，并做好记录。

10. 负责管区的成本费用控制，督导和检查库房保管员做好财产物料的管理，建立财产三级账，定期检查部门财产物料的领用、调拨、转移等情况，做到日清日盘，账物相符。

11. 教育和督导员工做好维护保养和报修工作，定期安排设备维修、用品添置和更新改造计划。

12. 负责客房服务中心的日常管理工作，组织指挥员工，严格按照服务工作规范的质量标准，做好客房服务中心的各项工作，认真查阅每天的各种业务报表和工作记录。

13. 坚持现场督导和管理，保证客房服务中心24h电话接听和监控值台的服务质量，发现问题及时指导和纠正。

14. 做好与其他部门的沟通协调工作。

15. 负责落实部门安全管理制度确保安全。

十六、库房保管员

管理层次关系

直接上级：楼层经理

直接下级：无

岗位职责

1. 服从楼层经理的工作安排。

2. 具体负责本部门财产物料的管理工作。

3. 掌握本部门固定财产的分类及使用情况，并按分级管理的要求做好各类财产的清点、登账、立卡和更新、添置、转移、出借等登记工作编制三级账，做到有账有物，账物相符。

4. 熟悉各种客用品和客房小酒吧酒水的名称规格和质量标准，做好领用、发放、登记、保管和耗用报账工作，按时汇总分析盘点，并报楼层经理审阅。

5. 掌握VIP和行政楼客人抵离情况，协助楼层，按客房布置要求，及时做好各类礼品和物品的发放、登记和耗用回收工作。

6. 熟悉本部门各类工作用具和办公用品的使用情况，做好领用、发放和登记、保管工作，按时统计汇总分析，防止浪费，并做到账物相符。

7. 保持备用物料用品货架、橱柜的整洁、安全，防止霉变虫害。

8. 负责领用物品的搬运工作。

十七、客房服务中心文员

管理层次关系

直接上级：客房主管

直接下级：无

岗位职责

1. 服从楼层经理的工作安排。

2. 负责掌握房态，每天定时编发房态表，并通知客房楼层。

3. 负责接听客人电话和掌握客情信息，根据需要及时通知服务员和有关部门提供服务，并做好记录。

4. 做好信息收集和资料积累工作，准确回答客人问询，主动做好对客服务工作。

5. 负责客房所有钥匙的管理和收发工作。

6. 负责捡拾物品和遗留物品的登记、存放和处理。

7. 负责整个饭店鲜花的预订和鲜花质量把关工作。

8. 负责部门考勤和餐卡统计工作,领发员工工资、奖金、补贴。

9. 负责每日楼层人员的统筹安排及休班。

10. 负责对客药品的出售。

11. 负责对讲机、值台电话的管理。

12. 掌握 VIP 和行政客人抵离情况,并按客房布置要求通知楼层做好各类礼品和物品的配备工作。

13. 做好工作室的日常清洁工作,保持干净整洁。

十八、楼层主管

管理层次关系

直接上级:楼层经理

直接下级:楼层清洁员、中班服务员、夜班服务员等

岗位职责

1. 执行上级领导的工作指令并报告工作。

2. 负责自己管区内的每日工作的安排,保证岗位有人服务。

3. 负责检查本班组员工的仪容仪表及工作表现。

4. 负责检查本楼面客房、公共区域卫生及安全情况。

5. 坚持让客人完全满意的服务宗旨,督导和带领员工按客房服务规范和质量标准做好服务工作。

6. 做好对新员工的带教工作,使之尽快达到工作要求。

7. 负责本楼层的设施设备的维修保养和财产的保管。

8. 加强成本费用控制,做好物料用品的管理领用和发放。

9. 负责本楼层房间酒水的消费统计、领取、发放与配置。

10. 做好交接记录。

十九、客房清洁员

管理层次关系

直接上级:楼层主管

直接下级:无

岗位职责

1. 服从楼层主管的工作安排。

2. 按照客房清洁流程和质量标准,做好客房和责任区内日常清洁及计划卫生工作。

3. 保持楼层责任区域内环境通道和工作间的干净整洁。

4. 负责退客房的检查和报账工作。

5. 协助主管做好 VIP 房和有特殊要求房的布置。

6. 协助洗衣房做好客衣的分送工作。

7. 按照规格要求布置客房，检查房内各类家具和设备的完好情况，及时报告和报修。

8. 负责及时上报，处理突发事故。

9. 做好当班工作记录和交接班工作。

二十、中班服务员

管理层次关系

直接上级：楼层主管

直接下级：无

岗位职责

1. 按照客房服务规范和质量标准，做好客房整理和做夜床等各项服务工作。

2. 完成上级临时指派的其他工作。

二十一、夜班服务员

管理层次关系

直接上级：楼层主管

直接下级：无

岗位职责

1. 与中班服务员坚持24h值班制，全天候为客人提供高效优质的服务。

2. 及时提供各种小服务，如提供送报纸等服务，通知相关部门提供，切实做好客人服务工作。

3. 负责检查夜间安全工作。

4. 做好当班工作记录和交接班工作。

附录二

客房部管理制度

一、客房员工服务规范

1. 不可在客房内打外线电话。
2. 不可将个人私事向住客倾诉，以免烦扰住客。
3. 不可翻阅住客文件、书报等。
4. 不可借清理房间之便翻动住客抽屉或橱柜。
5. 不可取食住客剩余食品或使用客人物品。
6. 不可在客房内睡觉、收看电视、听收音机或使用浴室等。
7. 不可做出过分服务，以免使住客厌烦。
8. 不可借服务名义而在客房逗留过久，以免误会。
9. 不可擅自调换住客房间，图取住客欢心。
10. 不可代住客兑换外币。
11. 不可随意给陌生人开房门。
12. 上班时间不可高声谈论或嬉笑。
13. 不可在服务台及操作间打嗑睡、抽烟、吃零食或阅读书报。
14. 不可随意离开岗位逗留于公共场所，如一楼大堂及其他客用区域等。
15. 不可将毛巾、床单、枕套等客用品当抹布清理房间。
16. 不可从饭店大门进出。
17. 不可有任何失态与冒犯住客之言行。
18. 上班时间严禁会客，下班后不得在饭店逗留。
19. 不可向住客兜售或购买物品。
20. 遇客人或饭店领导应主动道安问好。

二、客房钥匙管理制度

1. 客人使用的客房钥匙磁卡，在客人办理住宿登记时，由总服务台发给客人，各部门收到客人退交的客房钥匙磁卡应及时送交客房服务中心。

2. 客房部使用的客房总钥匙，各楼层分钥匙或各类钥匙磁卡，由客房服务中心统一保管，并由服务中心服务员负责办理领用、收发登记工作，服务中心管理人员负责监督和检查。

3. 领用客房总钥匙或部门经理钥匙磁卡，必须经客房部经理批准，各楼层分钥匙或主管钥匙磁卡和领班钥匙磁卡由客房楼层主管、领班负责领用，并办理领用登记手续，客房清洁员使用的钥匙磁卡，由客房楼层领班统一领取、发放和收交，并做好记录。

4. 除早、中、夜班岗位在交接班时做好钥匙交接工作外，其他岗位员工在下班时必须将领用的钥匙送交服务中心保管，并办理领用注销手续。

5. 其他部门因工作需要临时使用客房钥匙必须办理签字和借用手续，如其他部门员工需进入客房工作，必须经客房楼层主管或领班同意后方可为其开启房门，并应在工作记录或交接簿上登记进出客房员工的姓名（工号）及原因。

6. 客房部除客房钥匙以外，其他部门使用的门钥匙，由各部门负责管理和做好登记领用记录。

7. 发生钥匙丢失，要主动报告，追究当事人责任，丢失钥匙的门锁，应消除原卡使用范围内的门锁密码，并均须填写保卫部印制的《配制调换钥匙登记表》，经使用部门经理签字同意后送保卫部批准后配制。

8. 保卫部负责饭店钥匙管理的监督与指导，各部门应自觉接受监督和检查。

三、员工安全管理制度

1. 不得在饭店内及楼层内奔跑。

2. 不得将手伸进垃圾桶或垃圾袋内，以防利器和碎玻璃把手刺伤。

3. 必须用双手推车。工作场地如有油污或湿滑，应立即擦干净，以防滑倒摔伤。

4. 不要用过期的清洁剂，以免发生危险。不可使用损坏的工作用具，也不可私自修理。

5. 拿取高处物品，应使用梯子，不应使用任何代用品。

6. 搬运笨重物品，应两人或多人，须用脚腿力，勿用背力。最好用手推车搬运。

7. 发现公共区域照明不良或设备有损坏，应马上报告领班或房务中心，尽快修理，并采取临时救急措施，以免发生危险。

8. 在公共场所清洁时，使用工作车、吸尘器、洗地机和地毯机，应留意是否有电线绊脚的可能性，工作车应靠边放，注意工作指示牌的使用。

9. 洗地毯和洗地时，要特别注意电线和插座，小心触电。

10. 当使用较浓的清洁剂时，应带手套，以免化学剂腐蚀皮肤。

11. 发现房间的玻璃杯或茶杯有裂口，应立即更换，妥善处理。发现桌、椅、床不牢固，应尽快修理，以免伤人。

四、洗涤安全生产制度

1. 开机前检查机械设备的安全性能。

2. 操作时，严禁戴手套，披散头发等有碍操作和安全的行为。

3. 严格按岗位职责要求进行工作，做到机械运转时人不离机。

4. 机械出现故障时，必须先停机后进行排除，并及时报修，经维修人员确认同意使用后才能开机。

5. 机械进行维修保养时，电闸处必须先挂上"禁止合闸"的警示牌。

6. 不得私自拆修、改动、调校机械的电源、传运部位和蒸汽元件等，如发现蒸汽元件及管道出现故障、破漏，应立即报告。

7. 电闸箱必须用干抹布擦抹，切忌使用湿布，以防触电。

8. 不得用水冲洗地板，以免发生漏电事故。

9. 严禁在工作场地吸烟或堆放易燃物品。

10. 严禁随意移动消防器材。

五、房务中心管理制度

1. 凡从房务中心领用、归还钥匙，必须准确填写时间、领用人姓名、用途及归还时间，发放人应同时签名。房务中心工作人员负责监督管理。

2. 凡房务中心工作人员将物品借出，本人当班未归还的，应做好交接，督促及时归还物品。

3. 对于上交遗留物应做到认真填写，逐项登记，仔细核对，妥善保管，客人领回时应按规定签字。

4. 送到房务中心的洗衣，房务中心工作人员应认真进行清点，准确地做好记录和交接，放在指定位置保存。

5. 应保持房务中心室内清洁，每个班次下班前应先打扫卫生，并注意维护。各种表格归档，码放整齐。非房务中心工作人员无故不得进入房务中心。房务中心人员不得在岗位上做与工作无关的事情。

6. 除房务中心当班员工外，其他人一律不得使用房务的计算机，房务当班人员下班后应及时退出系统账号，接班人员重新进入。

六、客房财产设备管理制度

1. 根据财务部有关固定资产管理制度，由客房部使用的各种财产设备由客房部文员具体负责管理，建立客房部财产二级明细账；各部门使用的财产设备由各部门建立财产三级账和客房财产明细卡，以便随时与财务部和归口管理部门相互核对，做到账账相符，账物相符。

2. 部门使用的各种财产设备实行"谁主管，谁负责"的责任制，按照使用说明正确使用，并切实做好日常的维护和清洁保养工作，做到物尽其用，正确使用。

3. 财产设备的调拨出借必须经财务部经理或总经理审批，填写财务部印制的固定资产调拨单，私自调拨、出借要追究当事人的责任。

4. 财产设备在饭店部门之间转移，由归口管理部门填写"固定资产转移单"，并办理设备账、卡的变动手续，同时将其中一联送财务部备案。

5. 设备因使用日久损坏或因技术进步而淘汰需报废时，必须经饭店技术鉴定小组进行鉴定，并在财务部经理或总经理批准后才能办理报废手续。

6. 新设备的添置必须经饭店高层批准，会同财务部和归口管理部门共同验收，并填写财务部印制的"财产领用单"，办理领用手续后，登记入账。

7. 客房部文员每季度应会同各部门对使用的设备进行一次检查和核对，每年定期清查盘点，确保账物相符，发生盈亏必须查明原因，并填写财务部印制的"固定资产盘盈盘亏报告单"，报财务部和归口管理部门处理。

七、客房物料用品管理制度

1. 客房物料用品主要是指供客人使用的各种用品，包括布草和毛巾类用品，卫生保健和美容用品、文具和服务指示用品，包装用品，工具类物品，办公用品和清洁洗涤用具等低值易耗品。

2. 各部门设专职或兼职人员负责上述物料用品的管理工作，按财务部物资管理制度，低值易耗品管理制度和定额管理制度，负责编制年度物料用品消耗计划；按物料用品的分类，建立在用物料用品台账，掌握使用及消耗情况，办理物料用品的领用、发放、内部转移、报废和缺损申报等工作，客房部文员负责督导和检查。

3. 各种物料用品的领用，应填写财务部印制的"物料用品领用单"，经部门经理审核签字后，向财务部仓库领取并及时登记入账。布草和毛巾类用品以及工具类物品除因饭店发展需要增领外，实行以旧换新的办法，并填写"物料用品领用单"和财务部统一印制的"饭店低值易耗品报废单"，报废的物品应先经部门经理审批，并由财务部统一处理；各种物料用品在内部转移，须由相关部门物料管理人员办理转移登账手续。

4. 各种物料用品的消耗，领用和报废、报损每月底由各部门物资管理人员统计、清点一次，并填物料用品耗用情况月报表，经部门经理审核后，向副总经理报告，确保统计数字准确，数、物和台账相符。

5. 各部门经理应结合日常管理工作，加强对物料用品使用情况的检查和监督，做到准确使用和合理使用，杜绝浪费。

八、清洁设备管理规定

1. 机器设备及工具包括吸尘机、洗地毯机、洗地板机、吸水机、抛光机、地毯吹干机、沙发清洗机等，员工操作前必须接受培训。做到懂得工作程序、操作方法及规程、保养条例等，并经过专人辅导掌握其要领后，才能独立操作。

2. 上岗使用机械工具之前，必须先检查机械工具及配件的完好情况，待确认性能可靠，才能操作使用。

3. 使用机械工具时，必须严格按照操作规程，特别注意电器安全，用完后要注意收拾好，及时进行必要的擦拭清理，存放到指定位置，并由领班复查。

4. 使用机械工具过程中遇到失灵和漏电等现象，应立即停止操作并报告领班，不得违章作业，待修复后才可继续使用。

5. 定期为机械工具进行保养，包括机械传动部位补充润滑油，电器开关，滤网除尘和电源线的保养等，确保做好每件机械工具的维护保养工作。

九、员工考勤制度

1. 员工必须按时上下班，在进出饭店时打钟卡，钟卡上记录的时间只表示员工进入或离开饭店的时间，上下班时间以各部门考勤记录为准。

2. 员工考勤实行按级负责制，班组员工的考勤由领班负责，领班的考勤由主管负责，主管的考勤由部门经理和经理助理负责；部门经理和经理助理的考勤由客房部总监负责或委托客房部文员进行，考勤记录在饭店统一印制的"员工考勤卡"上。

3. 员工考勤卡每月汇总，由各部门指派的专人负责统计，并填写员工出勤情况月报表，报客房部经理审阅认可后，由客房部文员汇总报人力资源部，作为工资造表和发放员工工资的依据。

4. 员工考勤的内容有出勤、迟到、早退、旷工、病假、丧假、婚假、产假、探亲假、工伤假、法定假、哺乳假、年度休假和调休等。

5. 员工应严格遵守劳动纪律，工作时间必须严守岗位，不得擅离职守和无故早退；下班后不得在店内无故逗留；若必须调换班次，事先应征得主管领导的同意。

6. 员工因病请假必须持有饭店医务室出具的病假证明或经医务室确认的指定医院的病假证明，方可准假。

7. 员工因私请假（包括婚事、丧事、探亲等）均应事先提出申请，经本部门的经理批准；各部门经理请假须经客房部经理批准。

十、员工培训制度

1. 本部门各级管理人员应积极支持和配合人力资源部和保卫部组织的各项培训活动，认真做好人员安排，教育员工主动接受培训。

2. 按照分级管理的规定，各部门应根据客房部培训计划落实各管区员工及新进人员的培训。

3. 新进人员必须坚持"先培训，后上岗"的原则，在人力资源部进行岗前培训的基础上，再进行岗位业务知识培训和带教见习。

4. 主管是新进员工的岗位业务知识培训的主要负责人，应将饭店制订的岗位责任、素质要求以及有关的工作规范、质量标准和规章制度等作为业务知识培训的教材，通过自学、宣读等方法，达到应知的目的，考核成绩报人力资源部备案。

5. 领班是新进员工带教见习的主要责任人，通过实际工作的带教实习，达到应会的目的，实习期满，必须经部门或管区考评，考核成绩报人力资源部，人力资源部将根据应知和应会考试成绩颁发岗位资格证书。

6. 员工的岗位提高培训，应在有组织地开展岗位业务练兵的基础上，采取缺什么补什么的方法，有计划地进行，部门经理和经理助理是员工岗位提高培训的主要责任人。

7. 员工的岗位提高培训，应采取现场培训为主，结合日常的现场管理和工作检查，加以具体指导和教育，以不断提高员工的业务技能。

十一、客房小酒吧酒水管理制度

1. 客房小酒吧的酒水与佐酒食品，由客房部库管员负责领取、发放，凭酒水单报账和补充。

2. 酒水单一式三联。第一联作为发票，第二联作为记账凭证，第三联作为补充酒水食品的凭据。

3. 客房楼层班组每日凭酒水单第三联向库管员领取酒水和佐酒食品，补充耗用品。

4. 库管员每日应对客房小酒吧酒水和佐酒食品的耗用、领用和结存情况进行统计、清点，确保实物与台账相符。

5. 客房小酒吧酒水和佐酒食品如因客观原因发生漏账情况，由客房部经理负责签报，如因员工工作过失造成漏账或报损的，由员工个人负责，小酒吧酒水漏账应严格控制在3%以内。

十二、客人遗留物品保管制度

1. 客人遗留物品统一由客房部服务中心库管员保管,服务中心管理人员负责监督和检查。

2. 客人遗留物品必须妥善保管,严禁挪用。价值高的物品,应放入饭店贵重物品保险箱内保存。

3. 客人遗留物品的保管和认领应严格按照客人遗留物品处理流程进行操作,做到表单、记录齐全,交存、认领手续完备。

4. 客人遗留物品必须妥善保管期限不同,价值在 500 元以内的物品为三个月,价值在 500 元以上的物品为一年;如超过保管期限,经客房部经理审核,报总经理批准后,移交有关部门处理,并将总经理批准的报告连同保管期满的失物招领单归档备案。

十三、客人损坏或带走饭店财物的处理规定

1. 客房部提供给客人使用的各种设备和物品,必须按规定设置齐全、完好有效。

2. 在饭店的服务指南或客人须知中应明确告知客人,损坏饭店财物应赔偿。

3. 发现客人损坏了饭店的设备和财物,部门或管区的管理人员应礼貌地向客人了解损坏的原因,并向客人解释饭店规定的赔偿制度,如客人承认并表示愿意赔偿时,应请财务部核定赔偿金额,并出具收款凭证,客人交付赔偿金时,应向客人致谢。

4. 发现客人带走了饭店财物时,应婉转地提醒客人:"对不起,是否在您收拾行李时,错拿了××物品。"但应注意在与客人交涉时,切忌在多人在场的情况下提出,使客人难堪,引起客人的逆反心理和抵触情绪;如客人承认并归还时,要向客人致谢。

5. 客人损坏或带走了饭店财物并矢口否认时,可请大堂副理协助解决,避免饭店利益遭受损失。

十四、客房工作车使用规定

1. 使用工作车时,只允许推,不允许拉。推车时必须沿楼道中央行走,注意避让客人。

2. 工作车在楼道停留时,应距离墙 15cm。

3. 工作车零件松动使用不灵活时,应及时报修。

4. 发现楼层墙纸破损时,应及时向领班和主管汇报,并及时下维修单。

5. 每日班前、班后,各级管理人员必须认真检查自己所管辖的楼层设施是否处于完好状态,并做好交接记录。

6. 因使用工作车不当,造成墙纸损坏者,根据情节轻重给予处罚。

十五、楼层安全服务制度

1. 服务员在做房、开夜床时,必须实行做一间、开一间、完一间、锁一间的规定。如有工程维修时,服务员必须记录进出时间、工人姓名、房号。

2. 在客房责任区内发现可疑人员,要主动询问。凡被开除、劝退、辞职和调离的原饭店员工,不得进入楼层。其他外部门人员不得私自进入楼层区域。对客房区域发生的治安刑事案件,

应认真保护好现场，积极提供线索，配合保安部做好调查取证工作。

3. 在楼层遇到住店客人没带钥匙或丢失钥匙而无法进入房间时，应礼貌地告诉宾客到前台办理续房手续，楼层服务员只有在接到指令后，方可为客人开房间。

4. 对客人遗留物品及捡拾物品，要按有关规定，及时上交房务中心，不得以任何理由截留。

5. 发现各种反动、淫秽书刊、画报、录像带、封建迷信用品等物，一律上交部门经理，由部门经理及时转交保安部。

6. 客房区域内发现易燃、易爆等危险物品时，服务员不得随意翻动，要派人控制，并及时报告保安部处理。

7. 服务员对所保管使用的万能钥匙应随身携带，严禁外借他人。每天领用万能钥匙要有严格的登记（签领用人姓名、签领用时间）手续。

附录三

旅游饭店星级的划分及评定
（GB/T14308—2003）
（客房部分）

一星级饭店客房

①至少有 15 间（套）可供出租的客房。

②门锁为暗锁，有防盗装置，显著位置张贴紧急走火图及相关说明。

③装修良好，有软垫床、桌、椅、床头柜等配套家具。

④至少 75％的客房有卫生间，装有抽水恭桶、面盆、淋浴或浴缸（配有浴帘）。客房中没有卫生间的楼层设有男女分设、间隔式公共卫生间以及专供客人使用的男女分设、间隔式公共浴室，配有浴帘。采取有效的防滑措施，24h 供应冷水，16h 供应热水。

⑤照明充足，有遮光窗帘。

⑥备有饭店服务指南、价目表、住宿须知。

⑦客房、卫生间每天全面整理一次，隔日或应客人要求更换床单、被单及枕套，并做到每客必换。

⑧16 h 提供冷热饮用水。

二星级饭店客房

①至少有 20 间（套）可供出租的客房。

②门锁为暗锁，有防盗装置，显著位置张贴紧急走火图及相关说明。

③装修良好，有软垫床、桌、椅、床头柜等配套家具，照明良好。

④至少 75％的客房有卫生间，装有抽水恭桶、面盆、淋浴或浴缸（配有浴帘）。客房中没有卫生间的楼层设有男女分设、间隔式公共卫生间以及专供客人使用的男女分设、间隔式公共浴室，配有浴帘。采取有效的防滑措施，24h 供应冷水，18h 供应热水。

⑤照明充足，有遮光窗帘。

⑥有方便使用的电话机，可以拨通或使用预付费电信卡拨打国际、国内长途电话，并配有使用说明。

⑦有彩色电视机，画面音质清晰。

⑧具备防噪声及隔音措施。

⑨备有饭店服务指南、价目表、住宿须知。

⑩设有至少两种规格的电源插座。

⑪客房、卫生间每天全面整理一次，每日或应客人要求更换床单、被单及枕套。

⑫提供洗衣服务。

⑬24h 提供冷热饮用水。

三星级饭店客房

①至少有 30 间（套）可供出租的客房。

②有门窥镜和防盗装置，在显著位置张贴紧急走火图及相关说明。

③装修良好、美观，有软垫床、梳妆台或写字台、衣橱及衣架、座椅或简易沙发、床头柜、床头灯及行李架等配套家具。室内满铺地毯、木地板或其他较高档材料。室内采用区域照明且目的物照明度良好。

④有卫生间，装有抽水恭桶、梳妆台（配备面盆、梳妆镜和必要的盥洗用品）、浴缸或淋浴间。浴缸配有浴帘、淋浴喷头（另有单独淋浴间的可以不带淋浴喷头）。采取有效的防滑措施。采用较高级建筑材料装修地面、墙面和天花板，色调柔和，目的物照明度良好。有良好的排风系统或排风器，温湿度与客房适宜。有 110V/220V 不间断电源插座。24h 供应冷热水。

⑤有方便使用的电话机，可以直接拨通或使用预付费电信卡拨打国际、国内长途电话，并配有使用说明。

⑥可以提供国际互联网接入服务，并有使用说明。

⑦有彩色电视机，播放频道不少于 16 个，画面和音质清晰，备有频道指示说明，播放内容应符合中国政府的规定。

⑧具备有效的防噪声及隔音措施。

⑨有至少两种规格的电源插座，并提供插座转换器。

⑩有遮光窗帘。

⑪有单人间。

⑫有套房。

⑬有与本星级相适应的文具用品，有服务指南、价目表、住宿须知、所在地旅游景点介绍和旅游交通图，应客人要求提供相应报刊。

⑭客房、卫生间每天全面整理一次，每日或应客人要求更换床单、被单及枕套，客用品和消耗品补充齐全。

⑮提供开夜床服务，放置晚安致意卡。

⑯床上用棉织品（床单、枕芯、枕套、棉被及被单等）及卫生间针织用品（浴衣、浴巾、毛巾等）材质良好、工艺讲究、柔软舒适。

⑰70％客房有小冰箱，提供适量酒和饮料，备有饮用器具和价目单。

⑱客人在房间会客，可应要求提供加椅和茶水服务。

⑲提供留言和叫醒服务。

⑳提供服装湿洗、干洗和熨烫服务。

㉑有送餐菜单和饮料单，18h 提供送餐服务，有可挂置门外的送餐牌。

㉒提供擦鞋服务。

四星级饭店客房

①至少有 40 间（套）可供出租的客房。

②70％客房的面积（不含卫生间）不小于 $20m^2$。

③装修豪华，有高档软垫床、写字台、衣橱及衣架、茶几、座椅或沙发、床头柜、床头灯、台灯、落地灯、全身镜、行李架等高级配套家具。室内满铺高级地毯、优质木地板或其他高档地面材料。采用区域照明且目的物照明度良好。

④客房门能自动闭合，有门窥镜、门铃及防盗装置。显著位置张贴紧急走火图及相关说明。

⑤有卫生间，装有高级抽水恭桶、梳妆台（配备面盆、梳妆镜和必要的盥洗用品）、浴缸并带淋浴喷头（有单独淋浴间的可以不带淋浴喷头），配有浴帘，水龙头冷热标识清晰，采取有效的防滑措施，采用高档建筑材料装修地面、墙面和天花板，色调高雅柔和，采用分区照明且目的物照明度良好。有良好的低噪声排风系统，温湿度与客房适宜，有 110V/220V 不间断电源插座、电话副机，配有吹风机，24h 供应冷热水。

⑥有方便使用的电话机，可以直接拨通或使用预付费电信卡拨打国际、国内长途电话，并备有电话使用说明和所在地主要电话指南。

⑦提供国际互联网接入服务，并有使用说明。

⑧有彩色电视机，播放频道不少于 16 个，画面和音质良好，备有频道指示说明，播放内容应符合中国政府规定。

⑨有客人可以调控且音质良好的音响装置。

⑩有防噪声及隔音措施，效果良好。

⑪有至少两种规格的电源插座，方便客人使用，并提供插座转换器。

⑫有内窗帘及外层遮光窗帘。

⑬有单人间。

⑭有套房。

⑮有至少三个开间的豪华套房。

⑯有与本星级相适应的文具用品，有服务指南、价目表、住宿须知、所在地旅游景点介绍和旅游交通图、与住店客人相适应的报刊。

⑰客房、卫生间每天全面整理一次，每日或应客人要求更换床单、被单及枕套，客用品和消耗品补充齐全，并应客人要求随时进房清扫整理，补充客用品和消耗品。

⑱床上用棉织品（床单、枕芯、枕套、棉被及被衬等）及卫生间针织用品（浴巾、浴衣、毛巾等）材质良好、工艺讲究、柔软舒适。

⑲提供开夜床服务，放置晚安致意品。

⑳24h 提供冷热饮用水及冰块，并免费提供茶叶或咖啡。

㉑客房内设微型酒吧（包括小冰箱），提供适量酒和饮料，备有饮用器具和价目单。

㉒提供留言及叫醒服务。

㉓客人在房间会客，可应要求提供加椅和茶水服务。

㉔提供服装干洗、湿洗、熨烫及缝补服务，可在 24h 内交还客人，提供 16h 加急服务。

㉕有送餐菜单和饮料单，24h 提供中西餐送餐服务。送餐菜式品种不少于八种，饮料品种不少于四种，甜食品种不少于四种，有可挂置门外的送餐牌。

㉖提供擦鞋服务。

五星级饭店客房

①至少有 40 间（套）可供出租的客房。

②70% 客房的面积（不含卫生间和门廊）不小于 $20m^2$。

③装修豪华，具有文化氛围，有舒适的床垫、写字台、衣橱及衣架、茶几、座椅或沙发、床头柜、床头灯、台灯、落地灯、全身镜、行李架等高级配套家具，室内满铺高级地毯，用优质木地板或其他高档材料装饰，采用区域照明且目的物照明度良好。

④客房门能自动闭合，有门窥镜、门铃及防盗装置，显著位置张贴紧急走火图及相关说明。

⑤有面积宽敞的卫生间，装有高级抽水恭桶、梳妆台（配备面盆、梳妆镜和必要的盥洗用品）、浴缸并带淋浴喷头（另有单独淋浴间的可以不带淋浴喷头），配有浴帘，水龙头冷热标识清晰，采取有效的防滑措施，采用豪华建筑材料装修地面、墙面和天花板，色调高雅柔和，采用分区照明且目的物照明度良好。有良好的无明显噪声的排风系统，温度与客房无明显差异。有 110V/220V 不间断电源插座、电话副机，配有吹风机，24h 供应冷热水。

⑥有方便使用的电话机，可以直接拨通或使用预付费电信卡拨打国际、国内长途电话，并备有电话使用说明和所在地主要电话指南。

⑦提供国际互联网接入服务，并备有使用说明。

⑧有彩色电视机，播放频道不少于 16 个，画面和音质优良，备有频道指示说明，播放内容应符合中国政府的规定。

⑨有可由客人调控且音质良好的音响装置。

⑩有防噪声及隔音措施，效果良好。

⑪有至少两种规格的电源插座，方便客人使用，并提供插座转换器。

⑫有沙帘及遮光窗帘。

⑬有单人间。

⑭有套房。

⑮有至少四个开间的豪华套房。

⑯有与本星级相适应的文具用品，有服务指南、价目表、住宿须知、所在地旅游景区（点）介绍和旅游交通图、与住店客人相适应的报刊。

⑰客房、卫生间每天全面清理一次，每日或应客人要求更换床单、被单及枕套，客用品和消耗品补充齐全，并应客人要求随时进房清理，补充客用品和消耗品。

⑱床上用棉织品（床单、枕芯、枕套、棉被及被衬等）及卫生间针织用品（浴巾、浴衣、毛巾等）材质良好、工艺讲究、柔软舒适。

⑲提供开夜床服务，放置晚安致意水晶。

⑳24h 提供冷热饮用水及冰块，并免费提供茶叶或咖啡。

㉑客房内设微型酒吧（包括小冰箱），提供适量酒和饮料，备有饮用器具和价目单。

㉒客人在房间会客，可应要求提供加椅和茶水服务。

㉓提供叫醒、留言及语音信箱服务。

㉔提供服装干洗、湿洗、熨烫及修补服务，可在 24h 内交还客人。18h 提供加急服务。

㉕有送餐菜单和饮料单，24h 提供中西餐送餐服务，送餐菜式品种不少于八种，饮料品种不少于四种，甜食品种不少于四种，有可挂置门外的送餐牌。

㉖提供擦鞋服务。

附录四

绿色饭店
（GB/T21084—2007）

1 范围

本标准规定了绿色饭店相关术语及定义、基本要求、绿色设计、安全管理、节能管理、环境保护、健康管理和评定原则。

本标准适用于从事经营服务的饭店，餐饮企业可参照有关条款执行。

2 规范性引用文件

下列文件中的条款通过本标准的引用而成为本标准的条款。凡是注日期的引用文件，其随后所有的修改单（不包括勘误的内容）或修订版均不适用于本标准，然而，鼓励根据本标准达成协议的各方研究是否可使用这些文件的最新版本。凡是不注日期的引用文件，其最新版本适用于本标准。

GB5749	生活饮用水卫生标准
GB8978	污水综合排放标准
GB9663	旅店业卫生标准
GB12348	工业企业厂界噪声标准
GB13271	锅炉大气污染物排放标准
GB15316	节能检测技术通则
GB/T18883	室内空气质量标准
GB/T19001	质量管理体系要求（IDT ISO9001：2000）
GB/T22000—2006	食品安全管理体系
	食品链中各类组织的要求（ISO22000：2005，IDT）
GB/T24001	环境管理体系要求及适用指南（ISO14001：2004，IDT）
GB/T28001	职业健康安全管理体系规范（neq OHSAS18001：1999）

中华人民共和国固体废物污染环境防治法　中华人民共和国主席令第58号（2004年12月29日）

公共场所集中空调通风系统卫生管理办法　卫监督发〔2006〕53号

公共场所集中空调通风系统卫生规范　卫监督发〔2006〕58号

3 术语和定义

下列术语和定义适用于本标准。

3.1 饭店（Hotel）

向消费者提供住宿、饮食以及相关综合服务的企业。包括饭店、宾馆、旅店、旅馆、度假村、招待所、培训中心等。

3.2 绿色饭店（Green Hotel）

在规划、建设和经营过程中，坚持以节约资源、保护环境、安全健康为理念，以科学的设计和有效的管理、技术措施为手段，以资源效率最大化、环境影响最小化为目标，为消费者提供安全、健康服务的饭店。

3.3 绿色设计（Green Design）

将节约资源、保护环境的因素纳入饭店设计环节之中，帮助确定设计的决策方向，减少资源消耗和对环境的影响。

3.4 环境方针（Environment Policy）

由最高管理者就组织的环境绩效所证实表述的总体意图和方向。

3.5 绿色消费（Green Consumption）

消费者在消费过程中，主动选择有益于资源节约、环境保护的产品和服务，减少或消除对环境的污染，降低资源和能源的消耗。

3.6 绿色行动（Green Action）

企业按照指定的计划，为向广大社会公众传播绿色饭店相关知识，以及调整自身经营方式，加强能源节约、环境保护而采取的一系列活动。

3.7 清洁生产（Clean Production）

采取改进设计、使用清洁的能源和原料、采用先进的工艺技术和设备、改善管理、综合利用等措施，从源头削减污染，提高资源利用效率，减少或避免生产、服务和产品使用过程中污染物的产生和排放，以减轻或者消除对人类健康和环境的危害。

3.8 危险废物（Hazardous Waste）

列入国家危险废物名录的废物。

注：参考《中华人民共和国固体废物污染环境防治法》

4 等级划分及标识

4.1 根据饭店在节约资源、保护环境和提供安全、健康的产品和服务等方面取得不同程度的效果，绿色饭店分为五个等级。

4.2 用银杏叶标识，从一叶到五叶，五叶级为最高级。

5 基本要求

5.1 遵守建设和运营中涉及的节能、环保、卫生、防疫、安全、规划等法律、法规和标准的要求。

5.2 制定环境方针，明确绿色行动目标和可量化指标，并有完善的经营管理制度保障执行。

5.3 有相应组织机构，有绿色行动的考核及奖励制度，有高层管理者具体负责创建活动。

5.4　每年有为员工提供绿色饭店相关知识的教育和培训，包括节能节水、环境保护技术及管理，消防教育，职业安全教育和食品安全教育。

5.5　提供绿色行动的预算资金及人力资源的支持。

5.6　有倡导节约资源、保护环境和绿色消费的宣传行动以营造绿色消费环境的氛围，对消费者的节约、环保消费行为能够提供多项鼓励措施。

5.7　近三年内无安全事故和环境污染超标事故。

6　绿色设计

6.1　环境设计

6.1.1　选址远离高辐射、高污染地区。

6.1.2　设计中充分体现当地自然、人文和谐和对生物多样性的保护。

6.1.3　不造成对当地生态环境的破坏。

6.2　建筑设计

6.2.1　设计中体现节能省地，无建筑空间的浪费。

6.2.2　有隔热、降噪、保温材料的设计与运用。

6.2.3　有自然采光的设计与运用。

6.2.4　采用环保、安全、健康的建筑材料和装修。

6.3　流程设计

6.3.1　有积极利用地热能、太阳能、风能、水能等可再生能源和替代能源的设计。

6.3.2　有能源、资源循环利用设计。

6.3.3　有在服务、产品形成过程中清洁生产的设计。

7　安全管理

7.1　有安全生产例会制度和生产安全事故隐患排查制度并执行。

7.2　设备设施安全可靠，危险设备、设施及区域设置栅栏隔离或警示标识提示。

7.3　有公共安全、消防安全、食品安全等突发事件应急预案，并不断完善，定期组织演练。

7.4　有能够覆盖所有营业区域的中、英文应急广播，客房和公共区域显著位置有各类应急图示、须知，并至少用规范的中、英文两种文字表示。

8　节能管理

8.1　水、电、气、煤、油等主要能耗部门建立并实施责任制。

8.2　主要用能设备和功能区域安装计量仪表，鼓励饭店按标准 GB15316 要求进行节能测试和能源审计。

8.3　每月对水、电、气、煤、油的消耗量进行监测和对比分析，定期向员工报告。

8.4　定期对空调、供热、照明等用能设备进行巡检和及时维护，减少能源损耗。

8.5　采取先进节能设备、技术和管理方法，采用节能标志产品，提高能源使用效率。

8.6　采用夏季的节水器具、技术和管理方法，减少水资源的消耗。

8.7 采取可再生能源和替代能源，减少煤、气、油的使用。

8.8 公共区域夏季温度设置不低于 26℃，冬季温度不高于 20℃。

9 降耗管理

9.1 减少一次性用品的使用。

9.2 根据顾客意愿减少客房棉织品换洗次数。

9.3 简化客房用品的包装。

9.4 节约用纸，提倡无纸化办公。

9.5 有鼓励废旧物品再利用的措施。

10 环境保护

10.1 遵守国家或地方污染物排放标准，减少污染物排放浓度和排放总量，按照当地环境目标减排直至达到零排放。

10.2 采用先进环保技术和设备。

10.3 选择使用有环保标志的产品。

10.4 采取措施减少固体废弃物的排放量，固体废弃物实施分类收集，储运不对周围环境产生危害；危险性废弃物及特定的回收物料交有资质机构处理、处置。

10.5 采用有机肥料和天然杀虫方法，减少化学药剂的使用。

10.6 采用本地植物绿化环境。

11 健康管理

11.1 绿色客房

11.1.1 设有无烟客房或无烟楼层。

11.1.2 装修环保。

11.1.3 相对湿度符合 GB/T18883 规定，温度可根据客人需要调整。

11.1.4 有良好的新风系统，封闭状态下无异味。

11.1.5 门、窗、墙壁隔音良好。

11.1.6 提供洁净饮用水，符合 GB/T5749 规定。

11.1.7 客房卫生间内的设备、设施每日进行消毒，卫生符合 GB9663 规定。

11.1.8 放置有益人体健康的绿色植物。

11.2 绿色餐饮

11.2.1 食品加工经营场所按原料的进入、储存、处理、半成品加工、成品供应单向流程布局，功能操作间齐备。

11.2.2 有食品质量控制与保障体系，原料购进、检查、验收制度及记录齐全。

11.2.3 有专职食品安全与卫生管理人员。

11.2.4 采用有机、绿色、无公害食品原料，提供营养平衡食谱。

11.2.5 食品采购、加工、储存、处置及设备、餐器具清洁和消毒程序完善并严格执行。

11.2.6 餐厅设有无烟区和无烟包间。

11.2.7　餐厅内通风良好，无异味。

11.2.8　倡导分餐制，菜单中明示提供大、中、小例服务。

11.2.9　有引导绿色消费、节约消费提示及服务措施。

11.2.10　不以野生保护动植物为食品原料。

11.2.11　餐厨垃圾低温密封保存，并倡导进行无害化处理。

12　绿色宣传

12.1　开展宣传绿色饭店、促进绿色消费的多种形式的社会活动。

12.2　有鼓励客人开展绿色消费的具体计划并实施。

12.3　创建绿色饭店活动有媒体的相关报道。

12.4　创建绿色饭店活动得到客人的支持和赞同，客人对饭店环境的满意程度达到80%以上（根据征求意见表统计）。

12.5　饭店通过采购、投资等方式促进节能、环保技术的推广和应用，推进绿色消费。

13　绿色饭店的评定

13.1　绿色饭店评定规程

13.1.1　申请与受理

饭店自愿向绿色饭店评定机构递交申请材料，评定机构于规定日期内核实申请材料，并做出受理与否的答复，向受理企业寄发绿色饭店评定标准及相关资料。

13.1.2　自查和改进

饭店根据标准自查并实施改进，在达到相应等级要求后，向评定机构申请评审。

13.1.3　评审

绿色饭店评定机构对申请的饭店进行现场评审。

13.1.4　授牌

对于评审通过的饭店，全国绿色饭店评定机构给予正式批复，并授予相应牌匾和证书。

13.2　评定人员资质

绿色饭店评定人员要求具备系统的饭店管理知识，较强的分析、组织能力，并通过培训取得评审员资格。

13.3　牌匾和证书

13.3.1　绿色饭店牌匾和证书由全国绿色饭店评定机构统一制作核发。

13.3.2　标牌应向消费者明示。

13.4　有效期与复核

13.4.1　绿色饭店评定等级的有效期为四年。

13.4.2　对已经评定的绿色饭店企业，每两年进行一次等级复核。

13.4.3　对降低或复核达不到评定标准的饭店，根据其程度分别给予通报、降级和取消绿色饭店称号处理。

附录五

客房中式铺床操作评分标准

一、操作内容

标准中式铺床。

二、操作要求

1. 操作时间 3min（提前完成不加分，每超过 10s 扣 2 分，不足 10s 按 10s 计算，超过 1min 不予计分）。

2. 准备时间 2min，准备就绪后，举手示意。

3. 操作过程中，选手不能跑动、跪床或手臂撑床，每违例一次扣 2 分。

4. 其他。

①床单叠法：正面朝里，沿长边对折两次，再沿宽边对折两次。

②选手操作位置不限。

③床架＋床垫高度为 54cm。

三、比赛物品准备

1. 床架（1 个）。

2. 床垫（1 个，2m×1.2m）。

3. 工作台（1 个）。

4. 床单（1 个，2.8m×2m）。

5. 被套（1 个，2.3m×1.8m）。

6. 赛丝绒被（1 床，重量约 2.7 千克/床）。

7. 枕芯（2 个，75cm×45cm）。

8. 枕套（2 个，90cm×60cm）。

四、操作评分标准

项目	要求细则	分值	扣分	得分
床单（19分）	一次抛单定位（两次扣2分，三次及以上不得分）	6		
	不偏离中线（偏2cm以内不扣分，2cm～3cm扣1分，3cm以上不得分）	3		
	床单正反面准确（毛边向下，抛反不得分）	2		
	床单表面平整光滑	3		
	包角紧密平整，式样统一（90°）	5		
被套（8分）	一次抛开（两次扣2分，三次及以上不得分）、平整	4		
	被套正反面准确（抛反不得分）	2		
	被套开口在床尾（方向错不得分）	2		
羽绒被（31分）	一次抛开（两次扣2分，三次及以上不得分）平整	4		
	一次收回压入被套内做有序套被操作（两次及以上不得分）	2		
	抓两角抖开丝棉被并一次抛开定位（整理一次扣2分，类推），被子与床头平齐	6		
	被套中心不偏离床中心（偏2cm以内不扣分，2cm～3cm扣1分，3cm以上不得分）	3		
	羽绒被在被套内四角到位，饱满、平展	3		
	羽绒被在被套内两侧两头平	3		
	被套口平整且要收口，羽绒被不外露	2		
	被套表面平整光滑	2		
	羽绒被在床头翻折45cm（每相差2cm扣1分，不足2cm不扣分）	2		
	两侧距地等距（每相差2cm扣1分，不足2cm不扣分），尾部自然下垂，尾部两角应标准统一	4		
枕头（2个）（12分）	四角到位，饱满挺括	3		
	枕头边与床头平行	3		
	枕头中线与床中线对齐（每相差2cm扣1分，不足2cm不扣分）	3		
	枕套沿无皱褶，表面平整，自然下垂	3		
综合印象（10分）	总体效果：三线对齐，平整美观	5		
	操作过程中动作娴熟、敏捷，姿态优美，能体现岗位气质	5		
满分		80		

操作时间： 分 秒		超时： 秒	扣分： 分	
选手跑床、跪床、撑床次数：			扣分： 分	
实际得分				

附录六

饭店客房检查评分表

项目：客房评价

日期：　　　　　　时间：　　　　　　房号：

清洁卫生与维护保养标准	优	良	中	差
1	房门完好、有效、无破损；无灰尘、无污迹	2	1	0.5	0
2	地面完整，无破损、无变色、无变形、无污迹、无异味、光亮	2	1	0.5	0
3	窗户及窗帘玻璃明亮、无破损、无污迹、无脱落、无灰尘	2	1	0.5	0
4	墙面与天花板（包括空调排风口）无破损、无裂痕、无脱落；无灰尘、无水迹、无蛛网	2	1	0.5	0
5	家具稳固、完好、无变形、无破损、无烫痕、无脱漆；无灰尘、无污迹	2	1	0.5	0
6	灯具完好、有效；无灰尘、无污迹	2	1	0.5	0
7	床单、枕头、被子、毛毯、浴衣等布草配置规范、清洁，无灰尘、无毛发、无污迹	2	1	0.5	0
8	电视、电话、冰箱等电器及插座完好、无损、有效、安全；无灰尘、无污迹	2	1	0.5	0
9	客房内印刷品（服务指南、价目表、电视节目单、紧急走火图等）规范、完好、方便取用；字迹图案清晰、无皱褶、无涂抹；无灰尘、无污迹	2	1	0.5	0
10	绿色植物、装饰用艺术品等与整体氛围相协调、完整、无褪色、无脱落、无灰尘、无污迹	2	1	0.5	0
11	床头（控制）柜完好、有效、安全、无灰尘、无污迹	2	1	0.5	0
12	贵重物品保险箱完好、无损、有效、无灰尘、无污迹	2	1	0.5	0
13	客房电话机完好、有效、无灰尘、无污迹，旁边有便笺和笔	2	1	0.5	0
14	卫生间门（锁）安全、有效、无破损、无灰尘、无污迹	2	1	0.5	0
15	卫生间地面平坦、无破损、无灰尘、无污迹、排水畅通	2	1	0.5	0

	清洁卫生与维护保养标准	优	良	中	差
16	卫生间天花板和墙壁平整、无破损、无脱落、无灰尘、无污迹	2	1	0.5	0
17	面盆、浴缸、淋浴区、镜面保持洁净、无毛发、无灰尘、无污迹	2	1	0.5	0
18	面盆龙头、淋浴喷头完好、通畅、无滴漏、无污迹、保持擦拭光亮	2	1	0.5	0
19	恭桶保持洁净、无堵塞、噪声低	2	1	0.5	0
20	下水管道畅通、无明显噪声	2	1	0.5	0
21	卫生间排风系统完好，运行时无明显噪声	2	1	0.5	0
22	毛巾、口杯等客用品规范、完好、无灰尘、无污迹	2	1	0.5	0
	客房服务项目标准	达到	未达到		备注
23	在房内会客，可应要求及时提供加椅和茶水	1	0		
24	客房内的温度在合理范围内可由宾客自由调节，在季节更替时可自由选择冷暖设置	1	0		
25	客房电话采取一键式服务，及时响应宾客需求	1	0		
26	客房内至少提供两个方便宾客使用的不间断电源插座，安全、有效	1	0		
27	客房内设置环保提示牌，应宾客要求更换一次性客用品，或坚持一客一换	1	0		
28	房内配有宽带上网接口，位置合理，方便使用，配有使用说明及计费说明	1	0		
29	房间灯光总控制开关，位置合理，方便使用	1	0		
30	卫生间设置紧急呼救按钮，位置合理	1	0		
31	卫生间里设置访客等待显示器	1	0		
32	卫生间干湿分区（或有独立的化妆间），方便使用	1	0		
33	提供熨斗与熨衣板，安全有效	1	0		

续　表

	客房服务项目标准	达到	未达到	备注
34	提供西装衣撑	1	0	
35	行政楼层各功能区域分布明确，有专用连接通道（内部楼梯、专用电梯、电梯楼层控制措施等）	1	0	
36	行政楼层方便宾客办理入住、离店手续，并提供问询、留言等服务	1	0	
37	行政楼层设置商务中心，可提供上网、复印、传真、计算机出租及翻译等服务	1	0	
38	行政楼层有为宾客提供简单餐饮服务的场所	1	0	
39	行政楼层设有供宾客阅览、休息的区域	1	0	
40	行政楼层设置专用小型会议室或洽谈室	1	0	

其他评论：

最高总分	62
实际得分	

项目：整理客房

日期： 时间： 房号：

	客房整理标准	达到	未达到	备注
1	正常情况下，每天14：00前清扫客房完毕	1	0	
2	员工尊重宾客挂出的"请勿打扰"牌，并按程序进行处理	1	0	
3	客房与卫生间清扫整洁、无灰尘、无污迹	1	0	
4	客房内所有用具已放回原处	1	0	
5	文具用品已补足	1	0	
6	用过的洗衣袋、洗衣单已补足	1	0	
7	烟灰缸、垃圾桶已清空洗净	1	0	
8	宾客的衣服已折叠整齐或已悬挂	1	0	
9	所有的鞋子已成双整齐码放	1	0	
10	留在房里的零钱和首饰未被移动位置	1	0	
11	报纸和杂志已整齐码放	1	0	
12	用过的杯子或送餐盘已从房内撤出	1	0	
13	门把手上挂的标志牌已放回原处	1	0	
14	应宾客要求更新用过的毛巾	1	0	
15	浴袍、毛巾已重新挂好	1	0	
16	已应要求补足浴室用具	1	0	
17	已清洁更换水杯	1	0	
18	已将卫生纸、面巾纸补足	1	0	
19	已将宾客个人的浴室用品摆放整齐	1	0	

特殊情景描述：

员工应变能力评价	优秀	合格	不合格
满分		19	
实际得分			

项目：开夜床服务（三星级及以上适用）

日期：　　　　　时间：　　　　　房号：

	开夜床标准	达到	未达到	备注
1	正常情况下，每天17：00～21：00提供开夜床服务	1	0	
2	如果悬挂"请勿打扰"牌，在门下放置或在门把手上悬挂开床卡片	1	0	
3	床边垫巾和拖鞋放置到位	1	0	
4	床头放置晚安卡或晚安致意品	1	0	
5	遮光帘已充分闭合，遮光效果好	1	0	
6	床头灯在打开状态	1	0	
7	房内早餐卡已放在醒目位置	1	0	
8	烟灰缸、垃圾桶已清空洗净	1	0	
9	客房内所有用具都已归于原处	1	0	
10	宾客的衣服已折叠整齐或悬挂	1	0	
11	所有的鞋子已成双整齐码放	1	0	
12	已补足文具用品	1	0	
13	及时更换已用过的餐具或饮具	1	0	
14	报纸和杂志已码放整齐	1	0	
15	电视机柜已为宾客打开	1	0	
16	电视遥控器已放在显著位置、电视节目单齐全	1	0	
17	已应宾客要求更新用过的毛巾	1	0	
18	已清洁和更换卫生间内的水杯	1	0	
19	应宾客要求补足浴室用具	1	0	
20	已将宾客个人的浴室用品摆放整齐	1	0	
21	客房、卫生间已清洁，无毛发、无灰尘、无污迹	1	0	
22	提供冰桶（配冰夹）	1	0	

特殊情景描述：

员工应变能力评价	优秀	合格	不合格
满分		22	
实际得分			

项目：洗衣服务（三星级及以上适用）

日期：　　　　时间：　　　　房号：

洗衣单标准	达到	未达到	备注
1 洗衣单上包含提供洗衣服务时间	1	0	
2 洗衣单上包含收/送衣说明	1	0	
3 洗衣单上有洗衣服务电话	1	0	
4 洗衣单上明确标明价格	1	0	
5 洗衣单上可选择衬衣折叠或悬挂送回	1	0	
6 备有专门的洗衣袋	1	0	
收衣标准	达到	未达到	备注
7 按宾客要求，及时上门收集衣物	1	0	
8 员工亲切礼貌地问候宾客	1	0	
9 员工向宾客致谢	1	0	
送衣标准	达到	未达到	备注
10 在规定时间内送还	1	0	
11 如果送还时间推延，应该通知宾客	1	0	
12 仅仅是熨烫的衣物，应宾客要求，及时送还	1	0	
13 归还所有送洗衣物	1	0	
14 应附有洗衣账单，条目清晰、标明总价	1	0	
15 所有的衣物已被正确洗涤、熨烫	1	0	
16 袜子成双折叠	1	0	
17 如果污渍不能被清除，书面告知宾客	1	0	
18 所有需要悬挂的衣物，送还时都悬挂于高质量的衣架上	1	0	
19 所有悬挂的衣物都附外套送还	1	0	
20 折叠的衣物送还时都放置在盛器中	1	0	
21 脱落或松动的衣扣在归还时已被缝好	1	0	
22 送还衣物时，如遇请勿打扰牌，在客房门下留有洗衣部联系电话	1	0	

特殊情景描述：

	优秀	合格	不合格
员工应变能力评价			
满分		22	
实际得分			

项目：客房小酒吧（三星级及以上适用）

日期：　　　　　时间：　　　　　房号：

	小酒吧标准	达到	未达到	备注
1	每天检查客房微型酒吧	1	0	
2	及时补充微型酒吧被耗用的物品	1	0	
3	用洁净的杯子更换宾客使用过的杯子	1	0	
4	小酒吧干净整洁	1	0	
5	小冰箱安装稳固，使用方便	1	0	
6	小冰箱清洁无异味	1	0	
7	小冰箱运行状态良好，无明显噪声	1	0	
8	小酒吧备有足够品种的饮料与速食品	1	0	
9	提供小酒吧价目表	1	0	
10	价目表上的食品、酒水与实际提供的相一致	1	0	
11	小冰箱中的物品摆放整齐，且标签朝外	1	0	
12	所有食品与酒水都没有超过有效使用期	1	0	
13	各种玻璃器皿清洁、没有缺口、搭配合理	1	0	
14	玻璃器皿都放置在杯垫上	1	0	
15	配备搅拌棒与杯垫	1	0	
16	配备餐巾（布质、纸质均可）	1	0	
17	配备冰桶与冰夹	1	0	
18	同时配备软木螺丝刀与开瓶器	1	0	
19	适时给冰桶补充冰块	1	0	

特殊情景描述：

员工应变能力评价	优秀	合格	不合格
满分		19	
实际得分			

项目：客房整体舒适度

日期：　　　　　　时间：　　　　　　房号：

	舒适度标准	优	良	中	差
1	枕头、棉被等床上用品柔软宜人；洗浴针织品轻柔质优；床垫硬度适中，无变形；卫生间浴巾、卫生纸方便客人取用	3	2	1	0.5
2	隔音效果良好（客房内听不到其他房间及走廊的自然谈话和脚步声、窗外及墙外的噪声以及通风、送气等设备运转的噪声）	3	2	1	0.5
3	窗帘方便开闭，具有良好的密闭遮光作用	3	2	1	0.5
4	室内各区域照明适度，符合不同功能区域和不同照明目的物的需求	3	2	1	0.5
5	温湿度适宜，各区域（含卫生间）保持一致，不闷、不燥、不冷、不潮、空气清新、无异味	3	2	1	0.5
6	艺术品、装饰品搭配协调，布置雅致；家具、电器、灯饰档次匹配，色调和谐	3	2	1	0.5
7	客房及卫生间各项设施和用品摆设位置合理，方便使用	2	1	0.5	0
8	电视机和背景音乐系统的音、画质量良好，节目及音量调节方便有效	2	1	0.5	0
9	卫生间冷暖水龙头功能完好，水质清澈、无沙质、水温稳定	2	1	0.5	0
满分			24		
实际得分					